Edwards/Ewen
360°-Beurteilung

Mark R. Edwards und Ann J. Ewen

360°-Beurteilung

Klareres Feedback, höhere Motivation
und mehr Erfolg für alle Mitarbeiter

Aus dem Amerikanischen übersetzt von
Karin Miedler und Heike Schlatterer

Die Deutsche Bibliothek – CIP-Einheitsaufnahme

> Edwards, Mark R.:
> 360°-Beurteilung : klareres Feedback, höhere Motivation
> und mehr Erfolg für alle Mitarbeiter / Mark R. Edwards und
> Ann J. Ewen. Aus dem Amerikan. übers. von Karin Miedler
> und Heike Schlatterer. - München : Beck Wirtschaftsverl., 2000
> ISBN 3-406-46457-2

360° FEEDBACK: The Powerful New Model for Employee
Assessment & Performance Improvement.
Copyright © 1996 Mark R. Edwards and Ann J. Ewen. Published by
AMACOM, a division of the American Management Association,
International, New York. All rights reserved.

Aus dem Amerikanischen übersetzt von Karin Miedler und
Heike Schlatterer

ISBN 3-406-46457-2

© Deutsche Ausgabe 2000 C.H.Beck WirtschaftsVerlag in:
C. H. Beck'sche Verlagsbuchhandlung Oscar Beck oHG,
Wilhelmstraße 9, 80801 München
Druck: Freiburger Graphische Betriebe, Bebelstraße 11,
79108 Freiburg

Satz: Dr. Ulrich Mihr GmbH, Tübingen
Umschlaggestaltung: Bruno Schachtner Grafik-Werkstatt, Dachau
Gedruckt auf säurefreiem, alterungsbeständigem Papier
(hergestellt aus chlorfrei gebleichtem Zellstoff)

Inhaltsverzeichnis

Danksagungen 11

TEIL I
Ein neues Bewertungsmodell 13

1.	**Die Macht der 360°-Beurteilung**	15
1.1	Ein neues Modell für das Leistungs-Feedback und die Leistungsbeurteilung	16
1.2	Was ist 360°-Feedback und wie funktioniert es?	18
1.2.1	Keine Leistungsbewertung aus einer einzigen Quelle	19
1.2.2	Ein besseres Leistungsbild	20
1.3	Welche Vorteile bietet die 360°-Beurteilung?	21
1.4	Wer setzt die 360°-Beurteilung ein?	23
1.5	Wie wird die 360°-Beurteilung eingesetzt?	24
1.6	Warum führen Unternehmen diese Systeme ein?	24
1.6.1	Strukturelle Veränderungen	24
1.6.2	Veränderungen in der Unternehmenskultur	26
1.6.3	Personalwirtschaft	29
1.7	Welche Methoden gibt es bei der 360°-Beurteilung?	31
1.7.1	Informelle Systeme	32
1.7.2	Formelle Systeme	33
1.8	Wie muss ein effektives Verfahren aussehen?	34
1.9	Wodurch unterscheidet sich die 360°-Beurteilung von informellen Systemen?	35
2.	**Die Entwicklung der 360°-Beurteilungssysteme und ihrer Varianten**	37
2.1	Die Entwicklung der 360°-Beurteilung	38
2.1.1	Unternehmensumfragen	39
2.1.2	Total Quality Management (TQM)	40
2.1.3	Das Feedback in der Personalentwicklung	40
2.1.4	Leistungsbeurteilungen	41

2.1.5	Beurteilung durch Gleichgestellte	42
2.2	Eine kurze Geschichte der Rundum-Beurteilung	42
2.2.1	Assessment-Center	42
2.2.2	Beurteilung der Führung und Auswahl	43
2.2.3	Arbeits(platz)bewertung	44
2.2.4	Auswahl von Führungskräften	44
2.2.5	Projektbewertung und Stellenbesetzung	44
2.2.6	Talentbewertung	45
2.2.7	Leistungsbeurteilung	45
2.3	Warum wird die 360°-Beurteilung nur allmählich übernommen?	45
2.3.1	Unternehmenskultur	46
2.3.2	Trägheit	46
2.3.3	Budget	46
2.3.4	Forschung	47
2.3.5	Technik	47
2.4	Methoden der Rundum-Beurteilung	47
2.5	Quellen für Feedback	52
2.5.1	1°-Feedback	52
2.5.2	90°-Feedback: Die Bewertung durch Kollegen	55
2.5.3	180°-Feedback	56
2.5.4	360°-Feedback	57
2.6	Die 360°-Beurteilung auf dem Weg ins neue Jahrtausend	58
3.	**Anwendungsbereiche für die 360°-Beurteilung**	**59**
3.1	Das Feedback in der Personalentwicklung und seine Anwendung	59
3.1.1	Wer darf die Ergebnisse sehen?	60
3.1.2	Leistungsentwicklung	62
3.1.3	Leistungs-Coaching	62
3.1.4	Total Quality Management	62
3.1.5	Erkenntnisse über das gesamte Unternehmen	63
3.2	Die Anwendungsbereiche für ein Leistungs-Feedback	64
3.2.1	Leistungsbewertung	65
3.2.2	Leistungsmanagement	65
3.2.3	Entgelt	66
3.2.4	Intelligente Entscheidungssysteme	66

Inhaltsverzeichnis

3.3	Das Für und Wider beim Einsatz des 360°-Feedback in der Leistungsbeurteilung	66
3.3.1	Argumente gegen Anwendungen in der Leistungsbeurteilung	67
3.3.2	Argumente für die Anwendung in der Leistungsbeurteilung	70
3.4	Wie sieht die 360°-Bewertung aus?	71
3.4.1	Das TEAMS-Modell	71
3.4.2	Stufenweise Einführung	72
3.4.3	Der Übergang zur Leistungsbeurteilung	73
3.4.4	Mehr Gewicht für die Bewertung durch den Vorgesetzten	74
3.4.5	Richtlinien für das Leistungsmanagement	75
3.4.6	Umfrage nach der Zufriedenheit der Anwender	75
3.4.7	Garantierte Anonymität	77
3.4.8	Differenzierung der Leistung oder die Punkteverteilung	77
3.4.9	Die Überprüfung der Werte auf Abweichungen	78
3.4.10	Die Bedeutung der Rücklaufquote	79
3.4.11	Die Verwaltungskosten niedrig halten	80
3.4.12	Der Umgang mit ungültigen Auskünften	81
3.4.13	Ein Beitrag zur Fairness	82
3.4.14	Schulungen	83
3.4.15	Die Entwicklung von Sicherungsmechanismen	83

TEIL II
Die Implementierung der 360°-Beurteilung 85

4.	**Die Entwicklung eines Projekts zur 360°-Beurteilung**	87
4.1	Unterstützung durch die Führungskräfte	89
4.2	Das Entwicklungsteam	89
4.3	Ist das Unternehmen bereit für eine 360°-Beurteilung?	90
4.4	Bestimmung der Zielsetzungen	92
4.5	Entwicklung eines Werbeplans	94
4.6	Die Auswahl eines Anwendungsbereichs	98
4.7	Wie entwickelt man ein kompetenzorientiertes Umfrageinstrument für ein Feedback?	99
4.7.1	Verschiedene Fragebögen und Instrumente	107

4.7.2	Weitere Aspekte bei der Gestaltung des Fragebogens	110
4.8	Ein Modell für die Systementwicklung	120
4.9	Überlegungen in der Anfangsphase	121
5.	**Die Anwendung der 360°-Beurteilung**	**122**
5.1	Die Auswahl der Bewertungsteams	122
5.2	Schulung Teil I: Wie man anderen Feedback gibt	124
5.3	Die Durchführung der Bewertungen	125
5.3.1	Die Form der Datenerfassung	125
5.3.2	Sicherungen für die Datenerfassung	130
5.4	Die Auswertung und Meldung der Ergebnisse	130
5.4.1	Informelle Auswertung	130
5.4.2	Formelle Auswertung	131
5.5	Sicherungsmechanismen bei der Auswertung	132
5.5.1	Interne oder externe Auswertung?	135
5.5.2	Die Software selbst programmieren oder kaufen?	137
5.5.3	Ergebnismeldungen	138
5.6	Schulung Teil II: Wie man mit Feedback umgeht	146
5.7	Die Erstellung von Aktionsplänen	147
5.7.1	Die Verwendung von Entwicklungsempfehlungen	147
5.7.2	Die Garantie für eine erfolgreiche Anwendung	150
6.	**Die Bewertung des 360°-Beurteilungsvorgangs**	**151**
6.1	Analysieren Sie die Sicherungsmechanismen	151
6.1.1	Die Analyse der Antworten	152
6.1.2	Organisatorische Roll-up-Reports	163
6.2	Projektbewertungen durch die Anwender	164
6.3	Verbessern Sie den Ablauf der 360°-Beurteilung	171

TEIL III
Bedenken und Bedürfnisse der Anwender ... 173

7.	**Häufige Schwierigkeiten und wie man sie vermeidet**	**175**
7.1	Häufige Schwierigkeiten	175
7.1.1	Falsch angewandtes altes Wissen	175
7.1.2	Mangelnde Absicherungen	178
7.1.3	Übermäßiges Vertrauen in die Technik	178

Inhaltsverzeichnis

7.1.4	Arbeitskraft durch Technik ersetzen	179
7.1.5	Technologie im Eigenbau	179
7.1.6	Der administrative Überbau	180
7.1.7	Der Kulturschock	181
7.2	Autokratie	182
7.2.1	Seilschaften	183
7.2.2	Vetternwirtschaft	184
7.2.3	Müßiggänger	184
7.2.4	Wenn das Vertrauen der Mitarbeiter missbraucht wird	185
7.2.5	Untätigkeit der Vorgesetzten	186
7.2.6	Schulung	187
7.2.7	Anonymität und Vertraulichkeit	187
7.2.8	Konkurrenzorientierte Verfahren	188
7.2.9	Genormte Vergleiche	189
7.2.10	Die falsche Anwendung der 360°-Beurteilung	191
7.3	Lernen Sie aus den Niederlagen der anderen	193
8.	**Wie Sie mit Kritik an der 360°-Beurteilung umgehen**	**194**
8.1	Kommen Sie den üblichen Bedenken zuvor	194
8.1.1	Antworten auf Fragen, Vorwürfe, Kritik	195
8.1.2	Einspruchsmöglichkeiten	210
8.1.3	Verständnis bringt Unterstützung	215
9.	**Das Versprechen der 360°-Beurteilung**	**216**
9.1	Die Auswirkungen der 360°-Beurteilung	217
9.1.1	Vorlieben bei der Bewertung	217
9.1.2	Die Zufriedenheit der Anwender	218
9.1.3	Vor- und nachbereitende Beurteilungen	219
9.1.4	Wie wird die Fairness beurteilt?	220
9.1.5	Die Verteilung der Bewertungen	221
9.1.6	Maßstäbe für Verhaltensänderungen	223
9.1.7	Suchtkranke	224
9.1.8	Die Messung der Produktivität	226
9.1.9	Die Zufriedenheit der Kunden	228
9.2	Die 360°-Beurteilung und das Problem der Diskriminierung	230
9.2.1	Fairness gegenüber Minderheiten in drei Unternehmen	231

9.2.2	Alter	232
9.2.3	Geschlecht	233
9.3	Das Urteil über die 360°-Beurteilung	235

10. Die Zukunft der 360°-Beurteilung 236
- 10.1 Integrierte Human-Resources-Systeme 237
- 10.2 Intelligente Systeme 240
- 10.2.1 Laufbahngestaltung 241
- 10.2.2 Entwicklung der Führungskräfte und Mitarbeiter 241
- 10.2.3 Handlungsempfehlungen 242
- 10.2.4 Auswahl- und Beförderungssysteme 244
- 10.2.5 Reengineering und Einsatz an einem anderen Arbeitsplatz 245
- 10.2.6 Bewertungssysteme 245
- 10.2.7 Messgenauigkeit 247
- 10.2.8 Kompetenzprofile für Bewerber 247
- 10.2.9 Teamaufbau 248
- 10.2.10 Nachfolgeplanung 248
- 10.2.11 Die Erprobung der Glaubwürdigkeit 249
- 10.3 Versprechen für die Zukunft 250

Anhang 253

Beispiele für die Kompetenzbewertung bei der 360°-Beurteilung 255

Stichwortverzeichnis 269

Danksagungen

Die Autoren danken den zahlreichen Innovationswilligen, die in den siebziger und achtziger Jahren des 20. Jahrhunderts bereit waren, die 360°-Feedback-Systeme zu testen, ehe sie weitere Verbreitung fanden. Unser besonderer Dank geht an Adrienne Hickey, Theresa Plunkett und Richard Gatjens von AMACOM, an die Lektorin Jacqueline Laks Gorman, Jeni Servo als Lektoratsassistenz und an unser Produktionsteam Karen Bruggeman und Mari Phipps.

TEIL I

Ein neues Bewertungsmodell

1. Die Macht der 360°-Beurteilung

Ein Unternehmen, das auch noch im 21. Jahrhundert bestehen will, muss Möglichkeiten finden, die geistigen Kapazitäten jedes einzelnen Angestellten zu nutzen. Wer nicht ständig überlegt, wie der Beitrag eines jeden gesteigert werden kann, hat keine Chance. Welches sind die Alternativen? Vergeudung geistiger Ressourcen? Desinteressierte Mitarbeiter? Eine verärgerte oder gelangweilte Belegschaft? Das macht keinen Sinn.
John F. Welch jr., CEO, General Electric

Keiner hätte seine Regierungsfähigkeit angezweifelt, wäre er nicht Kaiser geworden.
Tacitus, römischer Historiker

Des Kaisers neue Kleider: Update eines Märchens über Führung

Es war einmal ein Kaiser, der fragte die Mitglieder seines Hofes, wie ihm seine neuen Kleider stünden. Da alle Höflinge wussten, was er hören wollte, bekam er auch „Vorzüglich!" zur Antwort, obwohl er keinen Faden am Leib trug.

Gerade hatte der Kaiser gelesen, dass Menschen anderen oft eher das ins Gesicht sagen, was jene hören wollen, als das, was sie hören sollen. Der Kaiser war besorgt, weil er eine große Parade angesetzt hatte und dabei seine neuen Kleider tragen wollte. Im letzten Moment bat er die Menschen in seinem Einflusskreis, denen er am meisten vertraute, um eine anonyme Antwort auf die Frage, wie ihm seine neuen Kleider stünden. Die Antwort lautete nun einhellig: Er war so nackt, wie Gott ihn geschaffen hatte.

Der Kaiser machte, um Falschinformationen zu vermeiden, Gebrauch von der so genannten 360°-Beurteilung. Bedenken Sie, wie viele Könige, Königinnen, Präsidenten, Generäle und Ein-

Ehrliche Antworten

zelpersonen sich von Informationen beeinflussen lassen, die eher geeignet sind, die Fragenden in ihren Fehleinschätzungen zu bestärken, als die Wahrheit zu vermitteln. Durch aufrichtige Informationen anderer können falsche Selbsteinschätzung, Betriebsblindheit und simple Unwissenheit überwunden werden. Eine ehrliche Rückmeldung von geeigneten Dritten kann eine Karriere retten, wenn man dadurch dumme Fehler vermeidet (wie etwa nackt durch die Gegend zu stolzieren).

1.1 Ein neues Modell für das Leistungs-Feedback und die Leistungsbeurteilung

Vorgesetzten-Beurteilung versus Rundum-Beurteilung

Wie der Kaiser so gehen auch Führungskräfte und Angestellte auf allen Unternehmensebenen neue Wege bei der Abfrage von Feedback, um zuverlässigere Informationen zu erhalten. Das neue Modell des Leistungs-Feedback und der Leistungsbeurteilung kehrt den Beurteilungsprozess um. Beschäftigte bitten die Menschen aus dem eigenen Einflussbereich um Feedback über die eigene Leistung – also Menschen, die ihre Arbeit, ihr Verhalten und das ihres Vorgesetzten kennen. Diese Informationen sind ehrlicher, verlässlicher und wertvoller als die Einschätzungen, die nur von einem Vorgesetzten stammen. Darüber hinaus hat Feedback von diesen unterschiedlichen Personen mehr Einfluss als Informationen, die nur aus einer einzigen Quelle stammen, wie etwa vom Vorgesetzten. Keine andere unternehmerische Handlung kann Mitarbeiter besser zu einer Verhaltensänderung motivieren als Feedback von glaubwürdigen Kollegen.

Kenntnis von Stärken und Schwächen

Das 360°-Feedback®*, auch Rundum-Beurteilung genannt, greift auf den kollektiven Erfahrungsschatz der engsten Mitarbeiter des jeweiligen Angestellten zurück: der Vorgesetzten, der Kollegen (Gleichgestellte), der direkt Unterstellten sowie interner und externer Kunden. Das gesammelte Wissen, das Beschäftigte über entscheidende Kompetenzen oder spezifische Verhaltensweisen eines Mitarbeiters besitzen und vermitteln, verschafft diesem eine klare Einschätzung sowohl seiner persönlichen Stärken als auch der Bereiche, die weiterentwickelt werden können.

---

* 360°-Feedback® ist ein Warenzeichen von TEAMS, Inc.

1. Die Macht der 360°-Beurteilung

Die Angestellten empfinden diese Leistungsinformation aus unterschiedlichen Blickwinkeln als fair, exakt, glaubwürdig und motivierend. Die Wertschätzung der Kollegen zu erlangen ist für den Beschäftigten oft größerer Ansporn, sein Verhalten am Arbeitsplatz zu verändern, als allein das Ansehen beim Vorgesetzten.

Mitarbeiter motivieren sich gegenseitig

Das 360°-Feedback kommt einerseits den Bedürfnissen der Angestellten mehr entgegen, andererseits entspricht es auch den sich verändernden Anforderungen der Unternehmen. Die Hierarchien werden flacher, Führungsebenen werden abgebaut und Empowerment, Teamwork, lebenslanges Lernen, persönliche Weiterentwicklung und Eigenverantwortung gewinnen an Bedeutung. Das 360°-Feedback-Modell passt zu diesen unternehmerischen Zielen, die Chancen zur persönlichen und beruflichen Weiterentwicklung schaffen und die persönlichen Leistungserwartungen mit den Wertvorstellungen des Unternehmens in Einklang bringen sollen.

Unternehmensziele und Mitarbeiterentwicklung

Gut gemachte 360°-Feedback-Systeme kommen den vielfältigen Bedürfnissen der Mitarbeiter weitaus besser entgegen als die traditionellen hierarchischen Bewertungen von nur einer einzigen Person, die die Angestellten bereits zur Genüge kennen, zum Beispiel Management by Objectives oder Maßnahmen, bei denen es nur um Resultate geht. Die mit der Umstellung Beauftragten, Führungskräfte aus Stab und Linie, Teammitglieder und Mitarbeiter aller Bereiche, entwerfen Rundum-Beurteilungsverfahren und führen sie durch. Diese Verfahren sind für fast alle Berufssparten geeignet: Pflegepersonal, Anwälte, Arbeiter in der Produktion, Gewerkschaftsmitglieder, Beschäftigte in der Gastronomie, Ingenieure, Militäreinheiten, Lehrer, Bibliothekare, Führungskräfte im Bereich Forschung & Entwicklung und Polizisten, um nur einige zu nennen. Jeder Angestellte, der zuverlässigere Einschätzungen seiner Leistungen wünscht, kann um ein 360°-Feedback bitten und das Verfahren sogar selbst einführen.

Die Rundum-Beurteilung eignet sich für viele Berufe

Bewertungssysteme, die nur auf eine einzige Quelle zurückgreifen, verstärken die Verantwortlichkeit des Mitarbeiters gegenüber dieser einen Person und dienen meist dieser einzigen Quelle, normalerweise dem Vorgesetzten. Die Rundum-Beurteilung dagegen schafft Verantwortlichkeit gegenüber allen Beteiligten:

Vorgesetzten, externen und internen Kunden, darunter auch Mitarbeitern und direkt Unterstellten.

Das 360°-Feedback ist nicht neu. In unsere Beschreibung des Ablaufs und der Untersuchungen sind unsere Erkenntnisse aus mehr als 20 Jahren Erfahrung und Feldforschung eingeflossen. Dennoch wird in den meisten Unternehmen aller Branchen erst jetzt Rundum-Beurteilung eingeführt.

Aufbau des Buches

In diesem Buch soll erklärt werden, worum es beim 360°-Feedback geht, wie es entwickelt wird, wie man das Verfahren durchführt und auswertet. Es zeigt auch, wie Unternehmen effektive Systeme entwickeln können, um die Mitarbeiter in ihrer fortlaufenden Verbesserung zu unterstützen und anzuspornen.

In den Kapiteln 2 und 3 wird ein Überblick über Hintergrund, Methoden und beispielhafte Anwendungsbereiche der 360°-Beurteilung gegeben. Wenn Sie sofort mit der Entwicklung eines 360°-Feedback-Systems beginnen wollen, gehen Sie direkt zu den Kapiteln 4, 5 und 6 über. In Kapitel 7 werden mögliche Fallstricke untersucht und Kapitel 8 prüft immer wieder geäußerte Kritikpunkte. In Kapitel 9 werden die viel versprechenden Möglichkeiten von 360°-Beurteilungssystemen hinsichtlich messbarer Einflüsse auf Unternehmen untersucht. Kapitel 10 gibt einen Ausblick in die Zukunft intelligenter 360°-Feedback-Systeme.

1.2 Was ist 360°-Feedback und wie funktioniert es?

Herkömmliche Beurteilung

Das Modell des 360°-Feedback unterscheidet sich wesentlich von den herkömmlichen Bewertungsmethoden. Bewertungen allein vom Vorgesetzten finden normalerweise einmal im Jahr statt und haben den ausdrücklichen Zweck, den Angestellten eine Einschätzung ihrer Arbeitsleistung zu geben und der Führung die notwendigen Informationen für Entscheidungen über Entgelt und Beförderungen zu vermitteln. Leider entsprechen die Ergebnisse dieser Bewertungen von oben nicht der ursprünglichen Absicht.

1.2.1 Keine Leistungsbewertung aus einer einzigen Quelle

Bewertungen von Vorgesetzten sind im Allgemeinen zeitaufwendig und werden meist weder von denen, die sie anfertigen, noch von den Adressaten besonders geschätzt. Außerdem erfüllen sie oft nicht ihren Zweck. Es fehlt die Unterscheidung zwischen verschiedenen Leistungsebenen und die Angestellten werden nicht motiviert, ihre Leistungen zu verbessern.

Beurteilung durch den Vorgesetzten – auf beiden Seiten unbeliebt

Die Leistungsbeurteilungen sind bei manchen Vorgesetzten so unbeliebt, dass sie diese Arbeit oft völlig umgehen oder möglichst lange aufschieben. Ein Vorgesetzter spricht vielleicht von „laufenden Beurteilungen", aber seine Mitarbeiter können sich meist nicht erinnern, jemals eine persönliche Leistungsbeurteilung erhalten zu haben. Manche Unternehmen berichten sogar, ihre Angestellten verweigerten Beförderungen, weil sie sich als Vorgesetzte nicht anmaßen wollten, bei den Beurteilungen „Gott zu spielen".

Die Einschätzung allein vom Vorgesetzten geht ganz offensichtlich von einer einzigen Perspektive aus: dem Urteil des Vorgesetzten. Diese Leistungsbeurteilungen bieten meist nur nichts sagende, unspezifische Informationen über die Leistung eines Angestellten und sind auch in anderer Hinsicht problematisch:

- In ihnen könnten sich Eigennutz und andere persönliche Befangenheit widerspiegeln.
- Interessenpolitik, Günstlingswirtschaft und Rücksichtnahme auf Freundschaften können in die Bewertung eingehen.
- Der Vorgesetzte hat vielleicht nicht ausreichend Gelegenheit oder Motivation, die Leistungen der Mitarbeiter zu beobachten.
- Der Vorgesetzte will sich vielleicht nicht mit schlechten Leistungen auseinander setzen.
- Unterschiedliche Vorgesetzte können unterschiedliche Härte an den Tag legen, wenn es um Entscheidungen in der Auswertung geht.

Probleme bei der Beurteilung durch Vorgesetzte

Also kann es sein, dass eine Leistungsbeurteilung, die allein vom Vorgesetzten erstellt wird, die tatsächliche Leistung eines Einzelnen nicht wahrheitsgemäß wiedergibt. Vielleicht erhalten Ange-

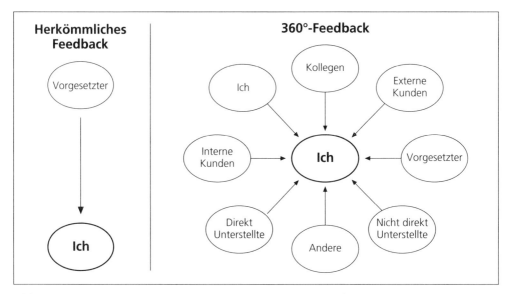

Abb. 1-1: Bewertungen von einer Person gegenüber Mehrfachbewertungssystemen

Karriereknick auf Grund unzutreffender Beurteilung

stellte mit sehr guten Leistungen wegen persönlicher Eigenarten des Vorgesetzten schlechte Bewertungen und werden nicht entsprechend belohnt, etwa durch Gehaltserhöhungen und Beförderungen. Viele können Beispiele von Angestellten nennen, deren Karriere durch einen einzigen, womöglich voreingenommenen Vorgesetzten zerstört wurde.

1.2.2 Ein besseres Leistungsbild

Durch eine höhere Anzahl von Bewertungen entsteht beim 360°-Beurteilungsverfahren ein ausgewogeneres und umfassenderes Bild und somit auch eine qualitativ bessere Leistungsbeurteilung. Da das Feedback von den Personen stammt, die in der täglichen Arbeit mit dem Angestellten zu tun haben, sind ihre Einschätzungen gültig und glaubhaft. Der Wissensschatz von Kollegen, die Erfahrungen aus erster Hand mit dem Angestellten beisteuern können, bietet Einblicke in das Verhalten am Arbeitsplatz, die ein Vorgesetzter so vielleicht nicht hat. Das 360°-Feedback und die herkömmliche Beurteilung durch den Vorgesetzten werden in Abbildung 1-1 dargestellt.

1. Die Macht der 360°-Beurteilung

1.3 Welche Vorteile bietet die 360°-Beurteilung?

Unternehmen, die die 360°-Beurteilung eingeführt haben, wollen zum einen bessere Information über Leistungen erhalten und zum anderen Motivationsanreize für eine Verhaltensänderung schaffen. Vielleicht haben sie auch andere Zielsetzungen im Kopf: Veränderungen der Unternehmenskultur sollen unterstützt, Teamwork soll verbessert oder strategische Maßnahmen sollen eingeleitet werden.

Höhere Motivation durch 360°-Feedback

In den meisten Fällen ersetzt das 360°-Feedback nicht die Beurteilung durch den Vorgesetzten, sondern wird als Ergänzung dazu gesehen. Es verbindet die Rundum-Beurteilung über Verhalten oder Kompetenzen mit der Bewertung der Resultate durch den Vorgesetzten. Einzelne werden beurteilt, wie sie ihre Arbeit verrichten – also ihr Verhalten – und was sie damit erreichen – ihre Ergebnisse oder Resultate.

Die 360°-Beurteilung bietet den wichtigsten Gruppen in einem Unternehmen verschiedene weit reichende Vorteile – und auch dem Unternehmen selbst:

- *Kunden:* Das 360°-Feedback bietet die Möglichkeit, die Kundenbindung zu verstärken. Es erfasst die relevante und motivationsstärkende Information von internen und externen Kunden und verleiht ihnen damit eine Stimme im Bewertungsprozess.

Die Stimme des Kunden

- *Beschäftigte*: Die Mitarbeiter können bei einem Verfahren, das ungeheure Auswirkungen auf ihre Laufbahn hat, selbst mitwirken, sowohl bei der Auswahl der Kriterien, nach denen ihre Leistung beurteilt werden soll, wie auch bei der Auswahl der Personen, die das Feedback geben sollen. Die Mitwirkung der Beschäftigten ist entscheidend, denn von ihnen hängt die Fairness des gesamten Verfahrens ab.

Einbeziehung der Mitarbeiter

- *Teammitglieder:* Die Effektivität von Einzelpersonen und Mitarbeitern im Team kann nur mit dem 360°-Feedback ermittelt werden. Ohne das Feedback aus unterschiedlichen Quellen fehlen den Teammitgliedern notwendige Informationen zur effektiven persönlichen Weiterentwicklung und Zusammenarbeit. Ohne eine Auswertung im Team könnte es zu geringe-

Teameffizienz

Kunden	Vorgesetzte
• Liefern Input für den Service • Erhalten eine Stimme im Serviceablauf • Werden an Entscheidungen zu Produkten und Service beteiligt • Beteiligung an der Qualitätskontrolle • Erhalten Gelegenheit, Qualität zu erkennen und zu belohnen • Erhalten Gelegenheit, neue Ideen einzubringen	• Ihnen wird ein Spiegel über ihre persönlichen Führungsqualitäten vorgehalten • Wertvolle Informationen für Auswahlentscheidungen • Ihre Rolle verändert sich: vom Leistungsrichter zum Coach • Glaubwürdige Informationen über schlechte Leistungen • Glaubwürdige Informationen über Verhaltensweisen, die eine Karriere zerstören könnten
Beschäftigte	**Führungskräfte**
• Erhalten eine Stimme in Entscheidungsprozessen (z. B. in der Bewertung) • Erhalten die Gelegenheit, die Laufbahnentwicklung zu beeinflussen • Erhalten größeren Einfluss auf Entscheidungen auf allen Ebenen • Erhalten eine Stimme bei der Kontrolle der Führungsqualität • Erhalten Gelegenheit, Qualität zu erkennen und zu belohnen	• Bekommen Gelegenheit zu erkennen, wie andere sie sehen • Wertvolle Informationen für Auswahlentscheidungen • Ihre Rolle verändert sich: vom Leistungsrichter zum Coach • Glaubwürdige Informationen über schlechte Leistungen • Fortbildungsbedarf für Arbeitsgruppen oder Einheiten und für die Personalentwicklung wird deutlich • Qualitätsbewertung durch direkt Unterstellte
Teams	**Unternehmen**
• Erhalten Gelegenheit zu sehen, wie das Team den Kunden dient • Hochwertige Information für die Auswahl von Teammitgliedern • Eine Gelegenheit zur Einschätzung des Fortbildungsbedarfs im Team • Glaubwürdige Information über die Führung des Teams • Glaubwürdige Information über die Beiträge der Teammitglieder • Relevante Information über die Leistung des Teams	• Bessere Information für Personalentscheidungen • Bessere Qualitätskontrolle und Validität bei Beförderungen • Gesteigerte Motivation bei den Angestellten • Eine Gelegenheit, Leistung und Belohnung zu verbinden • Eine Gelegenheit, Visionen, Werte und Kompetenzen aufeinander abzustimmen

Abb. 1-2: Vorteile des 360°-Feedback für die wichtigsten beteiligten Gruppen

1. Die Macht der 360°-Beurteilung

rem Verantwortungsbewusstsein des Einzelnen und zu Leistungsschwankungen kommen.

- *Vorgesetzte:* Durch die 360°-Beurteilung erhält der Vorgesetzte zusätzliche Erkenntnisse über die Leistungen jedes ihm direkt unterstellten Mitarbeiters. Die Leistungsberichte sind umfassender und detaillierter als die Information, die ihm normalerweise zugänglich ist. Außerdem reduziert sich beim 360°-Feedback der Zeitaufwand für die Beurteilung einzelner Angestellter mindestens auf die Hälfte – und das ist dringend erforderlich, da die Zuständigkeitsbereiche immer größer werden und die Arbeitsbelastung weiter zunehmen wird. *(Entlastung und mehr Information für den Vorgesetzten)*
- *Führungskräfte und Manager:* Die 360°-Beurteilung verschafft Führungskräften und Managern Zugang zu Informationen über das Unternehmen, die ihnen normalerweise aus Furcht vor Vergeltung nicht mitgeteilt werden. Angestellte können Problembereiche aufzeigen, Verbesserungsvorschläge machen und den Führungskräften so helfen, das Unternehmen effektiver zu lenken. *(Besserer Zugang zu Informationen)*
- *Unternehmen:* Unternehmen erhalten Zugang zu glaubwürdigen und umfangreichen Informationen, mit deren Hilfe Stärken und Schwächen des Unternehmens, Führungsschwächen und Fortbildungsbedarf deutlicher erkannt werden können. Diese Informationen sind weitaus brauchbarer, als sich auf ein intuitives Urteil zu verlassen oder auf die Beschäftigten zu hören, die sich am lautesten zu Wort melden. *(Wichtige Details für die Unternehmensleitung)*

Abbildung 1-2 illustriert die Vorteile für die beteiligten Gruppen.

1.4 Wer setzt die 360°-Beurteilung ein?

Unternehmen im öffentlichen wie im privaten Sektor übernehmen Systeme des 360°-Feedback. Jüngere Untersuchungen zeigen, dass über 90 Prozent der 1000 Unternehmen von der Fortune-Liste irgendeine Form von Rundum-Beurteilung einsetzen, zumindest als Feedback für die Personalentwicklung. Zu den innovativen Unternehmen und Organisationen gehören das amerikanische Energieministerium, Disney, die Arizona State University, Monsanto, Florida Power & Light, du Pont, Westinghouse, Motorola, Federal Express und McDonnell-Douglas.

1.5 Wie wird die 360°-Beurteilung eingesetzt?

Personalentwicklung

Die meisten Unternehmen setzen 360°-Feedback vorrangig in der Personalentwicklung ein und weniger in der Leistungsbeurteilung oder bei Gehaltsentscheidungen. In diesem Anwendungsbereich erhält nur der Beurteilte das Feedback über sein Verhalten. Wenn der Vorgesetzte das Feedback kennt, beeinflusst es dessen Wahrnehmung von der Leistung des Angestellten. Wenn man weiß, wie eine Person von anderen gesehen wird, kann das wesentliche positive oder negative Auswirkungen haben, besonders wenn diese Informationen von glaubwürdigen Mitarbeitern stammen. So wird die 360°-Beurteilung Teil des Leistungsmanagements.

1.6 Warum führen Unternehmen diese Systeme ein?

Visionen, Werte, Teams

Strukturelle und kulturelle Faktoren sowie die Personalwirtschaft selbst haben Unternehmen dazu angeregt, mit 360°-Feedback zu experimentieren. Wenn in den Unternehmen zum Beispiel Führungsebenen entfernt, Hierarchien verflacht und selbstverantwortliche Teams eingesetzt werden, dann kann das Feedback über Leistungen praktischerweise nur von verschiedenen Personen stammen. Bei Veränderungen in der Unternehmenskultur, die die Vision und die Werte des Unternehmens aufeinander abstimmen sollen, bietet die 360°-Beurteilung die ideale Möglichkeit, die neuen, erwünschten Kompetenzen mitzuteilen. Wenn zum Beispiel bei Intuit Teams gebildet werden, dann ergänzt das Feedback über Teamfähigkeiten die neue Kultur zur Bildung von Teams. Ebenso bitten Angestellte selbst um Rundum-Beurteilung, weil sie hoffen, aus unterschiedlichen Perspektiven eine ausgewogenere Sicht ihrer Leistung zu erhalten.

1.6.1 Strukturelle Veränderungen

Seit Mitte der achtziger Jahre haben sich die Strukturen in den Unternehmen grundlegend verändert. Das 360°-Feedback hilft bei diesen strukturellen Veränderungen, wie etwa einem Zu-

1. Die Macht der 360°-Beurteilung

wachs an Verantwortung bei Vorgesetzten, dem zunehmenden Einsatz von Fachleuten und Spezialisten, der Einführung von Matrix- und Projektmanagement im Unternehmen oder beim Schritt hin zur Teamarbeit. In den folgenden Abschnitten werden eine Reihe von Gründen beleuchtet, warum Unternehmen Mehrfachbewertung eingeführt haben.

Erweiterte Verantwortungsbereiche

Ein typischer Manager hatte früher immer drei bis neun direkte Mitarbeiter. Bei Intel, Bausch & Lomb, Compaq Computers, American Express, Glaxo Inc. und vielen anderen Produktions- und Dienstleistungsunternehmen hat ein Vorgesetzter nun statt des herkömmlichen Verantwortungsbereichs 70 oder mehr direkt Unterstellte. Die klassischen Bewertungssysteme sind praktisch nicht mehr durchführbar, denn Vorgesetzte mit einer großen Zahl von Mitarbeitern haben keine Möglichkeit mehr, viele Einzelleistungen zu beobachten.

Die Leitungsspanne hat sich erhöht

Spezialisten

Ein Vorgesetzter besitzt möglicherweise weder hinreichende Fachkenntnisse noch das Expertenwissen, um Mitarbeitern mit hoch spezialisiertem Wissen glaubwürdiges Feedback über ihre Leistung geben zu können – man denke zum Beispiel an die Führungskräfte und Experten der Management-Informationssysteme. Viele Unternehmen haben ein Rundum-Beurteilungssystem eingeführt, weil sie exakte Bewertungen von Mitarbeitern mit ähnlichem Fachwissen brauchen.

Manager sind keine Fachspezialisten

Matrix- und Projektmanagement

Andere Unternehmen haben ein 360°-Beurteilungssystem implementiert, weil ihre Angestellten im Matrix- oder Projektmanagement arbeiten und in einem Projekt häufig mehr als einen Vorgesetzten haben. Matrix-Unternehmensstrukturen gibt es meist dort, wo Mitarbeiter jeweils sehr schnell zum Einsatz gebracht werden müssen. Die Menschen bewegen sich schnell von einem Projekt zum nächsten und haben vielleicht nur gelegentlich direkten Kontakt mit ihrem Vorgesetzten. In Projekt-

Häufiger Mitarbeiterwechsel bei Projektarbeit

managementstrukturen braucht man Informationen aus mehreren Quellen, weil keine einzelne Person ausreichende Kenntnisse hat, um ein Leistungsbild eines Einzelnen liefern zu können.

Teams

Wenn die klassische Unternehmensstruktur sich verändert und Arbeitsgruppen gebildet werden, dann ist die Führung über das gesamte Team verteilt und die Teammitglieder können sehr glaubwürdiges Leistungs-Feedback geben. Aus diesem Grund haben beispielsweise Motorola, Glaxo, General Motors Acceptance Corporation und Allied Signal die 360°-Beurteilung eingeführt.

1.6.2 Veränderungen in der Unternehmenskultur

Große Umwälzungen in der Unternehmenskultur lassen die herkömmlichen Bewertungen durch eine einzige Person unlogisch und unpraktisch erscheinen. Zu diesen Veränderungen gehören die zunehmende Beteiligung an der Führung, das Empowerment von Mitarbeitern, Verbesserungen im Kundenservice, die Integration von Qualitätsmanagement bei einem Großteil der Unternehmensaktivitäten, Umstrukturierungen, Reengineering, die Einführung von leistungs- und teambezogenen Vergütungen und das Ende des Anspruchsdenkens.

Mitarbeiter werden einbezogen

Beteiligung der Mitarbeiter an der Führung

Führende Unternehmen haben den Angestellten ein Mitspracherecht in unternehmerischen Entscheidungen eingeräumt und wollen mit 360°-Beurteilungssystemen die Veränderungen in der Unternehmenskultur vorantreiben. Außerdem soll das Verhalten der Einzelnen mit den Werten des Unternehmens und den Unternehmenszielen in Einklang gebracht werden. Die Führungskräfte, die ihren Mitarbeitern Empowerment ermöglichen, werden erkannt und belohnt, indem diese Mitarbeiter ein hervorragendes Feedback über ihre Leistung geben.

Mitarbeiter erhalten Mitspracherecht

Empowerment

Bei American Airlines, Coca-Cola und General Electric wurde die Entscheidungsfindung auf eine möglichst niedrige Ebene verlegt. Bob Crandall, CEO bei American Airlines, führt aus, dass ein Verhaltens-Feedback von mehreren Personen jeden Mitarbeiter ermutigt, im Einklang mit der neuen Unternehmenskultur zu handeln. Er hat beobachtet: „Man bekommt das, was man misst." Die 360°-Beurteilung vermittelt den Angestellten, welche Handlungsweisen erforderlich sind, um diese Veränderungen in der Unternehmenskultur zu unterstützen. Ein solches Handeln wird anerkannt und belohnt.

Neue Unternehmenskultur

Kundenservice

Federal und viele andere Firmen haben das 360°-Feedback eingeführt, um Informationen über interne und externe Kunden zu sammeln. Die verbesserte Kommunikation führt zu besserem Kundenservice.

Qualitätsfokus

Als Folge fortlaufender Maßnahmen zur Qualitätsverbesserung legt man in der Unternehmenskultur von McDonnell-Douglas und SunQuest Computers Wert darauf, dass Entscheidungen auf Grund von Daten getroffen werden. Die 360°-Feedback-Systeme sind bestens für die Bewertung von Kompetenzen geeignet. Ihr logischer Einsatzbereich, die Leistungsbewertung von Einzelnen, passt gut zur Unternehmensphilosophie der Qualitätsverbesserung.

Qualitätsverbesserung

Reengineering

Reengineering oder die Neuentwicklung des Arbeitsprozesses erfordert oft neue Methoden zur exakten Messung von Leistung. Beim Reengineering wird vor allem der Arbeitsablauf der Beschäftigten neu geordnet, um die Produktivität des Einzelnen, des Teams und des Unternehmens insgesamt zu steigern. Da 360°-Beurteilung bessere Informationen liefert, wird sie zur

Arbeitsabläufe werden optimiert

Unterstützung für Neustrukturierungen bei Unternehmen wie Land's End und Intuit eingesetzt.

Kompetenzorientierte Belohnung

Im amerikanischen Energieministerium, bei Westinghouse und bei Hewlett-Packard sollen mit dem Einsatz des 360°-Feedback neue Systeme der Anerkennung und Belohnung eingeführt werden, die von entscheidenden Erfolgsfaktoren oder Fähigkeiten ausgehen – dem Wissen, den Fertigkeiten, den Fähigkeiten und der Motivation, die starke, mittelmäßige und schwache Leistungsträger voneinander unterscheiden. Man hat Kompetenzen schon als DNS eines Unternehmens bezeichnet, weil sie einem Unternehmen entscheidende Vorteile im Vergleich zu anderen bringen. Unternehmensspezifische Kompetenzen, manchmal auch Kernkompetenzen genannt, sind die Eigenschaften, die die Produkte oder Dienstleistungen eines Unternehmens von denen seiner Konkurrenten unterscheiden und die für den Kunden einen Wert darstellen. Einzelne Kompetenzen kann man sich als Bündel von Wissen, Fertigkeiten und Fähigkeiten vorstellen, die Mitarbeiter in ihre Arbeit einbringen.

Kernkompetenzen

Informationen von verschiedenen Personen sind am besten dazu geeignet, Kompetenzen zu messen. Traditionelle Bewertungsmethoden, die nur vom Urteil einer Person ausgehen, erfassen Kompetenzen nur unzureichend, weil Vorgesetzte selten ausreichend Gelegenheit haben, das Verhalten eines Einzelnen am Arbeitsplatz umfassend zu beobachten.

Teambezogene Belohnung

Bei Motorola, General Motors Acceptance Corporation, Gore Industries und Land's End wurden Teile des Unternehmens in Teams umstrukturiert, die jeweils keinen formellen Vorgesetzten haben. Hier ist die 360°-Beurteilung am ehesten geeignet, die Leistungen und Beiträge einzelner Mitarbeiter zu bewerten. Die Bewertung durch das Team liefert diesen Unternehmen verlässliche Informationen als Grundlage für Anerkennung und Belohnung.

Bewertung durch das Team

Das Ende des Anspruchsdenkens

In vielen Firmen ist man der Ansicht, dass Bewertungsverfahren, die nur auf die Auskünfte einer einzigen Person zurückgreifen, inflationäre Bewertungen ergeben, weil fast jeder zu hoch bewertet wird. Und damit wird bei den Mitarbeitern eine Erwartungshaltung gefördert, durch die sich jeder zu regelmäßigen Gehaltserhöhungen und Beförderungen berechtigt fühlt. Die Rundum-Beurteilung dagegen unterscheidet wesentlich besser, wer hohe, mittlere und niedrige Leistungen erbringt. Dadurch ermöglicht sie entsprechende Anerkennung und Belohnung und setzt automatischen Beförderungen ein Ende.

Zu hohe Bewertungen

1.6.3 Personalwirtschaft

Keine andere Information ist so ausschlaggebend für die Laufbahn eines Angestellten wie die über seine Leistungen. Daher sind Exaktheit, Fairness und Brauchbarkeit der Leistungsbeurteilungen von entscheidender Bedeutung für die Mitarbeiter. Das 360°-Feedback-Verfahren wird häufig von den Beschäftigten selbst entwickelt und durchgeführt und bringt Verbesserungen für die Personalpolitik, weil es gültige Maßstäbe liefert und Vorbehalte gegenüber Minderheiten und Außenseitern ausschließt.

Laufbahnentwicklung

Mitarbeiter brauchen eine ehrliche Rückmeldung für ihre Laufbahnentwicklung, aber Führungskräften fällt es meist schwer, spezifische und auch kritische Rückmeldungen zu geben. Sie scheuen sich, Leistungsprobleme offen anzusprechen.

Personalentwicklung

Das 360°-Feedback liefert spezifische und quantifizierbare Informationen, wie sie jeder Beschäftigte für eine intelligente Karriereplanung braucht. Wenn Arbeitskollegen sicher sein können, dass die Auskünfte anonym bleiben, sind sie bereit, Informationen zu geben, die sie von Angesicht zu Angesicht nicht äußern würden.

Karriere

Faire Entscheidungen über Belohnungen

Gerechtigkeit

Führungskräfte und Angestellte wollen, dass die Entscheidungen über Gehaltserhöhungen und Beförderungen fair sind. Untersuchungen in großen Gruppen von Mitarbeitern deuten darauf hin, dass 360°-Beurteilungen von den Anwendern als gerechter empfunden werden als Einzelbewertungen. Werden diese Entscheidungen in einer Unternehmenskultur getroffen, in der Belohnung auf Leistung oder dem persönlichen Beitrag basiert und nicht auf Betriebszugehörigkeit oder auf irgendwelchen Beziehungen, dann sind sie auch fair.

Exakte Leistungsbewertung

Objektivität

Der gesunde Menschenverstand sagt uns, und überzeugende Forschungsergebnisse bestätigen das, dass die Bewertung durch unterschiedliche Kollegen verlässlicher und objektiver ist als eine Beurteilung, die von einer einzigen Person stammt. Das 360°-Feedback befragt die Personen mit der besten Kenntnis über die Leistung des Einzelnen, denn sie haben die beste Gelegenheit, das Arbeitsverhalten zu beobachten.

Aussagekräftige Leistungsbewertung

Voreingenommenheit

Eine Bewertung durch eine einzige Person lässt sich leicht entkräften. Normalerweise beklagen sich die Beschäftigten: „Mein Vorgesetzter ist voreingenommen" oder „Was weiß schon mein Chef?" Wenn aber dieselben Informationen von Arbeitskollegen stammen, kann ihnen auch mehr Glaubwürdigkeit zugebilligt werden.

Versagen

Vorgesetzte müssen auch ungenügende Leistungen dokumentieren, versuchen, sie zu korrigieren, und sich damit auseinander setzen. Aber oft gehen sie diesem Themenkomplex insgesamt aus dem Wege. Untersuchungen haben übereinstimmend ergeben, dass Vorgesetzte nicht effektiv mit Leistungsproblemen umgehen.

1. Die Macht der 360°-Beurteilung

Stellen Sie sich vor, die Arbeitsleistung eines Angestellten sinkt rapide wegen eines Alkoholproblems. Der Vorgesetzte findet vielerlei Gründe, der Angelegenheit aus dem Wege zu gehen. Aber er muss das Problem dokumentieren und einen Vorschlag zur Abhilfe unterbreiten. Statt diese beträchtliche Mühe auf sich zu nehmen, entscheiden sich viele Vorgesetzte dafür, einfach wegzuschauen. Natürlich kann es auch sein, dass der Vorgesetzte als Letzter erfährt, dass ein bestimmter Mitarbeiter ein Problem hat, weil der Betreffende vielleicht bemüht ist, alle Anzeichen zu vertuschen.

Persönliche Probleme

Kollegen, die am 360°-Feedback teilnehmen, zögern kaum, schlechte oder gar nicht erbrachte Leistungen aufzuzeigen. Außerdem scheuen sich Teammitglieder nicht, einem Mitarbeiter ein Zeichen zu geben, wenn sein Beitrag zur Teamarbeit ungenügend ist oder wenn er Hilfe braucht.

Rechtssicherheit

Wenn Entscheidungen auf Auswertungen von Daten basieren, die aus einer einzigen Quelle stammen, dann kann das Unternehmen in die Lage kommen, die Entscheidung einer einzigen Person verteidigen zu müssen. Dieser Person kann, ganz gleich, wie gerecht sie ist, Voreingenommenheit und Parteilichkeit unterstellt werden. Bewertungen von mehreren Personen sind rechtlich schwerer angreifbar, weil dabei wie bei einer Jury unterschiedliche Perspektiven berücksichtigt werden. Die Wahrscheinlichkeit, dass unterschiedliche Menschen, die unabhängig voneinander urteilen, alle dieselben Vorurteile haben, ist sehr gering. Außerdem bietet ein formalisiertes 360°-Feedback erhebliche Sicherungsmechanismen und garantiert so Einzelnen und Gruppen ein faires Verfahren.

Parteilichkeit

1.7 Welche Methoden gibt es bei der 360°-Beurteilung?

So wie es viele Gründe gibt, warum Unternehmen das 360°-Feedback einführen, so vielfältig sind auch die formellen und informellen Möglichkeiten, den Prozess zu gestalten.

Die Entwicklung hin zur Rundum-Beurteilung beginnt in einem Unternehmen oft mit informellen Modellen, bei denen Führungskräfte und Mitarbeiter einfach aufgefordert werden, Feedback bei internen Kunden einzuholen. Solche informellen Systeme stellen einen ersten Schritt in Richtung eines wirklichen 360°-Feedback für die Unternehmen dar. Dabei erkennen die Angestellten meist, dass das Feedback von unterschiedlichen Personen beträchtliche Fehler enthalten kann, weil es keine Sicherungsmechanismen, wie etwa Anonymität für die Befragten, enthält. Außerdem können absichtlich oder unabsichtlich Vorurteile mit im Spiel sein. Die Erfahrung zeigt, dass nur ein formalisiertes 360°-Feedback Fairness und Exaktheit garantieren kann.

1.7.1 Informelle Systeme

Nicht strukturierte Systeme

Wenig oder gar nicht strukturierte Modelle zur Rundum-Beurteilung machen die Menschen mit der Vorstellung vertraut, Feedback von mehreren Personen zu erhalten. Diese Modelle können leicht und schnell eingesetzt werden und bieten für die Personalentwicklung eine erste Bekanntschaft mit Rundum-Beurteilungsverfahren. Diese schnell entwickelten Systeme enthalten jedoch im Allgemeinen keine ausreichenden Absicherungen, einen gerechten Ablauf zu garantieren. Deshalb sind sie für eine Leistungsbewertung wahrscheinlich nicht geeignet.

Hohe Fehlerquote

In vielen Unternehmen geht man davon aus, dass eine Ausweitung des Bewerterpools die Exaktheit der Maßnahme vergrößert. Das ist nicht der Fall. Eigentlich generieren simple, informelle Versuche mit Bewertungen von mehreren Personen eher mehr Fehler als weniger. Fehler kommen zustande durch die Sorge der Befragten um Anonymität und durch Faktoren wie freundschaftliche Verbundenheit, Konkurrenzdenken und geheime Absprachen. (Kapitel 6 geht darauf ein, wie man gewährleistet, dass die unterschiedlichen Bewerter hochwertige Urteile abgeben und Fehler nicht vervielfachen.)

Die Gefahren informeller Rundum-Beurteilung sind folgende:

- Sie können Falschinformationen weiterverbreiten, die glaubwürdig erscheinen. („Wie können all die Menschen, denen ich vertraue, Unrecht haben?")

- Sie können einen unangemessenen Einfluss auf die Selbsteinschätzung des Mitarbeiters haben. (Mitarbeiter erkennen vielleicht nicht, wenn eine Mehrfachbewertung falsch ist.)
- Sie können die Laufbahn eines Mitarbeiters unangemessen beeinflussen. (Der Mitarbeiter kann durch eine falsche Information, die „nur" für die Personalentwicklung bestimmt war, das Gefühl bekommen, er habe als Führungskraft im Unternehmen keine Aussicht auf Erfolg.)
- Sie könnten einen negativen Einfluss auf die Bereitschaft der Mitarbeiter haben, sich an fairen und formalisierten 360°-Beurteilungsverfahren zu beteiligen. (Nachdem die Beteiligten erlebt haben, wie ein Versuch fehlgeschlagen ist, wollen sie vielleicht auch kein formalisiertes Verfahren mit eingebauten Absicherungen ausprobieren.)

Unternehmen führen Mehrfachbewertungssysteme ein, um zuverlässigere Informationen zu erhalten und Bewertungsfehler zu reduzieren. Informelle Systeme, die auf Angaben unterschiedlicher Personen zugreifen, können zwar für die Entwicklung einzelner Mitarbeiter nützlich sein, vielleicht ersetzen sie aber nur die Fehleinschätzungen des Vorgesetzten durch andere.

Fallstricke

1.7.2 Formelle Systeme

Ein formalisiertes 360°-Feedback-System bietet Absicherungen, die die Zuverlässigkeit der zur Leistungsbewertung erhobenen Daten gewährleisten. Es folgt Verfahrensrichtlinien, die auf vorhersehbare Vorbehalte von Anwendern eingehen, wie etwa die Fairness bei der Erhebung der Daten, die Anonymität der Befragten, die Auswertungsmethode und die weitere Verwendung der Ergebnisse. Formale Strukturen sind zeitaufwendig in der Entwicklung und in der Durchführung. Außerdem sind sie kostspieliger, weil man Technik benötigt und eine Schulung erfolgen muss. Trotzdem sind hoch entwickelte formalisierte Rundum-Beurteilungssysteme empfehlenswert, wenn es beim Feedback um die berufliche Zukunft des Mitarbeiters geht, sei es um eine Leistungsbeurteilung oder um eine Gehaltserhöhung.

Formalisierte Rundum-Beurteilung

1.8 Wie muss ein effektives Verfahren aussehen?

Die 360°-Beurteilung soll Menschen mit hochwertigen Informationen helfen und sie zu fortlaufender Verbesserung motivieren. Ein effektives Verfahren des 360°-Feedback kann Input von einer Reihe Beschäftigter enthalten, entweder nur von direkt Unterstellten oder von verschiedenen Personengruppen wie Kollegen und direkt Unterstellten.

Dieses Modell

Optimale 360°-Beurteilung

- lässt die Anwender – Angestellte und Führungskräfte – das Verfahren gestalten;
- greift auf ein valides Verfahren zurück, das die Bewertungskompetenzen der Angestellten weiterentwickelt;
- setzt eine valide Methode für die Auswahl der Bewertungsteams ein – mindestens vier Auskunftspersonen zusätzlich zum Vorgesetzten und der Person, die Feedback erhält;
- stellt sicher, dass die Befragten anonym bleiben und die Angaben zum Feedback vertraulich behandelt werden;
- greift bei der Datenerhebung und -bewertung sowie bei der Weitergabe von Information auf ein wissenschaftlich fundiertes Protokoll zurück;
- stellt sicher, dass alle Mitwirkenden entsprechend geschult sind, wie Feedback gegeben und angenommen wird;
- ist nachvollziehbar in seinem Ablauf und enthält Sicherungsmechanismen, die eine gerechte Bewertung garantieren (diese Bewertung wird allen Teilnehmern mitgeteilt);
- wird von den Anwendern hinsichtlich der Fairness, der Exaktheit und der Validität bewertet;
- enthält auch ein Verfahren für Einwände.

Diese Liste schließt eine Reihe von Faktoren aus, die meist mit informellen Systemen in Verbindung gebracht werden:

Unsicherheiten

- Feedback einfach durch einen kaum strukturierten Ablauf einzuholen, wie etwa verschiedene Leute zu fragen. Gute Führungskräfte haben immer schon mündliche Informationen in ihrer nächsten Umgebung gesammelt.

1. Die Macht der 360°-Beurteilung

- Prüfung der Bewertungen durch höher gestellte Vorgesetzte. Die höheren Vorgesetzten verändern selten die Bewertung eines unmittelbaren Vorgesetzten und haben auch selten Grund dazu, weil sie normalerweise nicht ausreichend Kontakt mit diesem Mitarbeiter haben.
- Mündliche Erörterungen, bei denen die Feedback-Geber individuell oder in einer Gruppe nach ihrer Einschätzung befragt werden. Bei diesem Modell fehlt die Anonymität der Befragten.
- Jeder Ablauf, der keine Anonymität garantiert.
- Einfache Tabellenkalkulationen, Umfragen oder andere Bewertungsverfahren, bei denen offensichtlich ungültige Angaben nicht beachtet oder mit bewertet werden.
- Schon vorgefertigte oder extern ausgewertete Untersuchungen ohne ausreichende Absicherungen der Fairness für die Anwender, wie die Verantwortlichkeit der Befragten und die Frage nach der besonderen Relevanz einer Arbeitsstelle für das Unternehmen.

1.9 Wodurch unterscheidet sich die 360°-Beurteilung von informellen Systemen?

Es gibt kein allgemein anerkanntes Modell und keine standardisierte Methode für das 360°-Feedback. Sie stellen vielleicht fest, dass einige unserer Empfehlungen der vorherrschenden Praxis widersprechen, weil viele Unternehmen nur Erfahrung mit informellen Systemen haben. Bei informellen Systemen findet sich oft eines der folgenden Merkmale:

- Einschätzungen Einzelner (von der betreffenden Person selbst oder vom Vorgesetzten) werden auf Mehrfachbewertungen übertragen.
- Herkömmliche Untersuchungsmodelle, denen Stichprobenmengen von 50 oder mehr zu Grunde liegen, werden unangemessenerweise auf die kleinen Untersuchungseinheiten des 360°-Feedback mit seinen sehr kleinen Bewertungsteams übertragen.

Fehlerquellen

Systeme mit solchen Fehlern müssen versagen. Darüber hinaus werden Unternehmen, die diese fehlerhaften Systeme anwenden, wahrscheinlich Probleme bei der Einführung von Rundum-Beurteilungssystemen haben, weil dadurch Fehler eher vermehrt als reduziert werden. Viele Unternehmen haben festgestellt, dass sie vergessen mussten, was sie über herkömmliche Bewertungen von einer Person und über Umfragen wussten, wenn sie ein brauchbares 360°-Feedback-System entwickeln wollten.

Jedes Element des 360°-Feedback-Modells, das wir in diesem Buch vertreten, ist in der Feldforschung geprüft und für die Anwendung in kleinen Gruppen von Befragten entwickelt worden – oft vier bis acht Personen. Die 360°-Beurteilung, die wir beschreiben,

Vorzüge der 360°-Beurteilung

- arbeitet mit kurzen Umfragebögen, um Ermüdungserscheinungen bei den Befragten zu vermeiden;
- bietet eine breitere Bewertungsskala mit etwa 10 Punkten. Im Ergebnis führt das zu einem vielschichtigeren, spezifischeren Feedback, als es die herkömmlichen 5-Punkte-Skalen liefern;
- setzt „intelligente" Auswertungsmethoden ein, wobei mit wissenschaftlichen Methoden der Einfluss offensichtlich ungültiger Antworten eliminiert wird, damit die kollektive Absicht der unterschiedlichen Befragten wiedergegeben wird;
- besitzt Sicherungsmechanismen für das Verfahren und die Technik, damit Fehler reduziert und die Fairness des gesamten Verfahrens verbessert wird.

Auf diese und andere Themen im speziellen Kontext der 360°-Beurteilung wird in diesem Buch eingegangen, speziell in den Fragen zur Entwicklung in Kapitel 4, 5 und 6.

2. Die Entwicklung der 360°-Beurteilungssysteme und ihrer Varianten

Willst du ein Jahr Wohlstand, baue Getreide an.
Willst du zehn Jahre Wohlstand, pflanze Bäume.
Willst du hundert Jahre Wohlstand, bilde Menschen.
Chinesisches Sprichwort

Lech Walesa hat vor dem amerikanischen Kongress gesagt,
der Markt für Worte auf der Welt sei im Schwinden.
Er hat Recht. Das Einzige, woran die Welt noch glaubt,
ist gutes Benehmen. Denn das sehen wir alle sofort.
Keiner darf mehr predigen. Wir müssen uns alle benehmen.
Max DuPree, Chairman, Herman Miller

Varianten von Rundum-Beurteilungssystemen sind seit Jahrhunderten in Gebrauch. Wenn das Leben der Soldaten von Julius Caesar auf dem Spiel stand, wählten sie einen aus ihrer Mitte, der ihre Einheit in die Schlacht führen sollte. Fiel ihr Führer in der Schlacht, beschlossen sie, wem als nächstes die Ehre zufallen sollte, sie zu führen. Wenn den Eltern früher ein potenzieller Ehepartner ihrer Kinder vorgestellt wurde, haben sich viele Familienmitglieder beraten und sich für oder gegen eine Heirat ausgesprochen. Mehrere Berater ermitteln normalerweise die Gewinner von Schönheitswettbewerben, treffen die Entscheidung für einen Lieferanten oder beschließen, wer Leiter eines Symphonieorchesters wird. Jeder größere Sportverein hat eine Beratergruppe aus Trainern und manchmal auch Spielern, die während des Spiels strategische Entscheidungen treffen. Viele Unternehmen haben schon Rundum-Beurteilungen unter den Direktoren und bei wichtigen strategischen Entscheidungen im Spitzenmanagement eingesetzt. In ähnlicher Weise übernehmen auch Wirtschaftsunternehmen diesen weitgehend akzeptierten Ablauf für ihre Personalentwicklung und Leistungsbewertung.

Rundum-Beurteilung gab es schon immer

Wir haben dafür Mitte der achtziger Jahre die Bezeichnung 360°-Feedback gewählt, ausgehend von Umfragen bei den Anwendern und Fokusgruppen, die damals als Rundum-Beurteilung bezeichnet wurden.

Wall Street Journal und General Electric

Unsere Consulting-Firma TEAMS Inc. hat für das firmeneigene Rundum-Beurteilungsverfahren die Bezeichnung 360°-Feedback ausgewählt und als Warenzeichen eintragen lassen. Wir hatten den Begriff *360°-Feedback* in der nationalen und internationalen Werbung und in Schulungsunterlagen schon einige Jahre lang gebraucht, ehe das Wall Street Journal im Jahre 1993 die Bezeichnung aufgriff, um damit ein Feedback von verschiedenen Personen für die Personalentwicklung zu bezeichnen. Bald darauf wurde Jack Welch, der CEO von General Electric, in Fortune mit den Worten zitiert, er setze das 360°-Feedback in der Beurteilung für alle seine leitenden Angestellten ein, weil das eine so strenge Bewertungsmethode sei. Von dem Augenblick an war der Begriff in aller Munde und wurde für fast jede Methode verwendet, die Informationen aus mehr als einer Quelle verwendete.

2.1 Die Entwicklung der 360°-Beurteilung

Die Wurzeln

Systeme für eine 360°-Beurteilung haben sich entwickelt aus Unternehmensumfragen, Total Quality Management, Feedback in der Personalentwicklung und aus Leistungsbeurteilungen (Abbildung 2-1). Jeder Bereich hat etwas zur Entwicklung der 360°-Feedback-Verfahren beigetragen, so dass die Unternehmen damit sowohl die Qualität wie auch die Quantität der Informationen für einzelne Mitarbeiter effektiv steigern konnten.

Manche Unternehmen haben das 360°-Feedback übernommen, weil es ein logischer nächster Schritt nach Unternehmensumfragen, Kundenbefragungen oder Bewertung durch Gleichgestellte oder Vorgesetzte war. Bei einigen Unternehmen – darunter auch du Pont – waren alle diese Praktiken bereits in Gebrauch, als das 360°-Feedback eingeführt wurde. Daher betrachteten viele Mitarbeiter diesen Vorgang mehr als Weiterentwicklung denn als revolutionäre Veränderung.

2. Die Entwicklung der 360°-Beurteilungssysteme und ihrer Varianten

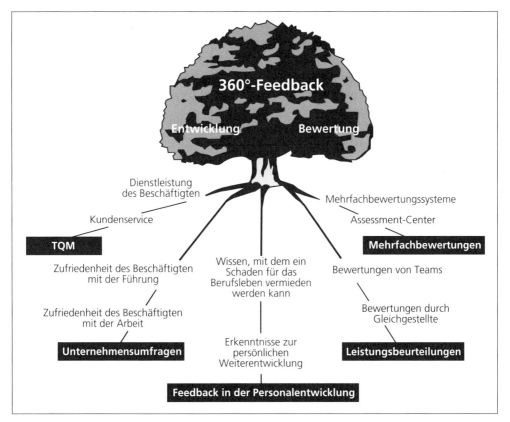

Abb. 2-1: Die Wurzeln der 360°-Beurteilung

2.1.1 Unternehmensumfragen

Unternehmensumfragen bewerten die Beobachtungen der Angestellten über die Arbeit und Arbeitsumgebung. In den siebziger und achtziger Jahren waren diese Untersuchungen zielgerichteter und befassten sich auch mit der Zufriedenheit der Mitarbeiter hinsichtlich ihrer augenblicklichen Führung. Mit zunehmender Verkleinerung der Gruppen für diese Untersuchungen wurden die Bewertungen zum neuen Orientierungsmaß für die Qualität der Führung. Bei American Airlines und UPS beispielsweise werden diese Maßnahmen eingesetzt, um effektive Führung anzuerkennen und zu belohnen. Der logische nächste Schritt über diese abteilungsinternen Bewertungen hinaus ist der Einsatz von

Mitarbeiterbefragung

Umfragen, die speziell die Führungskraft *(Feedback nach oben)* oder jeden Angestellten *(Rundum-Beurteilung)* ins Auge fassen.

2.1.2 Total Quality Management (TQM)

Die Notwendigkeit, Entscheidungen auf Grund fundierter Daten zu treffen sowie den Informationsfluss von den Kunden zu den Lieferanten zu verbessern, haben zu einer Zunahme von Umfragen im Kundenservice geführt. Diese Untersuchungen zu Qualität und Kundenservice wurden oft im Rahmen einer TQM-Maßnahme entwickelt und wurden im Laufe der Zeit immer spezieller: Gaben die Kunden zunächst einem ganzen Unternehmen Auskunft, so war es später eine Division, dann eine Abteilung und schließlich ihr Verkaufsvertreter. Heute befragen zum Beispiel die meisten Autohändler ihre Kunden über ihre Erfahrungen beim Kauf und bitten um spezielles Feedback über die Personen, mit denen der Kunde direkten Kontakt hatte. Ebenso finden Reisende meist Fragekärtchen mit „Wie waren wir?" in ihren Hotelzimmern, auf ihrem Tisch im Restaurant und im Mietwagen. Sogar Transportunternehmen bitten um spezielle Rückmeldung über ihre Fahrer: „Wie ist meine Fahrleistung? Rufen Sie folgende Nummer an ..."

Kundenbefragung

2.1.3 Das Feedback in der Personalentwicklung

Das Feedback in der Mitarbeiterentwicklung kam in den späten achtziger Jahren auf. Vor dem weit verbreiteten Einsatz von Rundum-Beurteilungen existierte die Vorstellung von Feedback allein zum Zweck der Personalentwicklung nicht. Die Bewertung durch Vorgesetzte sollte eigentlich zu einem Teil auch der Weiterentwicklung dienen, aber Befragungen von Angestellten ergaben, dass Feedback von Vorgesetzten sich meist stärker auf die Beurteilung als auf die Entwicklung konzentriert.

Beurteilung statt Entwicklung

Feedback, das ausschließlich zur Personalentwicklung erhoben wird, hilft den Mitarbeitern, Schaden für ihr Berufsleben zu vermeiden. Dazu kann es kommen, wenn das Verhalten am Arbeitsplatz und die Arbeitsleistung den Karrierechancen und Aufstiegsmöglichkeiten im Wege stehen, oder sogar zur Beendigung des Arbeitsverhältnisses führen. Dieses Fehlverhalten kann seine Ur-

Fehlverhalten

2. Die Entwicklung der 360°-Beurteilungssysteme und ihrer Varianten

sachen im persönlichen Stil, fehlenden Kenntnissen, Fertigkeiten oder Fähigkeiten haben. Zum Beispiel könnte ein Vorgesetzter, der sich um jede Kleinigkeit kümmert, entdecken, dass weniger Kontrolle zu besseren Leistungen führt. Ein Mitarbeiter ist vielleicht nicht in der Lage, zu erkennen, welche Faktoren mit seinen Karrieremöglichkeiten kollidieren, oder er will sie nicht sehen. Arbeitskollegen vermitteln meist sehr bereitwillig die nötigen Einsichten.

Im Zuge der Veränderungen von Arbeitsumgebung und -strukturen erkennt man in den Unternehmen, dass die Personalentwicklung zusätzliche Unterstützung braucht und dass die Verantwortlichkeit über den Vorgesetzten hinaus reichen muss. Eine Möglichkeit ist die Unterstützung von Kollegen in der Form von Coaching durch Gleichgestellte.

Unterstützung für die Personalentwicklung

2.1.4 Leistungsbeurteilungen

Die ersten Leistungsbewertungen gab es schon Ende des 18. Jahrhunderts, als die Produktionsprozesse im Industriezeitalter mechanisiert wurden. In dieser Zeit betrachtete man auch den „Menschen als Maschine" und wollte die individuelle Leistung steigern. Für die anfänglichen Bewertungen mussten die Vorgesetzten die Leistung der Untergebenen beurteilen. Später hatte man Prüflisten, die schließlich in unterschiedliche Richtungen weiterentwickelt wurden zu Formularen, Bewertungsskalen und Verhaltensbeurteilungen, mit denen die Qualität der Einzelbewertung verbessert werden sollte.

Der Mensch als Maschine

In den sechziger und siebziger Jahren des 20. Jahrhunderts kam das Management by Objectives (MBO) auf. Dabei wurden die Resultate Einzelner mit Unternehmenszielen und -strategien verglichen. Diese Beurteilungen wurden von den Vorgesetzten abgegeben, aber oft wurden die Mitarbeiter aufgefordert, sich an der Formulierung von Arbeitszielen zu beteiligen und ihre eigene Leistung anhand der formulierten Ziele zu bewerten. Veränderungen am Arbeitsplatz wie flachere Hierarchien in den Unternehmen, Teamarbeit und veränderte Erwartungen der Angestellten hinsichtlich ihres eigenen Beitrages führten dazu, dass die Unternehmen Rundum-Beurteilung als alternative Bewertungsmöglichkeit erkannten.

Veränderungen am Arbeitsplatz

2.1.5 Beurteilung durch Gleichgestellte

Beurteilung auf einer Ebene – nicht geeignet

Bewertungen von Gleichgestellten unterscheiden sich erheblich von Rundum-Beurteilungsverfahren mit Gleichgestellten und sind *nicht* Teil der Entwicklung des 360°-Feedback. Sie stellen insofern einen Rückschritt dar, als es sich bei den Beurteilungen von Gleichgestellten typischerweise um einen disziplinarischen Akt handelt. Der schlechte Ruf dieser Bewertungsart rührt von der Assoziation mit Sanktionen her und hat der Vorstellung einer Bewertung durch Gleichgestellte, speziell für positive Zwecke wie die persönliche Weiterentwicklung, ernsthaft geschadet.

2.2 Eine kurze Geschichte der Rundum-Beurteilung

Alle frühen Anwendungen der Rundum-Beurteilung waren ursprünglich für das Leistungsmanagement und die Leistungsbeurteilung entwickelt worden. Sie erforderten einen hohen Verwaltungsaufwand und waren zu teuer, als dass man sie für andere Zwecke als zur Leistungsbeurteilung und für Entscheidungen über Entgelt sowie Beförderungen einsetzen konnte. Die Vorstellung eines Feedback zur Personalentwicklung entstand Ende der achtziger Jahre, als standardisierte Rundum-Beurteilung von Führungskräften immer beliebter wurde.

2.2.1 Assessment-Center

Assessment-Center, ursprünglich fürs Militär

Assessment-Center wurden vom britischen militärischen Geheimdienst Anfang der vierziger Jahre entwickelt, sie sind ein frühes Beispiel für ein Rundum-Bewertungssystem. Mehrere Bewerter prüften die Leistungen von Teilnehmern in Tests, Spielen und Simulationen und trafen dann gemeinsam eine Entscheidung über die Eignung der Kandidaten für den Nachrichtendienst im Ausland. Die industrielle Version wurde hauptsächlich von Douglas Bray und seinen Mitarbeitern bei AT&T entwickelt und von Bill Byham und seinen Mitarbeitern bei Development Dimensions International verbessert. Sie wird immer noch gelobt als aussagekräftigste Methode, um Erfolg in der Führung vorauszusagen.

2. Die Entwicklung der 360°-Beurteilungssysteme und ihrer Varianten

Im Assessment-Center kommen mehrere Bewertungsarten zum Einsatz: Interviews, schriftliche Tests und Tests zum Arbeitsplatzverhalten, bei denen eine echte Arbeitsumgebung simuliert wird. Beim Postkorbtest werden die Bewerber mit arbeitstypischen Notizen und Anweisungen konfrontiert und es wird bewertet, wie die Kandidaten die Aufgaben am Arbeitsplatz lösen. Bei anderen Aktivitäten wie Rollenspielen beobachten mehrere Bewerter das persönliche Verhalten und das Vorgehen jedes Kandidaten. Die Gültigkeit der Vorhersagen im Assessment-Center resultiert aus einer Kombination mehrerer Maßnahmen und mehrerer Beobachter.

Vielfalt im Assessment-Center

Das 360°-Feedback ist sehr treffend als unternehmensinternes Assessment-Center bezeichnet worden, weil dabei sehr glaubwürdige und gültige Bewertungen für die tatsächliche Arbeitsumgebung gewonnen werden. Anders als im Assessment-Center besitzen die Bewerter bei der 360°-Beurteilung Kenntnisse über das tatsächliche Arbeitsplatzverhalten der Betreffenden. Obwohl diese beiden Bewertungsverfahren sich in vielen Aspekten unterscheiden, sind sie im Kern ähnlich, weil sie durch verschiedene, unabhängig voneinander entstandene Beurteilungen menschliche Leistung bewerten.

2.2.2 Beurteilung der Führung und Auswahl

In den Militärakademien wurde die Rundum-Beurteilung schon vor Jahrzehnten eingeführt, weil Untersuchungen gezeigt haben, dass diese Maßnahmen aussagekräftiger für die Einschätzung von Führungsfähigkeiten sind als schriftliche Tests oder Eignungsberichte von Offizieren. Schon Ende der sechziger Jahre arbeitete an der U.S. Naval Academy der erste Autor an der Automatisierung des Auswahlverfahrens mit Lochkarten. In Annapolis werden alle Marineoffiziersanwärter von ihren Jahrgangskameraden und den Kommandeuren hinsichtlich ihrer Führungsfähigkeit beurteilt. Dieser Vorgang hat entscheidende Auswirkungen auf den Rang in der Klasse und darauf, welchen Dienst die Offiziersanwärter nach ihrem Abschluss wählen können. Andere militärische Organisationen wie die U.S. Naval Air und die israelische Luftwaffe setzen seit Jahrzehnten auf die Rundum-Beurteilung, weil sie hervorragende Erkenntnisse für die Auswahl und Weiterbildung von Piloten bietet.

Rundum-Beurteilung in Militärakademien

2.2.3 Arbeits(platz)bewertung

Komitees und Gremien

Die in den sechziger Jahren üblichen Rundum-Beurteilungssysteme waren Komitees zur Arbeitsplatzbewertung, interne Auswahlgremien für die Einstellung und interne Gremien für Beförderungen. Bei der momentan am weitesten verbreiteten Arbeitsplatzbewertung wird der relative Wert eines Arbeitsplatzes von einem Ausschuss beurteilt. Durch Konsens entscheiden die Mitglieder des Komitees, ob die Mitarbeiter höher entlohnt werden, wenn sie zusätzliche oder schwierigere Aufgaben übernehmen.

Der Zugriff auf das Wissen mehrerer Befragter erhöht die Qualität und Glaubwürdigkeit von Auswahlentscheidungen. Das 360°-Feedback ahmt diese Abläufe nach, wenn anstatt eines einheitlichen Bewertungsgremiums unterschiedliche Personen befragt werden.

2.2.4 Auswahl von Führungskräften

Führungseffizienz

Mitte der siebziger Jahre entwickelte man bei Unternehmen wie der Bank of America, Gulf Oil und United Airlines interne Prüfungen, bei denen Kollegen die Effektivität der Führung bewerten. Diese Rundum-Beurteilungen wurden in erster Linie zur Auswahl von leitenden Angestellten und in der obersten Führung eingesetzt. Verhaltensprofile waren aufwendig und galten auch als zu kostspielig für den Einsatz allein für die Weiterentwicklung von Mitarbeitern, die nicht zur Führung gehörten.

2.2.5 Projektbewertung und Stellenbesetzung

Karriereaspekte

Ende der siebziger Jahre entschied man in den Denkfabriken Lawrence Livermore National Laboratories, Bell Labs und G. A. Technologies mit Hilfe von Rundum-Beurteilungen über Fragen der Anerkennung, Belohnung und Vergütung, Stellenbesetzung und Beförderung. Fachleute akzeptierten die Gültigkeit solcher Beurteilungen sofort, weil sie wissenschaftlich exakt und vorhersehbar gültig waren – aber sie bestanden auf der Einrichtung von Sicherungsmechanismen, um etwaige bewusste oder unbewusste Vorurteile auszuschalten.

2.2.6 Talentbewertung

Anfang der achtziger Jahre setzte man zum Beispiel bei Disney, Federal Express, Nestlé, RCA und Ciba-Geigy versuchsweise Rundum-Beurteilungen für die Führungsentwicklung und Talentbewertung sowie in der Leistungsbeurteilung ein. Die Unternehmenskultur hatte sich verändert. Man war nun überzeugt, dass Belohnungen, zum Beispiel in Form von Beförderungen, eher für Leistung vergeben werden sollten, die im Einflussbereich eines Einzelnen erbracht wurde, als dafür, dass um die Gunst eines Vorgesetzten geworben wurde, oder für eine langjährige Dienstzeit.

Belohnung

2.2.7 Leistungsbeurteilung

Mitte der achtziger Jahre experimentierten Unternehmen und Organisationen wie du Pont, die Fidelity Bank und die Arizona State University erstmals mit Rundum-Beurteilungen im Bereich Personalentwicklung. In diesen Unternehmen war man zu dem Schluss gekommen, 360°-Feedback sei zu teuer und zeitraubend, um es nur in der Personalentwicklung einzusetzen, also wollte man das Verhaltens-Feedback auch den Vorgesetzten mitteilen – als zusätzliche Entscheidungshilfe, nicht anstatt der Entscheidung des Vorgesetzten über Leistung und Entlohnung.

Rundum-Beurteilung in der Personalentwicklung

2.3 Warum wird die 360°-Beurteilung nur allmählich übernommen?

John Bernardin stellte im Jahr 1985 Folgendes fest: „Jeder veröffentlichte Bericht über Leistungsbeurteilung rät zu mehreren unterschiedlichen Bewertern anstatt nur zu einem einzelnen Beurteiler."★ Wenn die 360°-Feedback-Systeme so gut sind, warum werden sie so zögerlich übernommen? Die Antwort ist bei verschiedenen Faktoren zu suchen: bei der Unternehmenskultur,

Zögerliche Übernahme

★ H. John Bernardin und Lawrence A. Klatt, „Managerial Appraisal Systems: Has Practice Caught Up with The State of the Art?" In: *Personnel Administrator,* Bd. 30, Nr. 11 (November 1985), S. 79–85.

der allgemeinen Trägheit, begrenzten Budgets, in der Forschung und Technologie.

2.3.1 Unternehmenskultur

Feedback von Untergebenen? – Nein danke!

Rundum-Beurteilungen galten als Gegenkultur, bis die Vorzüge von Total-Quality-Management-Systemen weite Verbreitung gefunden hatten. Rückmeldungen von anderen einzuholen, die weniger Erfahrung hatten, speziell von direkt Unterstellten, galt in der amerikanischen Wirtschaft bis vor kurzem als widersinnig. Selbst heute ist man in manchen Arbeitskulturen in Amerika (besonders in Südamerika) und auch in Asien, Indonesien und Indien dagegen, dass direkt Unterstellte über die Führung urteilen. Ebenso betrachten höhere Offiziere beim Militär eine Beurteilung von direkt Unterstellten als unangemessen. Auch Juristen lehnen ein Feedback von Nichtjuristen ab, Ärzte vom Pflegepersonal, Piloten von der Crew und Professoren von Studenten.

2.3.2 Trägheit

Phlegma

In den meisten Unternehmen ist man zurückhaltend bei Veränderungen von Leistungsbeurteilungen. Eine Führungskraft fasst diese Haltung zusammen:

> „Der Übergang zu einem formlosen 360°-Feedback in der Personalentwicklung ist wie eine Operation. Führt man ein formalisiertes 360°-Feedback zur Personalbeurteilung ein, so ist das, als hätte man die Knochenstruktur verändert."

Kein anderer Vorgang ist wichtiger für ein Unternehmen als die Art der Leistungsmessung. Wenn die Rundum-Beurteilung eingeführt wird, wird der Vorgang umgekehrt, denn die Macht der Beurteilung ist nun über das gesamte Unternehmen verteilt.

2.3.3 Budget

Die Kosten

Systeme zur Rundum-Beurteilung erfordern nicht nur ein Budget, sondern zusätzliche Mittel für einen Projektleiter, einen Computer-Beauftragten, für Schulungen sowie Ressourcen für die Entwicklung entsprechender Software, um die Daten der Beurteilungen zu verwalten, auszuwerten und zusammenzufassen. Führungskräfte werden vielleicht immer wieder fragen: „Warum sollten wir für etwas bezahlen, was wir bereits kostenlos bekommen?" Aber es ist nicht kostenlos. Die direkten Kosten bei Einfachbeurteilungen sind sehr gering, aber die indirekten Kosten durch die Zeit, die die Führungskraft braucht, um die Leistungen zu dokumentieren und um Beurteilungen zu schreiben, sind extensiv. Zusätzliche Gemeinkosten entstehen, weil man keinen Zugang zu verlässlichen und validen Leistungsmaßstäben hat. Diese erheblichen indirekten Kosten werden beim Vergleich von Einfach- und Rundum-Beurteilungen oft übersehen.

2.3.4 Forschung

In den meisten Veröffentlichungen über Rundum-Beurteilungen geht es um kleine Gruppen. Zwar hat die Forschung zwingende Gründe für die Einführung von 360°-Feedback geliefert, aber es ist wenig über die Fragen geforscht worden, wie diese Systeme eingeführt, geschult und wie sie auf ihre Validität hin überprüft werden.

2.3.5 Technik

In den siebziger und achtziger Jahren wurden die Rundum-Bewertungssysteme von Großrechnern verwaltet. Sie waren schwerfällig, unflexibel, langsam und teuer. Die ersten PC-Anwendungen waren nicht besser. Jetzt stehen bessere Technologie und Software zur Verfügung, aber die Ausrüstung der Unternehmen variiert wesentlich in ihren Kapazitäten.

Langsame Großrechner

2.4 Methoden der Rundum-Beurteilung

In den siebziger und achtziger Jahren experimentierten die Unternehmen mit Rundum-Bewertungssystemen in vielerlei Variationen. Meist begannen sie mit einfacheren Methoden, zum Beispiel sammelten die Vorgesetzten informell Informationen aus verschiedenen Quellen. Solche Systeme wurden schließlich zu strukturierten Methoden weiterentwickelt, bei denen die Erhe-

Von einfachen zu strukturierten Methoden

bung von Daten, die Bewertung und die Zusammenfassung nach formalen Kriterien stattfinden. Normalerweise verläuft die Entwicklung folgendermaßen:

1. Beurteilung durch Rundgänge (Chef spricht mit den Vorgesetzten).
2. Der Vorgesetzte bittet Einzelne um spezifische Auskünfte.
3. Der Vorgesetzte lädt zu einem Gruppentreffen über Feedback.
4. Der Vorgesetzte bittet um schriftliches Feedback von den Arbeitskollegen.
5. Bewertungen werden von Sekretären oder Spezialisten gesammelt.
6. Bewertungen werden mit Hilfe von Tabellenkalkulationen oder anderen Erhebungsprogrammen erfasst.
7. Arbeitskollegen beurteilen die Mitarbeiter und geben ihre Bemerkungen auf Diskette ab.
8. Online-Beurteilung mit eingebauten Sicherungssystemen.

Offenes Feedback wenig geeignet

Intern entwickelte Rundum-Beurteilungssysteme verleiten die Vorgesetzten häufig, mit allen Mitteln Informationen von anderen einzuholen, und sprechen Mitarbeiter einfach an, ohne die Anonymität zu wahren. Andere bitten um spezifische Informationen. Überraschend weit verbreitet ist die Einberufung eines Gruppentreffens, um das Feedback zu einer bestimmten Person zu besprechen. Diese offenen Sitzungen liefern meist wenig Information und können böses Blut erzeugen.

Anonymität in Gefahr

Um die negativen Folgen offener Feedback-Sitzungen zu vermeiden, bitten Vorgesetzte oft um anonyme Angaben von Arbeitskollegen. Umfragen haben jedoch ergeben, dass die Mitarbeiter, die dem Vorgesetzten anonym Auskunft geben, nicht das Gefühl haben, dass ihre Angaben wirklich anonym bleiben. Und da diese Informationen die beurteilten Personen und die Vorgesetzten erreichen, sind die Kollegen verständlicherweise zurückhaltend und sagen oft nicht die volle Wahrheit. Sie befürchten, der Beurteilte könnte herausfinden, was sie gesagt haben.

Viel Arbeit für die Verwaltungskräfte

Bei der nächsten Stufe wird die Verantwortung für die Verwaltung, das Zusammentragen, die Bewertung und die Berichte vom Vorgesetzten, einer Bürokraft oder anderen Fachleuten übertragen. Diese Beauftragten sind meist überrascht über die neue Aufgabenfülle, die ihnen aufgebürdet wird. Meist sind sie

2. Die Entwicklung der 360°-Beurteilungssysteme und ihrer Varianten

nicht gut geschult und müssen neben ihren normalen Tätigkeiten Zeit für die Rundum-Beurteilung finden. Manuelle oder semimanuelle tabellarische Aufstellungen sind außerordentlich ermüdend und es kommt häufig zu Erfassungsfehlern.

Wenn ein Spezialist die Rundum-Beurteilung mit Hilfe von Tabellenkalkulation oder anderen Programmen auswertet und darstellt, können viele Nachteile der weniger komplizierten Methoden ausgeschaltet werden. Die Auswertungssysteme sind einfach, billig und können schnell durchgeführt werden. Bewertungssysteme mit Tabellenkalkulationen und anderen statistischen Auswertungsmethoden wären dann dienlich für die Rundum-Beurteilung, wenn sie unter genau den Bedingungen eingesetzt werden könnten, für die sie entwickelt wurden: für Umfragen mit großen Untersuchungseinheiten. Leider umfassen die Untersuchungseinheiten beim 360°-Feedback nur vier bis neun Befragte. Damit unterscheiden sie sich sehr von den herkömmlichen Untersuchungen. So ist es wahrscheinlich, dass mit Tabellenkalkulations- und anderen statistischen Erhebungssystemen auch offensichtlich ungültige Antworten mitgezählt werden: Es werden Absprachen und andere Handlungsweisen zugelassen, die die Zuverlässigkeit des 360°-Feedback untergraben.

Tabellenkalkulationsprogramme

Mit dem Einsatz spezialisierter Software, die die Befragten nach Namen wieder zuordnen kann, das Feedback aber für die betreffende Person anonym hält, können viele Probleme der Datensicherheit überwunden werden, weil ungültige Antworten erkannt und entfernt werden können. Leider braucht man für die Zuordnung von Befragten auf Papier erheblich mehr verwaltungstechnischen Aufwand. Jeder Fragebogen muss eindeutig unterscheidbar sein, weil er eine einmalige Kombination von Gegenstand und Befragtem bildet. Dieser Verwaltungsaufwand übersteigt für die meisten Unternehmen das vertretbare Maß. Daher haben die meisten keine Bewertungsmethoden geschaffen, bei denen die Befragten für die von ihnen gebotene Information zur Verantwortung gezogen werden können.

Spezielle Software

Mit automatisierten Systemen auf Diskette oder online ist Input von mehreren Personen mit umfangreichen Absicherungen möglich, und das ohne die erheblichen Gemeinkosten, mit denen man bei schriftlichen Umfragen rechnen muss. Spezielle

Umfragen per Diskette oder online

Methode	Schwächen	Stärken
Beurteilung durch Rundgänge (Vorgesetzter spricht mit den anderen)	• Es kann sein, dass er nur redet und nicht zuhört • Geringe Glaubwürdigkeit • Gute Manager tun das schon immer	• Leicht und schnell • Keine Kosten
Der Vorgesetzte bittet Einzelne um spezifisches Feedback	• Sehr einschüchternd • Die wichtigsten Leute sagen vielleicht nichts • Kann das Vertrauen untergraben • Kann die Beschäftigten verärgern • Kann Konflikte schaffen und die Angestellten demotivieren, weil in der Öffentlichkeit diskutiert wird	• Leicht und schnell • Keine Kosten
Der Vorgesetzte lädt zu einem Gruppentreffen, um über Feedback zu sprechen	• Sehr einschüchternd • Die wichtigsten Leute sagen vielleicht nichts • Kann das Vertrauen untergraben • Kann zu sehr auf Negativem beharren • Kann die Angestellten demotivieren, weil in der Öffentlichkeit diskutiert wird	• Leicht und schnell • Keine expliziten Kosten
Der Vorgesetzte bittet um „anonymes" schriftliches Feedback von Arbeitskollegen	• Keine Anonymität für die Befragten, weil sie das Gefühl haben, der Vorgesetzte könnte ihre Angaben erkennen • Die Befragten geben vielleicht keine ehrliche Auskunft • Funktioniert nicht für ein Feedback nach oben • Ist nicht effektiv bei ausführlichen Kommentaren	• Leicht und schnell für den Vorgesetzten, wenn das Feedback nicht zusammengetragen werden muss

Abb. 2-2: Stärken und Schwächen von Systemen der Mehrfachbeurteilung

2. Die Entwicklung der 360°-Beurteilungssysteme und ihrer Varianten

Methode	Schwächen	Stärken
Die Bewertungen werden vom Sekretariat oder von Fachkräften zusammengetragen	• Große Belastung für die Erfassungskräfte • Führt wahrscheinlich zu Fehlern wegen Überlastung • Nicht anonym (das Sekretariat sieht die Antworten)	• Keine Kosten nach außen • Relativ einfach für alle, außer für die Erfassungskräfte
Die Bewertungen werden mit Tabellen oder statistischen Methoden ausgewertet	• Können Fehler vervielfachen, weil die Untersuchungseinheiten klein sind und weil eventuell absichtlich falsche Antworten gegeben werden • Großer Verwaltungsaufwand, wenn die Fragebögen den Befragten wieder zugeordnet werden sollen • Es gibt wenig Möglichkeiten der Absicherung	• Relativ schnell und leicht • Geringe Kosten
Bewertungen auf Papier werden zentral oder außer Haus ausgewertet	• Erfordert spezielle Software • Verursacht sehr hohe Kosten • Hoher Verwaltungsaufwand • Die meisten technischen Absicherungen sind bei Papierfragebögen schwer anzuwenden, da sonst die Verwaltungskosten zu hoch werden würden	• Wahrt die Anonymität • Leicht und schnell für die Befragten
Online-Bewertung mit Absicherungen	• Erfordert spezielle Software • Verursacht Kosten (erheblich geringere als bei Papierfragebögen, die entweder im Hause oder außerhalb ausgewertet werden)	• Wahrt die Anonymität • Leicht und schnell für die Befragten • Ermöglicht viele Absicherungen • Vier bis sechs Mal mehr ausführliche Bemerkungen als auf Papier

Abb. 2-2: Stärken und Schwächen von Systemen der Mehrfachbeurteilung *(Fortsetzung)*

Software macht die Arbeit. Zum Beispiel können Angestellte die Bewertungsteams online auswählen und Vorgesetzte können die Teams online bestätigen. Damit ist ein großer Teil der administrativen Aufgaben beseitigt. Die Software kann alle Verbindungen herstellen, automatisch die elektronischen Umfragen verteilen und dabei erhebliche Einsparungen an Papier und Verwaltungszeit verbuchen.

Die nächste Ebene der Entwicklung beim 360°-Feedback über die gängigen Online-Bewertungen mit Absicherungen hinaus werden wahrscheinlich intelligente Systeme sein, wie sie in Kapitel 10 vorgestellt werden.

Abbildung 2-2 fasst die Stärken und Schwächen dieser Methoden noch einmal zusammen.

2.5 Quellen für Feedback

Die unterschiedlichen Methoden der 360°-Beurteilung tragen auch der Vielzahl möglicher Lieferanten für Feedback Rechnung.

2.5.1 1°-Feedback

Der Chef

Das typische 1°-Feedback kommt vom Vorgesetzten. Manchmal kann es auch vom Mitarbeiter selbst oder von einem nächsthöheren Vorgesetzten stammen. Diese Quellen bieten Input für Rundum-Beurteilungssysteme ausgehend von einer einzigen Perspektive, sie haben Stärken und Schwächen.

Selbstbewertung

Die Selbstbewertung wird oft abgefragt, weil sie wichtig ist im Vergleich zu den Aussagen aus anderen Quellen. Verlässt man sich auf diese Form der Bewertung, kann das jedoch die Exaktheit der Rundum-Beurteilung verzerren. Selbsteinschätzungen sind

Überschätzung

- zu positiv aus eigennützigen Motiven (viele schätzen sich selbst positiver ein als andere),
- zu positiv auf Grund von blinden Flecken (Mangel an Einsicht oder Wissen lässt manche zu hoch greifen),

2. Die Entwicklung der 360°-Beurteilungssysteme und ihrer Varianten

- negativ für Frauen, die häufiger als Männer dazu tendieren, sich selbst schlechter einzuschätzen als die Mehrheit der Mitarbeiter.

Untersuchungen zeigen auch, dass manche Menschen nach eigener Einschätzung Helden sind. Bei einem 360°-Feedback-Projekt werden vier Leistungsebenen unterschieden: niedrig, mittel, hoch und sehr hoch – unter den Mitarbeitern mit der niedrigsten Leistungsstufe finden sich die mit der höchsten Selbsteinschätzung.

Eine Universität stellt einen Dekan mit schlechten Leistungen zur Rede

Der Rektor einer großen Universität hatte ein Problem: Ein Dekan verursachte erheblichen Verwaltungsaufwand. Wiederholt hatte der Rektor dem Dekan mitgeteilt, dass er schlecht arbeitete, während der Dekan den Rektor immer wieder wissen ließ, er sei der beste Dekan auf dem gesamten Campus. Diese Pattsituation bestand schon seit einigen Jahren.

Ich bin der Beste!

Als das 360°-Feedback für die gesamte Verwaltung und viele Mitglieder des Lehrkörpers eingeführt wurde, wurde der Dekan am schlechtesten von allen Dekanen bewertet. Es überrascht nicht, dass er nach seiner Selbsteinschätzung der beste aller Dekane war. Seine Antwort: „Sie haben die Falschen gefragt!"

In der nächsten Runde wählte der Dekan Bewertungsteams, die aus Mitgliedern des Lehrkörpers, aus seinen Büroangestellten, Mitgliedern seines Beraterzirkels (außerhalb der Universität) und aus Studenten bestanden. Wieder einmal und zu niemandes Überraschung kamen alle Bewertungsteams zum gleichen Schluss: Der Dekan war gut in der Forschung, aber schlecht in verwaltungstechnischen Tätigkeiten. Alle Teams wiesen darauf hin, dass seine Unfähigkeit zuzuhören seine Karriere bedrohte.

Glücklicherweise kannte der Dekan sich in wissenschaftlicher Methodik aus und fand das Rundum-Feedback glaubwürdig. Er kam zu dem Schluss, dass Verwaltung seine Sache nicht war, widmete sich der Forschung und Lehre und war dort sehr erfolgreich.

Späte Einsicht

Vorgesetzte

Einbahnstraße

Bisher wurde immer erwartet, dass Vorgesetzte ihre Angestellten beurteilen. Neuere Untersuchungen bezweifeln aber immer wieder die Exaktheit solcher Urteile, weil eigennützige Motive oder andere Vorurteile dem im Wege stehen könnten. In manchen Fällen hat der Vorgesetzte auch kaum Gelegenheit, das Arbeitsverhalten zu beobachten. Untersuchungen haben auch gezeigt, dass Vorgesetzte ehrlicher und strenger urteilen, wenn zu ihrem Urteil noch Bewertungen aus anderen gut informierten Quellen hinzukommen, wie dies im 360°-Feedback der Fall ist.

Oft werden die Falschen gelobt

Bei den herkömmlichen Bewertungen durch Vorgesetzte wird oft der lärmende Nichtstuer gelobt. Vorgesetzte haben keine Beweise für Nichtleistung außer ihrem eigenen Urteil. Deshalb belohnen sie oft Mittelmäßigkeit oder sogar Untätigkeit, um Beschwerden von Angestellten zu vermeiden.

Vorgesetzte tendieren im Vergleich zu anderen Personen wie Kollegen und direkt Unterstellte dazu,

- zu positiv zu urteilen,
- weniger zwischen unterschiedlichen Kriterien zu differenzieren,
- weniger zwischen unterschiedlichen Personen zu differenzieren.

Nächsthöhere Vorgesetzte

Der Chef vom Chef als Informationsquelle

Der höhere Vorgesetzte, der Chef vom Chef, ist meist eine sehr schlechte Informationsquelle zur Leistungsbeurteilung von Mitarbeitern, weil er wenig Kontakt mit dem betreffenden Angestellten hat. Seine Informationen stimmen meist nicht mit den Auskünften aus anderen Quellen überein und basieren mehr auf stereotypen Vorurteilen als auf tatsächlicher Beobachtung. Die höheren Vorgesetzten tendieren zur Bewertung irrelevanter Größen wie Stellung oder Ausbildung. Im Vergleich zu anderen Quellen sind Bewertungen der höheren Vorgesetzten tendenziell

- viel zu positiv,
- weniger genau im Vergleich zu anderen Befragten,

2. Die Entwicklung der 360°-Beurteilungssysteme und ihrer Varianten

- zu wenig differenziert im Hinblick auf unterschiedliche Kriterien,
- zu wenig differenziert im Hinblick auf unterschiedliche Mitarbeiter.

Ironischerweise entscheiden in den meisten Unternehmen traditionell die Vorgesetzten der Vorgesetzten über Beförderungen. Ohne Informationen aus dem Wissensschatz der Mitarbeiter müssen sich diese Vorgesetzten bei der Leistungsbeurteilung und bei Beförderungen oft auf „politische" Überlegungen oder persönliche Vorurteile verlassen.

2.5.2 90°-Feedback: Die Bewertung durch Kollegen

Das 90°-Feedback kommt von den Arbeitskollegen. Über 90 Prozent der veröffentlichten Studien über Rundum-Beurteilungssysteme untersuchen die Beurteilung durch Gleichgestellte, was wir hier allgemeiner als Bewertung durch die Kollegen bezeichnen wollen. Diese Forschungen liefern überzeugende Beweise, dass das Urteil der Kollegen im Gegensatz zu Bewertungen aus einer einzigen Quelle (dem betreffenden Mitarbeiter selbst oder seinem Vorgesetzten) Feedback-Maßstäbe liefert, die

Beurteilung durch Gleichgestellte

- verlässlicher sind (exakt und untereinander übereinstimmend),
- valide sind (die am höchsten bewerteten Mitarbeiter werden befördert),
- sehr glaubwürdig für diejenigen sind, die beurteilt werden.

Obwohl Kollegen in Rundum-Beurteilungen hochwertige Informationen liefern, genügen sie oft nicht als einzige Informationsquelle. Viele Unternehmen haben nicht genügend Personal auf derselben Ebene, die ausreichend Kontakt zueinander haben, um hochwertige Rückmeldungen zu geben. Selbst wenn es genügend Kollegen gibt, können wegen unterschiedlicher Erfahrung, Ausbildung oder Arbeitsbereiche Zweifel angebracht sein, ob Kollegen ausreichend qualifizierte Auskunft geben können.

2.5.3 180°-Feedback

„Abwärts"-Feedback, „Aufwärts"-Feedback

Viele verschiedene direkt Unterstellte liefern das 180°-Feedback. Vor zehn Jahren gab es in weniger als einem von 25 „Rundum"-Projekten ein Feedback nach oben, bei dem die Unterstellten die Führungskraft beurteilten. Aufwärts-Feedback galt in der Vergangenheit als gegenläufig zum traditionellen Führungsdenken. (Die Manager sagten: „Ich verursache anderen Magengeschwüre. Ich selbst bekomme keine.") Seitdem haben sich die Strukturen in den Unternehmen jedoch bedeutend verändert. Umfragen haben ergeben, dass heute bei über 90 Prozent der Mehrfachbewertungen auch die direkt unterstellten Mitarbeiter ein Feedback abgeben.

Untergebene liefern brauchbare Informationen

Die Unterstellten können sogar noch etwas bessere Informationen liefern als die Kollegen. Als Befragte haben die Unterstellten alle Vorzüge von Kollegen mit sogar etwas höherer Genauigkeit, wie aus der Übereinstimmung zwischen den Bewertungspersonen zu ersehen ist. In den meisten Unternehmen kommt man zu dem Ergebnis, dass sowohl Kollegen wie direkt Unterstellte genaue und glaubwürdige Angaben machen.

Führungskräfte befürchten vielleicht, ihre direkt unterstellten Mitarbeiter könnten sich gegen den Vorgesetzten verbünden und keine brauchbaren Informationen liefern. Daher muss der Einsatz direkt Unterstellter oder anderer Quellen, deren Aussagen über die Karriere von Mitarbeitern entscheiden können, mit Sicherungsmechanismen wie absolute Anonymität der Befragten versehen sein, um Sanktionen gegen die Bewerter zu vermeiden.

Unterstellte der zweiten und dritten Ebene

In manchen Unternehmen wird um Feedback von Unterstellten zwei oder drei Ebenen unter dem Vorgesetzten gebeten. Bei McDonnel-Douglas hat man zum Beispiel herausgefunden, dass die Rückmeldungen der wichtigsten Mitarbeiter zwei Ebenen unter der betreffenden Person hilfreich sind für die Auswahl von Führungskräften. Angaben von Unterstellten, die zwei oder drei Ebenen tiefer arbeiten, werden jedoch am besten nur zur allgemeinen Information verwendet und sollten nicht mit den Anga-

2. Die Entwicklung der 360°-Beurteilungssysteme und ihrer Varianten

ben anderer Gruppen verbunden werden. Diese Bewerter unterscheiden in ihrem Feedback meist wenig zwischen unterschiedlichen Verhaltensweisen, machen jedoch wesentliche Unterschiede zwischen einzelnen Angestellten.

Eine Untersuchungseinheit aus Unterstellten der zweiten und dritten Ebene ist zur Informationsgewinnung anstelle einer Gesamtbefragung durchaus ausreichend.

2.5.4 360°-Feedback

Bei einer 360°-Beurteilung geht man davon aus, dass die Befragten zum Einflussbereich des betreffenden Mitarbeiters gehören oder zum Netzwerk derer, die das Arbeitsverhalten des betreffenden Mitarbeiters am besten kennen. Andere Informationsquellen können Teammitglieder, interne oder externe Kunden sein.

Vielfältige Informationsquellen

Teammitglieder

Teammitglieder liefern, ebenso wie Kollegen und direkt Unterstellte, ein hervorragendes Feedback. In gewisser Hinsicht sind Teammitglieder auch Kollegen, und wenn sie ausreichend Kontakt mit dem Mitarbeiter haben, geben sie auch wohl überlegte und exakte Informationen.

Interne Kunden

Kollegen, die durch die Arbeit ausreichenden Kontakt mit dem Angestellten haben, sind ausgezeichnete Informationsquellen. Das Feedback der gesamten Gruppe ist meist ähnlich wie das der Teammitglieder, mit etwas geringerer Übereinstimmung unter den Bewertenden und weniger Unterschieden bei den einzelnen Kriterien.

Externe Kunden

Die Rückmeldung externer Kunden ist sehr wertvoll und genießt hohe Glaubwürdigkeit bei den Angestellten. Externe Kunden geben oft lieber Feedback über Arbeitsgruppen oder Teams als über einzelne Mitarbeiter.

Feedback von außen

Externe Kunden unterscheiden sich von allen anderen Informationsquellen. Sie gehören nicht zur selben Unternehmenskultur wie die Angestellten, sie bewerten meist etwas positiver und vergeben 1,5 bis 2 Punkte mehr auf einer 10-Punkte-Skala. Die folgenden Vorschläge beziehen sich vor allem auf externe Kunden:

- Behandeln Sie das Feedback externer Kunden getrennt von anderen Quellen.
- Angaben von externen Kunden sollten so lange nur zur Information dienen, bis Grundlagen und Verlässlichkeit geklärt sind.
- Begrenzen Sie die Umfrage auf fünf bis zehn Fragen.

2.6 Die 360°-Beurteilung auf dem Weg ins neue Jahrtausend

Zunehmende Akzeptanz

Vor nur zehn Jahren hatten die wenigsten überhaupt von dem neuen Modell, dem 360°-Feedback, gehört. Inzwischen gibt es bei den meisten größeren Unternehmen einige, die zumindest Erfahrung mit informellen Verfahren in der Personalentwicklung haben. Außerdem breitet sich das 360°-Feedback in der Wirtschaft immer schneller aus. Die erste Erwähnung fand das 360°-Feedback in der amerikanischen Fachliteratur Ende 1993. Inzwischen wird der Begriff von Fachleuten und Laien gleichermaßen gebraucht. Personalfachleute, Manager und Angestellte sehen darin alle eine vernünftige Methode zur effizienten und effektiven Evaluation.

3. Anwendungsbereiche für die 360°-Beurteilung

> *Ich war sehr um Dezentralisation bemüht, weil ich selbst auch so arbeiten wollte. Aber ... mir wurde zunehmend klar, dass ein Unternehmen horizontal funktionieren muss, wenn es effektiv arbeiten und Vorteile auf dem Markt erzielen will.*
>
> Louis V. Gerstner, CEO, IBM

> *Wer wirklich an Qualität glaubt, muss, wenn er letztlich alle Hindernisse beseitigen will, für das Empowerment seiner Mitarbeiter sorgen.*
>
> Jaime Houghton, CEO, Corning

Viele Unternehmen, die zahlreiche unterschiedliche Anwendungsbereiche für das 360°-Feedback gefunden haben, streiten sich darüber, ob diese Systeme am besten nur in der Personalentwicklung oder auch in der Leistungsbeurteilung eingesetzt werden sollen. Jedes Unternehmen, das sich auf Verfahren mit dem 360°-Feedback einlässt, muss die zahlreichen möglichen Einsatzbereiche berücksichtigen.

Personalentwicklung und/oder Leistungsbeurteilung

3.1 Das Feedback in der Personalentwicklung und seine Anwendung

Der Einsatz von Feedback in der Personalentwicklung wurde anfänglich vom Center for Creative Leadership vorangetrieben. Dabei geht man davon aus, dass die Mitarbeiter im Einflussbereich eines Angestellten dessen Entwicklung fördern können. Feedback in der Personalentwicklung wird genauso abgefragt wie Feedback über Leistung. Der Unterschied zwischen beiden besteht lediglich darin, wer schließlich Einsicht in die Ergebnisse erhält.

Vertraulichkeit muss gewahrt sein

Beim Feedback in der Personalentwicklung muss garantiert sein, dass die abgefragten Informationen für den betreffenden Angestellten vertraulich behandelt werden. Mit anderen Worten, der Vorgesetzte des Mitarbeiters sieht das Feedback über die Entwicklung nicht. Dahinter steht der Gedanke, dass der Mitarbeiter keinen Schaden erleiden soll, wenn das Feedback nicht positiv ausfällt. Diese Vertraulichkeit schafft eine offene Atmosphäre:

- Die Mitarbeiter, die das Feedback geben, sind eher bereit, ganz ehrlich Auskunft zu geben.
- Die Mitarbeiter, die das Feedback erhalten, können offen sein und zuhören und müssen nicht in Abwehrhaltung gehen.
- Für die Mitarbeiter sind die Ergebnisse glaubwürdiger als Feedback allein vom Vorgesetzten, da die Befragten keinen Anlass haben, destruktive Angaben zu machen.
- Es müssen keine gesetzlichen Bestimmungen für Auswahlprozesse beachtet werden, weil die Information keinen Einfluss auf Beförderung und Entlohnung hat.

3.1.1 Wer darf die Ergebnisse sehen?

Feedback für die persönliche Weiterentwicklung

Die Mitarbeiter bestimmen darüber, wer ihr Entwicklungs-Feedback sehen darf. Solange der Mitarbeiter das Verhaltens-Feedback vertraulich behandelt, dienen solche Informationen allein der persönlichen Weiterentwicklung, denn der Vorgesetzte kann nicht aktiv werden auf Grund von Informationen, die er nicht hat.

Informationen verwenden und wieder „vergessen"?

Zwar empfehlen viele, die das Feedback allein in der Personalentwicklung einsetzen, dem Vorgesetzten die Ergebnisse mitzuteilen, damit er ein Coaching bieten kann. Doch ein solches Vorgehen schafft ein Dilemma: Der Vorgesetzte kann die Information nicht einerseits für das Coaching verwenden und sie dann wieder „vergessen", wenn es um Leistungsbeurteilung und Gehaltsentscheidungen geht. Viele Unternehmen sehen darin ein ethisches und potenziell auch ein rechtliches Problem, wenn Informationen zur Rundum-Beurteilung zunächst allein für das Entwicklungs-Feedback erhoben werden und die betreffenden Mitarbeiter dann aufgefordert werden, die Ergebnisse ihren Vorgesetzten mitzuteilen.

3. Anwendungsbereiche für die 360°-Beurteilung

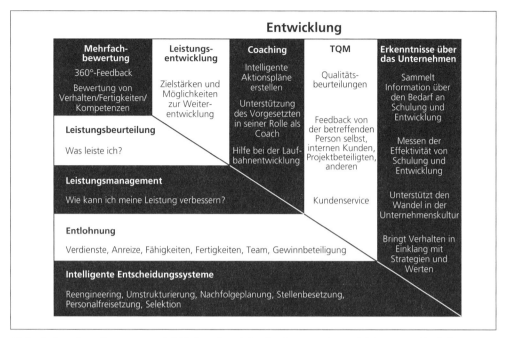

Abb. 3-1: Der Einsatz von 360°-Feedback in der Personalentwicklung und bei der Leistungsbeurteilung

Wenn es explizite Vorgehensweise im Unternehmen ist, das 360°-Feedback „abzukoppeln", dann kann der Einfluss des 360°-Feedback auf die Leistungsbeurteilungen auf einem Minimum gehalten werden. Wenn es jedoch üblich wird, dass Angestellte ihre Bewertungen dem Vorgesetzten mitteilen, wird sich der Vorgang sehr schnell von einer reinen Angelegenheit der Personalentwicklung zu einem Entwicklungs- und Leistungsbeurteilungsverfahren wandeln. In diesem Fall könnte jeder Mitarbeiter, der sich entscheidet, die Resultate nicht offen zu legen, in Verdacht geraten, er habe bei seinem Verhaltens-Feedback eine schlechte Bewertung erhalten.

Resultate offen legen oder nicht?

In den meisten Unternehmen wird das 360°-Feedback zunächst in der Personalentwicklung als Unterstützung für den Mitarbeiter eingesetzt. Die Anwendung in der Personalentwicklung ist in der Abbildung 3-1 oben rechts dargestellt: Leistungsentwicklung, Leistungs-Coaching, TQM und Erkenntnisse für das Unternehmen. Es wird schwer fallen, ein Argument gegen eine bessere Information der Angestellten zu finden, wenn der Mitarbeiter im Ergebnis seine Anlagen besser entwickeln und seine Arbeitsleistung steigern kann.

3.1.2 Leistungsentwicklung

Wer das 360°-Feedback zur Leistungsverbesserung der Mitarbeiter einsetzt, dem bietet dieses System viele Vorzüge. Jeder Mitarbeiter kann anhand der Daten sehen, wie sein Dienst am internen Kunden bewertet wird. Beachten Sie, dass allein der betreffende Mitarbeiter entscheidet, ob er die Information zur Leistungsverbesserung nutzt. Da eine Rückmeldung von Kollegen aber die meisten Menschen motiviert, ist zu erwarten, dass dieses Feedback in der Personalentwicklung zu konstruktivem Verhalten des Mitarbeiters führt.

Rückmeldung von Kollegen motiviert

3.1.3 Leistungs-Coaching

Coaching zur Leistungsverbesserung ist ein sinnvolles Einsatzgebiet in der Personalentwicklung, weil ein Feedback über Verhaltenskompetenzen oder berufliche Fertigkeiten jedem Bewerteten hilft, einen vernünftigen Aktionsplan aufzustellen. Die 360°-Beurteilung liefert ein glaubwürdiges Feedback über das Arbeitsplatzverhalten und kann zur Zielfindung beim Aktionsplan beitragen, wenn kein Coach zur Verfügung steht.

3.1.4 Total Quality Management

Mit dem 360°-Feedback erhält man wertvolle Erkenntnisse von internen und externen Kunden, von Teams, Projektbeteiligten, Lieferanten und allen anderen geeigneten Auskunftgebern, und das brauchen viele Unternehmen für ihre TQM-Aktivitäten.

Feedback zum Kundenservice

Als logische Erweiterung eines Feedback zum Kundenservice kann das Feedback aus dem Team normalerweise zweierlei Funktionen erfüllen: Es ermöglicht eine Rückmeldung über das Team insgesamt oder über den Beitrag eines Einzelnen zur Teamarbeit. Sobald die Anwender einmal erkannt haben, wie wertvoll das Feedback über den Kundenservice ist, werden sie ähnliche Rückmeldungen von den internen Kunden für das gesamte Team oder für Einzelpersonen wünschen.

3.1.5 Erkenntnisse über das gesamte Unternehmen

Wird ein 360°-Feedback über die Personalentwicklung des gesamten Unternehmens abgefragt, liefert es reichhaltige Informationen für einen unternehmensweiten Überblick zum Schulungs- und Entwicklungsbedarf. Ähnliche Roll-up-Reports und Vergleiche von Abteilungen legen die Stärken und Schwächen einzelner Einheiten offen.

Roll-up-Reports

Wird nach Zielkompetenzen gefragt, kann die Effektivität von Schulungen und Entwicklungsmaßnahmen geprüft werden. Zum Beispiel kann der Einfluss von Schulungen auf das Verhalten durch Rundum-Beurteilungen verfolgt werden. Solche Informationen zeigen auch, welche Verbesserungen, zum Beispiel im Kundendienst, über längere Zeit aufrechterhalten werden.

Die 360°-Beurteilung kann in der Personalentwicklung auch Veränderungen der Unternehmenskultur unterstützen. Bei Eastman Kodak wurde das Verhaltens-Feedback allein dazu entwickelt, um kreative Mitarbeiter zu finden, die am meisten zu Innovationen innerhalb des Unternehmens beitragen, und ihnen Bestätigung zu geben. Westinghouse und Borden haben ein Verhaltens-Feedback mit dem Schwerpunkt auf Zuverlässigkeit entwickelt. Initiativen zur Veränderung der Unternehmenskultur, etwa zum Abbau von Vorurteilen oder zum Thema „lebenslanges Lernen", können von einer Feedback-Umfrage begleitet werden, die Personen ermittelt und belohnt, die die erforderlichen Verhaltensweisen für die neue Unternehmenskultur in beispielhafter Weise an den Tag legen.

Verhaltens-Feedback zur Veränderung der Unternehmenskultur

Mit dem 360°-Feedback kann auch das Verhalten von Einzelpersonen und Teams besser an die Unternehmensziele und -werte angepasst werden. Bei McDonnell-Douglas wünschte man eine bessere Akzeptanz der zwölf Unternehmensleitbilder und beauftragte deshalb ein Team aus Mitarbeitern, diese Werte in spezifische Verhaltenskompetenzen zu übersetzen. Die Beschäftigten, die diese Kompetenzen besitzen, werden für ihre Unterstützung der unternehmenseigenen Werte anerkannt und belohnt.

Unterstützung der Unternehmensleitbilder

3.2 Die Anwendungsbereiche für ein Leistungs-Feedback

Das 360°-Feedback lässt sich im Leistungsmanagement ebenso einsetzen wie in der Personalentwicklung, mit dem Unterschied, dass der Mitarbeiter das Leistungs-Feedback dem Vorgesetzten mitteilt. Dieser lässt die Informationen in seine Leistungsbeurteilung einfließen. Da die Vorgesetzten die Resultate der Rundum-Beurteilung sehen und anwenden, müssen die Anwendungen im Leistungsmanagement relativ sorgfältig ausgearbeitet sein, denn sie können beträchtlichen Einfluss auf die Karriere eines Mitarbeiters haben. Im Vergleich zu den Einsatzbereichen in der Personalentwicklung stellt eine Anwendung im Leistungsmanagement höhere Anforderungen:

- *Bezug zur Arbeit*: Stehen die Leistungsmaßstäbe in Bezug zur ausgeübten Tätigkeit?
- *Entwicklung der Umfrage,* besonders der Validität des Inhalts: Misst die Umfrage auch das, was gemessen werden soll, und ist die Sprache verständlich?
- *Rechtliche Belange*, einschließlich der Rechtssicherheit: Entspricht der Bewertungsprozess den rechtlichen Richtlinien für Auswahlentscheidungen?
- *Rechtliche und praktische Überlegungen für die Schulung:* Sind die Personen, die das Feedback geben, und die, die es erhalten, ausreichend geschult worden?
- *Absicherungen für den Ablauf und die Statistik:* Sind vorhersehbare Fehlerquellen berücksichtigt und, wo möglich, nach wissenschaftlichen Prinzipien beseitigt worden?
- *Glaubwürdigkeit der Beteiligten und Validität:* Unterstützen die Beteiligten den Ablauf und betrachten sie ihn als fair und glaubwürdig?

Diese Punkte mögen für die Entwicklung von Anwendungen in der Personalentwicklung nicht wichtig erscheinen. Auch wenn die Daten nicht valide sind, wird das keinen unmittelbaren Schaden für die Karriere eines Mitarbeiters bringen. Geht es beim 360°-Feedback jedoch um die Laufbahn eines Mitarbeiters, dann könnten die Beteiligten eher einen Anlass sehen, ungültige

3. Anwendungsbereiche für die 360°-Beurteilung

Angaben zu machen. Daher sind weitere Absicherungen nötig, um allen Beteiligten eine faire Bewertung zu garantieren.

Im Bereich Leistung wird das 360°-Feedback für die Leistungsbeurteilung, das Leistungsmanagement und für Entscheidungen zur Entlohnung mit „intelligenten" Entscheidungssystemen eingesetzt (siehe Abbildung 3-1).

3.2.1 Leistungsbewertung

Die 360°-Beurteilung hilft dem Mitarbeiter bei der Beantwortung der Frage: „Was leiste ich?" Die beste Information können hier die Menschen geben, die mit dem Betreffenden regelmäßig zusammenarbeiten, dazu gehört meist auch der Vorgesetzte. Der Angestellte kann zusammen mit dem Vorgesetzten entscheiden, wie diese Informationen verwendet werden sollen.

3.2.2 Leistungsmanagement

Mit dem System des 360°-Feedback kann auch das Leistungsmanagement hervorragend unterstützt werden, weil damit die Stärken des Betreffenden aufgezeigt werden können sowie die Bereiche, die weiterentwickelt werden müssen. Die Rundum-Beurteilung des Verhaltens liefert sowohl allgemeine als auch spezifische Informationen.

Unterstützung für das Leistungsmanagement

Bei herkömmlichen Leistungsbewertungen von einer einzelnen Person dagegen fällt das Feedback meist eher farblos und sehr oberflächlich aus, weil die Bewertenden zu Verallgemeinerungen neigen oder große Mengen spezifischer Informationen anhäufen. Die 360°-Beurteilung ist so aufgebaut, dass im Ergebnis klare Angaben zu jeder entscheidenden Fähigkeit oder Kompetenz vorliegen. Die Anwender können diese Information nachvollziehen und damit begründete Entscheidungen für ihren Leistungsplan fällen. Mit dem spezifischen 360°-Feedback können die Mitarbeiter außerdem ihre Fortschritte in jeder Art von Kompetenz selbst verfolgen.

Informationen zu Fähigkeiten und Kompetenzen

3.2.3 Entgelt

Leistungsbezogene Entlohnung

Wenn das 360°-Feedback in der Leistungsbewertung eingesetzt wird, dient es oft auch als Grundlage für leistungsbezogene Bezahlung oder andere Entscheidungen zur Vergütung. In den erhobenen Daten sind die erforderlichen Leistungsmaßstäbe berücksichtigt und es werden mehr unterschiedliche Leistungsebenen betrachtet als bei einer Einfachbewertung.

Mit der Rundum-Beurteilung können Kompetenzen, Fähigkeiten, Arbeitsplatzverhalten, Punkte im Kundenservice, Ergebnisse im Team oder Einzelbeiträge erkannt und entsprechend belohnt werden. Manche Unternehmen unterstützen damit auch Incentive-Prozesse wie etwa Boni, Lob und Anerkennung für Teams, Gewinnbeteiligung und andere kreative Entlohnungsverfahren.

3.2.4 Intelligente Entscheidungssysteme

Auswahlentscheidungen

Wenn Unternehmen vor schwierigen Entscheidungen wie einem Reengineering oder einer Neustrukturierung stehen, wenn Nachfolgeplanung, Einstufungen oder andere Auswahlentscheidungen anstehen, dann brauchen sie solide Informationen. Das 360°-Feedback ist verlässlicher, valider und glaubwürdiger als alle anderen Verfahren zur Leistungsbewertung. Ein Unternehmen kann zum Beispiel intelligente Entscheidungssysteme für Beförderungsentscheidungen entwickeln, indem es die Ergebnisse des 360°-Feedback über einen längeren Zeitraum hinweg verfolgt. Mit einem solchen System können gültige Auswahlkriterien erstellt werden, damit das Unternehmen seine Angestellten ihren Fähigkeiten entsprechend optimal einsetzen kann.

3.3 Das Für und Wider beim Einsatz des 360°-Feedback in der Leistungsbeurteilung

Eine große Diskussion ist entbrannt um die Frage, ob die 360°-Beurteilung im Leistungsmanagement eingesetzt werden sollte. Die wesentlichen Punkte sind in Abbildung 3-2 zusammengefasst, sie berücksichtigen die spezifischen Argumente für und gegen das 360°-Feedback im Leistungsmanagement.

3. Anwendungsbereiche für die 360°-Beurteilung

Argumente für den Einsatz	Erklärung
Es wird bereits eingesetzt	Viele Unternehmen verwenden die Informationen bereits
Durch den Markt bestimmt	Die Beteiligten entwickeln spontan eigene Systeme
Glaubwürdigkeit und Validität	Erfahrung und Untersuchungen zeigen die Validität des Verfahrens
Von den Angestellten gewünscht	Die Angestellten wünschen den Einsatz von 360°-Feedback-Systemen
Gegenargumente	*Lösung*
Schadet dem Entwicklungs-Feedback	Einen Abschnitt beifügen, der sich nicht auf die Leistungsbeurteilung bezieht
Erbringt zu gute Bewertungen	Intelligente Bewertungssysteme und die Möglichkeit, Befragte zur Rechenschaft zu ziehen
Die Beteiligten könnten das System manipulieren	Intelligente Bewertungssysteme und die Möglichkeit, Befragte zur Rechenschaft zu ziehen

Abb. 3-2: Argumente für und gegen den Einsatz des 360°-Feedback für Leistungsbeurteilung und Gehaltsentscheidungen

3.3.1 Argumente gegen Anwendungen in der Leistungsbeurteilung

Die meisten Argumente gegen einen Einsatz des 360°-Feedback in leistungsbezogenen Entscheidungen lassen sich mit zunehmenden Erfahrungen aus der Praxis entkräften.

Die Rundum-Beurteilung verliert an Bedeutung in der Personalentwicklung

Die Sorge: Wenn das 360°-Feedback im Leistungsmanagement eingesetzt wird, könnten die Befragten nicht das sagen, was sie für nötig erachten, weil sie fürchten, die Information könnte der Karriere eines Mitarbeiters schaden.

Auskunft über Kollegen

Die Erfahrung bestätigt diese Befürchtung nicht. Meist geben die Menschen sehr offen Auskunft über Kollegen, ganz gleich, ob die Information zur Personalentwicklung oder zur Leistungsbeurteilung verwendet wird. Wenn ein Unternehmen wirklich Verluste für das Personal-Feedback befürchtet, könnte die Umfrage in zwei Teile aufgeteilt werden – einen zur Personalentwicklung und einen zur Leistungsbeurteilung –, damit die Befragten die Möglichkeit haben, zu einigen Punkten Angaben zu machen, die nur für die Personalentwicklung verwendet werden (und die der Vorgesetzte nicht einsehen kann).

Die Befragten bewerten zu gut

Die Sorge: Wenn die Befragten befürchten, die Information könnte der Karriere eines Mitarbeiters schaden, werden sie zu gute Bewertungen abgeben.

Feldforschungen haben ergeben, dass die Befragten ehrlich und relativ konsistent in ihren Auskünften sind, sowohl bei Beurteilungen für die Personalentwicklung wie auch bei der Leistungsbewertung. Untersuchungen bei du Pont, Current, Inc., bei der Fidelity Bank, bei der Arizona State University und bei Meridian Oil zeigen, dass die Verteilung der Bewertungen sich nicht signifikant verändert, wenn ein Unternehmen vom Feedback für die Personalentwicklung zum Feedback für die Leistungsbeurteilung wechselt. Zwei Unternehmen haben in jüngster Zeit berichtet, dass entgegen ihren Erwartungen beim Wechsel vom Feedback für die Personalentwicklung zum Feedback für die Leistungsbeurteilung die Durchschnittswerte sich eher nach unten bewegten und auf größere Strenge in der Bewertung hindeuteten.

Wechsel vom Feedback für die Personalentwicklung zum Feedback für die Leistungsbewertung

Die Beteiligten könnten das System manipulieren

Die Sorge: Die Befragten könnten unzulässige Bewertungsstrategien einsetzen (um zum Beispiel einem Freund zu helfen oder einem Konkurrenten zu schaden) oder Absprachen zum eigenen Nutzen und zum Schaden anderer treffen.

Unsere Untersuchungen haben ergeben, dass diese Handlungsweisen nur in Anwendungen im Bereich der Personalentwicklung auftreten. Sogar in Erstprojekten, die nur der Entwicklung

Unzulässige Strategien

3. Anwendungsbereiche für die 360°-Beurteilung

dienten, lieferte nur einer von 24 Befragten ein offensichtlich ungültiges Feedback. Die Absicherungen, die die Befragten für exakte Bewertungen und die Validität zur Verantwortung ziehen, können diese Effekte mildern. Auf ähnliche Weise können auch intelligente Bewertungssysteme den Einfluss ungültiger Auskünfte ausschalten. (Diese Sicherungsmechanismen werden in Kapitel 6 detailliert besprochen.)

Ausschaltung von ungültigen Auskünften

Eine große Hotelkette entdeckt, dass das erste Märchen über das 360°-Feedback falsch ist

Eine große Hotelkette hatte Experten über das 360°-Feedback befragt. Die Führungskräfte glaubten an ein weit verbreitetes Märchen – dass das 360°-Feedback-Verfahren nur für Zwecke der Personalentwicklung angewendet werden sollte, weil bei einem Einsatz zur Leistungsbewertung und bei Gehaltsentscheidungen manche Befragten verführt werden können, das System zu manipulieren und ungültige Bewertungen abzugeben.

Manipulation

Die Führung beschloss, das Verfahren zunächst nur in der Personalentwicklung einzusetzen und dann die Absicherungen im Verfahren zu untersuchen. Zu ihrer Überraschung versuchten immer noch viele, das System zu manipulieren, obwohl es nur für die Personalentwicklung eingesetzt wurde.

Man schloss daraus, dass das Märchen nicht der Wahrheit entspricht.

Die Beteiligten warteten mit ihren ungültigen Angaben nicht, bis es bei dem Verfahren auch um Leistungsbeurteilung ging. Die logische Folgerung ist, dass ein 360°-Feedback-Verfahren Absicherungen enthalten muss, die sicherstellen, dass die Bewertungen valide und nicht manipuliert sind. Dabei ist es gleichgültig, ob das Verfahren nur für die Personalentwicklung verwendet wird oder auch in der Leistungsbeurteilung.

Absicherungen

3.3.2 Argumente für die Anwendung in der Leistungsbeurteilung

Zunehmende Beliebtheit

Das zwingendste Argument für den Einsatz des 360°-Feedback zur Leistungsbeurteilung ist, dass viele Unternehmen planen, das Verfahren in ihrem Leistungsmanagement einzusetzen.

Der Markt verlangt danach

Marktvorteile

Externe Kunden entscheiden sich für das Unternehmen, das das beste Produkt liefert. Ein mögliches Kriterium für eine Entscheidung zwischen Firmen, die vergleichbare Produkte anbieten, ist die Arbeitsweise der unterschiedlichen Unternehmen. Produktivität und Zufriedenheit der Angestellten, Produktqualität und Kundenservice sind messbare Einheiten in der 360°-Beurteilung. Viele Unternehmen, die das Verfahren bereits in diesen wichtigen Bereichen anwenden, erhalten neue Erkenntnisse über ihr Unternehmen und betrachten das 360°-Feedback als Instrument, um Marktvorteile zu erlangen.

Die 360°-Beurteilung ist glaubwürdig und valide

Rundum-Beurteilungen sind gerechter als Einfachbewertungen

Rundum-Beurteilungssysteme sind exakter, glaubwürdiger und valider als Einfachbewertungen. Wissenschaftliche Untersuchungen und die Feldforschung haben ergeben, dass Rundum-Beurteilungen gerechter sind als Einfachbewertungen. Kann es sinnvoll sein, nicht die besten verfügbaren Informationen zu Rate zu ziehen, wenn es um Entscheidungen zur Leistungsbewertung, Entlohnung und Beförderung geht?

Die Angestellten wünschen es

Mitarbeiter „erfinden" Beurteilungssysteme

Unternehmen ohne ein formalisiertes Verfahren machen die Erfahrung, dass die Angestellten und die Teams eigene umständliche und doch relativ effektive Systeme erfinden. Unternehmen, die Daten aus der 360°-Beurteilung für die Personalentwicklung verwenden, machen die Erfahrung, dass die Mitarbeiter die Informationen ihren Vorgesetzten freiwillig mitteilen. Der Einsatz von

3. Anwendungsbereiche für die 360°-Beurteilung

360°-Feedback im Leistungsmanagement formalisiert schlicht einen Prozess, den viele Angestellte bereits informell geschaffen haben.

Das Feedback kann für Gehalts- und strategische Entscheidungen genutzt werden

Unternehmen brauchen exakte und valide Leistungsmaßstäbe für Gehaltsentscheidungen. Ohne genaue Leistungsbewertung werden Gehaltsentscheidungen ungerecht und schließen die Möglichkeit aus, durch Entlohnung Kompetenzen und Arbeitsleistung zu fördern. Rundum-Beurteilung gibt Führungskräften und Angestellten hochwertige Leistungsmaßstäbe mit größerer Glaubwürdigkeit an die Hand. So können Unternehmen mit ihren Entgeltentscheidungen, etwa in Form von leistungsbezogener Entlohnung oder anderen Formen der Anerkennung, eine höhere Motivation bei den Mitarbeitern erzielen. Wenn die Mitarbeiter erkennen, dass wirklich gute Leistungen belohnt werden, ist das ein positiver Anreiz, selbst effektiver zu arbeiten.

Glaubwürdige Leistungsmaßstäbe

3.4 Wie sieht die 360°-Bewertung aus?

Viele meinen, 360°-Beurteilung sei etwas Ähnliches wie die Bewertung durch Gleichgestellte, nur dass mehrere Beurteilungen die Verantwortung des Vorgesetzten für die Bewertung ersetzen. Sie irren. Das 360°-Bewertungsmodell ist anders, weil der Vorgesetzte weiterhin eine wichtige Rolle spielt. In der Mitarbeiterbeurteilung wird daraus oft eine Mischform, bei der die Vorzüge der Einfachbewertung und der Bewertung durch Gleichgestellte kombiniert werden.

3.4.1 Das TEAMS-Modell

Im TEAMS-Modell (Team Evaluation And Management System) ist eine Gehaltsstruktur vorgesehen, die von Kompetenzen ausgeht. Es wird beurteilt, *wie* die Arbeit erledigt wird und *was* erledigt wird. Dieses Modell enthält eine 360°-Komponente für Fachwissen, Fertigkeiten, Fähigkeiten und Kompetenzen (Team-

Was wird erledigt? Wie wird es erledigt?

bewertung) wie auch eine Messlatte, mit der Vorgesetzte die Arbeitsergebnisse bewerten (Führung).

Soft Skills Mitarbeiterkompetenzen

Das 360°-Feedback ist sehr gut geeignet für die Bewertung der so genannten Soft Skills und der Mitarbeiterkompetenzen, ist aber vielleicht nicht die beste Informationsquelle zur Ermittlung von Resultaten. Anders als die Kompetenzen, die von einer Reihe von Mitarbeitern beobachtet werden können, sind konkrete Ergebnisse vielleicht nur dem Vorgesetzten bekannt. Eine effektive Lösung bietet hier eine Verbindung von der 360°-Leistungsbeurteilung und einer Bewertung der Resultate durch den Vorgesetzten, denn so wird beides berücksichtigt: wie die Arbeit getan wird und was getan wird.

Vertrauen zur Kompetenzbewertung

Im TEAMS-Modell lässt die Struktur für Gehaltsentscheidungen eine unterschiedliche Gewichtung der einzelnen Komponenten zu, je nachdem, wie viel Vertrauen in den jeweiligen Teil gesetzt wird. Viele Unternehmen führen die 360°-Beurteilung ohne Gewichtung ein, wenn der Auswertungsteil nur die Mitarbeiterentwicklung betrifft. Wenn die Beteiligten Vertrauen zur Kompetenzbewertung gefasst haben, gewinnt die Rundum-Beurteilung an Glaubwürdigkeit und erhält folglich auch mehr Gewicht bei Gehaltsentscheidungen (Abbildung 3-3). Die häufigste Gewichtung ist eine gleichwertige Berücksichtigung von Kompetenzen und Arbeitsresultaten. In einigen Fällen wird die Komponente 360°-Feedback zu 100 Prozent gewichtet und dient sowohl zur Bewertung der Kompetenzen als auch der Ergebnisse. Solche Modelle kommen in Spezialfällen zur Anwendung, wenn zum Beispiel viele Mitarbeiter einem Vorgesetzten unterstellt sind oder wenn eine Gruppe in einem selbst verwalteten Team arbeitet.

3.4.2 Stufenweise Einführung

Erst Personalentwicklung, dann Leistungsmanagement

Das 360°-Beurteilungsverfahren wird am besten in zwei Stufen eingeführt: zunächst in der Personalentwicklung, später auch im Leistungsmanagement. Wenn die Mitarbeiter das Verfahren in der Personalentwicklung kennen und schätzen gelernt haben, bitten sie meist auch um eine Anwendung bei Gehaltsentscheidungen und in der Leistungsbeurteilung. Die Rundum-Beurteilung bringt bedeutende Veränderungen im Leistungsmodell und

3. Anwendungsbereiche für die 360°-Beurteilung

Teambewertung (Wie) (Prozentsatz)	Führung (Was) (Prozentsatz)	Beispiele
0	100	American Airlines: 360°-Feedback nur in der Personalentwicklung als Unterstützung für die Führungsentwicklung bei 16000 Mitarbeitern
25	75	Fidelity Bank: Die anfängliche Gewichtung im ersten Jahr betrug 25 Prozent, weil das 360°-Feedback noch neu war. In der Folge wurde das Verhältnis auf 50:50 verändert.
50	50	Westinghouse Steam Turbine Generator Division: Die Beteiligten empfanden das 360°-Feedback als glaubwürdig, sprachen sich aber gegen einen vollständigen Wechsel in der Unternehmenskultur aus, bei dem der Vorgesetzte aus dem Verfahren ausgeschlossen würde.
75	25	du Pont, Division F&E: Die Beurteilung durch Gleichgestellte war sehr glaubwürdig. Viele Anwender hatten bereits Erfahrung mit der Methode aus anderen F&E-Abteilungen und aus dem akademischen Bereich.
100	0	Intel: Anteil der Vorgesetzten liegt bei über 1:70 GMAC: Einsatz in einer Division, die das Unternehmen in autonome Arbeitsgruppen ohne Vorgesetzte neu strukturierte.

Abb. 3-3: Komponenten in der Gewichtung der Leistungsbeurteilung

je öfter sie angewandt wird, desto besser verstehen die Beteiligten auch das Verfahren. Mit einer solchen Herangehensweise werden Rundum-Beurteilungssysteme von den Beteiligten gut angenommen.

Akzeptanz durch Erfahrung

3.4.3 Der Übergang zur Leistungsbeurteilung

Wenn das 360°-Feedback anfänglich in der Personalentwicklung Anwendung findet, sehen die Beteiligten darin keinerlei Gefahr, weil es keine Auswirkungen auf ihre Karriere hat. Wenn sie ein-

Erfahrung und Schulung

mal einige Erfahrung mit dem Verfahren gesammelt haben und dabei geschult werden, kann man zum Einsatz im Leistungsmanagement übergehen. Unternehmen wie AT&T, du Pont, das amerikanische Energieministerium, Boeing, Intel und Meridian Oil haben in ihren Abteilungen mit der 360°-Beurteilung in der Personalentwicklung begonnen und haben es danach auch für das Leistungsmanagement eingeführt.

3.4.4 Mehr Gewicht für die Bewertung durch den Vorgesetzten

In den Bewertungen durch Vorgesetzte spielen häufig Vetternwirtschaft, Nachsichtigkeit, Befangenheit und andere Arten der Voreingenommenheit eine Rolle. Wird stattdessen eine 360°-Beurteilung durchgeführt, werden viele Nachteile der herkömmlichen Systeme überwunden, wie der folgende Vergleich zeigt:

Überwindung der Nachteile der herkömmlichen Beurteilungssysteme

Bewertung allein durch den Vorgesetzten	360°-Beurteilung
• Das System wurde nur von der Führung oder von Spezialisten entwickelt	• Gemeinsame Entwicklung des Systems
• Absolute Macht des Vorgesetzten	• Gemeinsamer Input von Arbeitskollegen und Vorgesetzten
• Geht davon aus, dass die Vorgesetzten die Fähigkeit und Bereitschaft besitzen, exakte Bewertungen zu liefern	• Durch den Vergleich mit anderen können die Beteiligten für ihr Urteil zur Verantwortung gezogen werden
• „Blinde" Auswertung der Bewertungen von Vorgesetzten	• Intelligente Bewertungsmethoden, die durch Konsensbildung offensichtlich ungültige Antworten ausschließen
• Betonung der „Richter"-Rolle der Vorgesetzten	• Die Rolle des Vorgesetzten als Coach wird betont
• Öffentliche Leistungsbeurteilung	• Geheime Leistungsbeurteilungen

3. Anwendungsbereiche für die 360°-Beurteilung

- Betonung des Einzelnen gegenüber der Gruppenleistung
- Andere Bewertungskriterien und Regeln für jede Person
- Glaube an die Gerechtigkeit des Vorgesetzten
- Sehr großer Zeitaufwand für die Vorgesetzten

- Schwerpunkt sowohl auf der Einzel- wie auf der Gruppenleistung
- Standardisierte, uniforme Bewertungen
- Absicherungen für eine gerechte und gleiche Behandlung
- Effizienter Einsatz von Zeit und Ressourcen

Die Rundum-Beurteilung erhöht eindeutig die Genauigkeit und unterstützt eine Unternehmenskultur, die sich der Partizipation, dem Empowerment, der Teamorientierung und der Produktivität verschrieben hat und allen Mitgliedern gleiche Möglichkeiten zum Erfolg und Weiterkommen bietet.

3.4.5 Richtlinien für das Leistungsmanagement

Wenn das 360°-Feedback zur Grundlage von Gehalts- und anderen Entscheidungen des Leistungsmanagements gemacht wird, zum Beispiel für die Einstufung, die Weiterbildung und Beförderung, dann wird es zu einem Instrument der Auswahl. Dafür müssen ganz andere rechtliche und verwaltungstechnische Standards beachtet werden, weil das System dann Einfluss auf die Laufbahn des jeweiligen Mitarbeiters hat. Die Richtlinien für einen Übergang von der Anwendung in der Personalentwicklung zum Einsatz in der Leistungsbeurteilung sind in Abbildung 3-4 zusammengefasst.

360°-Feedback als Auswahlinstrument

3.4.6 Umfrage nach der Zufriedenheit der Anwender

Mit Umfragen nach der Zufriedenheit der Anwender erhält man hervorragende Informationen über die Qualität des Verfahrens. Diejenigen, die das 360°-Beurteilungsverfahren anwenden und daran teilnehmen, geben sehr offen und bereitwillig darüber Auskunft, was gut funktioniert und was nicht. Diese Umfragen sollten mindestens 75 Prozent zufriedene Anwender beim 360°-

Was hat funktioniert, was nicht?

> *Umfrage bei den Anwendern:* Von denjenigen, die das 360°-Feedback selbst ausprobiert haben, sollten über 75 Prozent damit zufrieden sein.
>
> *Anonymität:* Die Anwender müssen darauf vertrauen können, dass ihre persönlichen Bewertungen *absolut* vertraulich behandelt werden.
>
> *Unterscheidung:* Die Verteilung der Bewertungen sollte klar unterscheiden zwischen guter, mittlerer und schlechter Leistung.
>
> *Valide Unterschiede:* Die Unterscheidungen müssen wirklich gute, mittlere und schlechte Leistung wiedergeben.
>
> *Rücklauf:* Der Rücklauf von den Feedback-Gebern sollte über 75 Prozent betragen.
>
> *Verwaltungskosten:* Der Zeitaufwand sollte für die Befragten und für die Verwaltung in einem vernünftigen, möglichst kleinen Rahmen liegen.
>
> *Ungültige Angaben:* Die Befragten müssen für ehrliche Bewertungen verantwortlich sein. Ungültige Antworten – solche, die 40 Prozent Abweichung vom Konsens aufweisen – sollten unter fünf Prozent liegen.
>
> *Fairness gegenüber allen Gruppen:* Die Befragten sollten nicht in ungerechter Weise zwischen bestimmten demographischen Gruppen unterscheiden und die Mitglieder solcher Gruppen sollten ähnliche Bewertungen erhalten wie die anderen.
>
> *Schulung:* Die Anwender sollten geschult werden, wie Feedback gegeben und entgegengenommen wird.
>
> *Sicherungsmechanismus:* Die Anwender haben die Sicherungsmechanismen für einen fairen Verlauf, wie intelligente Bewertung, mit denen bekannte Vorurteile ausgeschlossen werden können, verstanden und unterstützen sie auch.

Abb. 3-4: Richtlinien für einen Übergang vom 360°-Feedback für die Personalentwicklung zur Anwendung für Gehaltsentscheidungen und Leistungsbeurteilung

Die Anwender stehen im Mittelpunkt

Feedback erbringen, ehe man vom Einsatz in der Personalentwicklung zum Einsatz in der Leistungsbeurteilung übergeht. Wenn die Anwender das neue Verfahren nicht unterstützen, werden die Resultate kaum brauchbar sein.

Die Anwender haben einen erheblichen Zeitaufwand, wenn sie Feedback über die Qualität der Arbeit der anderen geben. Wenn sie dem Verfahren nicht vertrauen und keinen Nutzen darin sehen, werden sie sich einfach nicht daran beteiligen.

3. Anwendungsbereiche für die 360°-Beurteilung

Die Umfragen bei den Anwendern sollten auch der Entscheidung dienen, ob die Mitarbeiter wohl einer Einführung der 360°-Beurteilung in der Leistungsbewertung und für Gehaltsentscheidungen zustimmen könnten. Beteiligte, die in diesem Verfahren einen zusätzlichen Nutzen sehen und den Ergebnissen vertrauen, neigen dazu, es auch zum Einsatz in der Leistungsbeurteilung und für Gehaltsentscheidungen zu empfehlen. Der starke Wunsch der Mitarbeiter nach einem solchen Einsatz des Systems ist der wichtigste Punkt bei der Verfahrensbewertung.

Gehaltsentscheidungen

3.4.7 Garantierte Anonymität

Soll ein 360°-Beurteilungsverfahren effektiv sein, so muss es den Befragten Anonymität zusichern, damit diejenigen, die das Feedback erhalten, keine Rückschlüsse ziehen können, von wem die Informationen stammen. Durch Befragungen der Anwender lässt sich feststellen, ob die Anwender darauf vertrauen, dass ihre Antworten tatsächlich anonym bleiben. Bei Intel wurden zum Beispiel einige „Hacker" ausgewählt, die die Sicherheit für die Befragten testen sollten. Dahinter steht der Gedanke, dass das Verfahren für alle sicher ist, wenn die besten Informatikspezialisten die Sicherungsmechanismen für die Anonymität nicht „knacken" können.

„Hacker" testen die Sicherheit

Ohne Zusicherung der Anonymität der Befragten werden viele Mitarbeiter nicht bereit sein, Feedback zu geben, und wenn sie es doch tun, werden ihre Antworten generell an der Spitze der Skala liegen – das heißt, sie werden so hoch liegen wie die Bewertungen bei Einfachbewertungssystemen.

3.4.8 Differenzierung der Leistung oder die Punkteverteilung

Es muss eine Differenzierung oder eine Verteilung der Wertungen bei der Leistungsbewertung geben, wenn die Resultate als Grundlage für Gehaltsentscheidungen dienen sollen. Diese Unterscheidungen müssen hinreichend sein, um glaubwürdige, differenzierte Entgeltentscheidungen treffen zu können. Wenn sich alle Wertungen im obersten Bereich der Skala konzentrieren, sind die Informationen nicht brauchbar und die Entgeltentschei-

Entgeltentscheidungen

dungen werden ohne Berücksichtigung der Leistung auf Grund von Faktoren wie Politik, Freundschaft oder Beliebtheit getroffen.

Alle sehen gleich aus

Bei der herkömmlichen Bewertung durch Vorgesetzte rangieren oft 95 Prozent aller Mitarbeiter in den beiden obersten Bewertungsgruppen. Da fast jeder sehr gute Leistungen zu erbringen scheint, orientiert sich das System von Anerkennung und Belohnung natürlich an dem Verfahren zur Leistungsbewertung und gewährt fast allen Angestellten gleiche Anerkennung. Leider führt ein solches Verfahren zu einer Kultur des Anspruchsdenkens. Wenn das Unternehmen einmal genaue Informationen zu Stellenbesetzungen oder Beförderungen braucht, sehen alle gleich aus.

Wenn Leistungsbeurteilungen nicht zwischen guter, mittlerer und schlechter Leistung differenzieren, entsteht ein System, in dem bei Auswahl- und Beförderungsentscheidungen Leistung nur zufällig belohnt wird.

Aufgeblähte Wertungen

Als bei einem großen Flugzeughersteller für 3000 Mitarbeiter einer Konstruktionseinheit ein Rundum-Beurteilungssystem ohne ausreichende Sicherungsmechanismen eingeführt wurde, stellte die Führung fest, dass sich 97 Prozent der Leistungsbeurteilungen in der Rundum-Beurteilung in den beiden obersten Bewertungsgruppen der Skala fanden. Das entsprach etwa den Daten aus den bisherigen Beurteilungen von nur einer Person. Das Unternehmen bekam nicht die aussagekräftigen und glaubhaften Informationen, die es für Gehaltsentscheidungen, die Personalentwicklung und -bewertung benötigte, und in der Unternehmenskultur wurden aufgeblähte Wertungen zur Norm.

3.4.9 Die Überprüfung der Werte auf Abweichungen

Validität der Werte

Zur Unterscheidung zwischen den Beteiligten sollte eine Untersuchung die Verteilung der Leistungsbewertungen sowie die Validität der unterschiedlichen Werte prüfen. Wenn man davon ausgeht, dass die Überprüfung der Differenzierung sich auf Bewertungen bezieht, die klar zwischen guter, mittlerer und schlechter Leistung unterscheiden, dann sollte in einem nächsten

3. Anwendungsbereiche für die 360°-Beurteilung

Schritt untersucht werden, ob die Beteiligten auch die Leistungsbewertungen erhalten, die sie erhalten sollten. Das kann auf zweierlei Weise geschehen:

1. *Untersuchung der Punkteverteilung nach Abteilungen, in denen Mitarbeiter beschäftigt sind, die der Führung bekannt sind.* Wenn die Verteilung der Punkte den Führungskräften glaubhaft erscheint, dann bietet das Bewertungsverfahren eine Differenzierung, die wahrscheinlich als valide betrachtet werden kann. Daher kann das Unternehmen das 360°-Feedback auch in der Leistungsbeurteilung und bei Gehaltsentscheidungen verwenden. Die Führung bei du Pont unterstützt damit auch andere Entscheidungen, wie die Talentbewertung und die Nachfolgeplanung.

2. *Vergleich der Bewertungen mit tatsächlichen Leistungsmaßstäben.* Bei einer Untersuchung durch R. J. Reynolds wurde eine hohe Übereinstimmung zwischen den Wertungen aus der 360°-Beurteilung und den Verkaufsresultaten von 1400 Vertriebsleuten in der Praxis beobachtet. Wenn die Daten aus dem 360°-Feedback im direkten Zusammenhang mit quantifizierbaren Ergebnissen wie z. B. Verkaufsergebnissen stehen, dann ist das Verfahren auch geeignet, um es als Grundlage für die Leistungsbeurteilung und Entgeltentscheidungen einzusetzen.

Die Punkteverteilung

Quantifizierbare Ergebnisse

3.4.10 Die Bedeutung der Rücklaufquote

Die Rücklaufquote sollte bei den einzelnen Projekten über 75 Prozent betragen, ehe man an einen Einsatz des Verfahrens in der Entgeltpolitik denkt. (Ein niedrigerer Rücklauf könnte darauf hindeuten, dass die Mitarbeiter vielleicht kein Leistungs-Feedback erhalten.) Die meisten Unternehmen setzen eine Mindestbeteiligung von drei, vier oder fünf Befragten fest, wenn ein Mitarbeiter Feedback erhalten soll. Bei Bewertungsteams mit sechs Mitgliedern bedeutet eine Rücklaufquote von 75 Prozent, dass etwa einer von sieben Mitarbeitern nicht ausreichend viele Fragebögen für einen Bericht zum Verhaltens-Feedback zurückbekommt.

> *Niedrige Rücklaufquoten bei einer Hightech-Softwarefirma*
>
> Im Management einer Hightech-Softwarefirma wurde beobachtet, dass ihr System zur Rundum-Beurteilung anscheinend funktionierte. Daher beschloss man, es von nun an anstatt in der Personalentwicklung nur noch für Gehaltsentscheidungen einzusetzen. Zu ihrem Entsetzen mussten die Führungskräfte aber bei einer Untersuchung der Resultate feststellen, dass das Verfahren für das Feedback vieler Mitarbeiter nicht genügend Unterstützung erfuhr: Wegen niedriger Rücklaufquoten erhielten nur etwa 25 Prozent der Beschäftigten einen vollständigen Bericht zum Verhaltens-Feedback. Daher konnte die Mehrfachbewertung entweder nur in einzelnen Bereichen oder gar nicht eingesetzt werden. Auf Grund gesetzlicher Bestimmungen beim Einsatz unterschiedlicher Bewertungsmethoden für verschiedene Mitarbeiter beschloss die Softwarefirma, die Mehrfachbewertung nur in der Personalentwicklung einzusetzen.

Rücklaufquote spiegelt die Qualität des Verfahrens wider

Die Rücklaufquoten sind ein guter Indikator für die Qualität des Verfahrens. Denn viele Mitarbeiter werden nicht bereit sein, ihre Zeit mit Antworten für ein Feedback zu verschwenden, wenn sie es nicht für sinnvoll halten. Der Rücklauf hat sehr viel damit zu tun, wie die Fairness des Verfahrens wahrgenommen wird. Die Mitarbeiter antworten eher nicht, wenn sie das Verfahren nicht für fair und exakt halten.

3.4.11 Die Verwaltungskosten niedrig halten

Zeitaufwand beim Ausfüllen der Fragebögen

Zu den Verwaltungskosten gehört sowohl die Zeit, die die Befragten zum Ausfüllen der Bewertungsbögen brauchen, als auch die Organisation des Ablaufs. Die Erfahrung hat gezeigt, dass Rundum-Beurteilungssysteme, die erheblichen Zeitaufwand für die Befragten bringen, schnell versagen, weil die Befragten entweder nicht die notwendige Zeit für ein sorgfältiges Feedback haben oder sich weigern, sie aufzuwenden.

Daher sollte der für die Beantwortung benötigte Zeitaufwand so gering wie möglich gehalten werden.

3. Anwendungsbereiche für die 360°-Beurteilung

Der Zeitaufwand für die Verwaltung ist wahrscheinlich der stärkste Hinderungsgrund für ein 360°-Feedback. Nur wenige Unternehmen haben eine eigene Abteilung für die Durchführung und Auswertung von Umfragen, die dann auch noch die Ergebnisse sammelt und mitteilt. Daher sollte der gesamte Zeitaufwand für die Verwaltung möglichst gering gehalten werden, sonst erfährt das Verfahren keine Unterstützung, selbst wenn es nützliche Informationen bringt. Bei einer Einrichtung von McDonnel-Douglas beschloss man zum Beispiel, die Rundum-Beurteilung abzuschaffen, weil die Verwaltungskosten dafür zu hoch waren, obwohl über 88 Prozent der Anwender sich für eine Weiterführung ausgesprochen hatten.

Zeitaufwand für die Verwaltung

3.4.12 Der Umgang mit ungültigen Auskünften

Wenn von einem Einsatz in der Personalentwicklung zu einem 360°-Feedback bei Gehaltsentscheidungen übergegangen wird, könnten manche in Versuchung kommen, das System zu ihren Gunsten „auszutricksen" und ungültige Antworten abzuliefern. Eine Antwort ist ungültig, wenn die betreffende Person eine Bewertung abgibt, die zu Extremen tendiert – ganz unten oder ganz oben –, obwohl die Wahrscheinlichkeit, dass eine Einzelperson hervorragend oder furchtbar schlecht ist, fast null beträgt. Zu ungültigen Antworten kommt es, wenn sich die Bewertung einer Person bei mehr als 40 Prozent der Antworten um mehr als 40 Prozent von den Antworten anderer unterscheidet. Das geschieht auch, wenn Mitarbeiter sich absprechen. Weil Personen, die ungültige Angaben machen, die Ergebnisse der 360°-Beurteilung erheblich verfälschen können, müssen sie identifiziert und zur Verantwortung gezogen werden. Wenn erst einmal festgelegt wurde, wann eine Antwort ungültig ist, dann sollte der Prozentsatz an ungültigen Antworten unter fünf Prozent liegen.

Das System austricksen

Falschaussagen müssen zurückverfolgt werden

Das Vorgehen zur Validität der Antworten lässt sich mit den Maßnahmen zur Einführung von Fahrspuren für Fahrgemeinschaften vergleichen. Wenn man Missachtungen nicht verfolgt, wird die Fahrspur schnell von Pkws mit nur einem Fahrer vereinnahmt. Wenn ein 360°-Beurteilungssystem die Lieferanten ungültiger Antworten nicht zur Verantwortung zieht, dann wird bei den Befragten ein Verhalten gefördert, bei dem Freundschaften, persönliche Vorteile oder Konkurrenzdenken zählen. Es werden so verfälschte Informationen geliefert, die selbst für die Personalentwicklung unbrauchbar sind. (Um die Validität der Befragten geht es in Kapitel 6.)

3.4.13 Ein Beitrag zur Fairness

Keine Diskriminierung bestimmter Gruppen

Die unterschiedlichen Bewerter sollten in jeglicher Hinsicht fair sein – das heißt, aus ihren Angaben sollte ersichtlich werden, dass sie nicht systematisch nach Alter, Geschlecht, Herkunft oder anderen Eigenschaften besonderer demographischer Gruppen Unterscheidungen treffen. Um Probleme auf diesem Gebiet zu entdecken, sollte man bei der Feedback-Auswertung der Befragten zwei Fragen stellen:

1. Bei welchen Personen weichen die Wertungen eines Befragten kontinuierlich (entweder signifikant höher oder tiefer) von den Wertungen der anderen im Bewertungsteam ab?
2. Sind diese systematischen Abweichungen gegen ein Mitglied oder generell gegen Mitglieder von Minderheiten gerichtet?

Ebenso sollten die Leistungsbewertungen im Ganzen überprüft werden, um sicherzustellen, dass keine wesentliche oder nicht erklärbare Unterscheidung in Bezug auf demographische Gruppen (Herkunft, Geschlecht oder Alter) vorliegt.

Die Frage der Fairness gegenüber besonderen Gruppen der Bevölkerung sollte angesprochen werden, ehe man zur Leistungsbewertung übergeht. Sonst könnten im Rundum-Beurteilungsverfahren bestimmte Gruppen diskriminiert werden. Glücklicherweise haben jüngste Untersuchungen bei über 23 000 Mitarbeitern in drei unterschiedlichen Unternehmen, in denen Feedback-Projekte durchgeführt wurden, ermutigende Ergebnisse erbracht: Die Resultate ergaben positive Werte beim Faktor Alter und waren dem Geschlecht und der Herkunft gegenüber neutral (siehe Kapitel 9).

3.4.14 Schulungen

Auf Grund gesetzlicher Anforderungen an Leistungsbeurteilungen müssen die Anwender von 360°-Feedback – diejenigen, die Feedback geben, und die, die es erhalten – geschult werden. Abgesehen davon müssen die Mitarbeiter für jedes neue Bewertungssystem geschult werden. Die 360°-Beurteilung mag mehr Schulung erfordern als herkömmliche Systeme, weil es ein ganz anderes, neues Modell ist, doch die meisten Angestellten begreifen die bescheidenen Veränderungen schnell, die die Neugestaltung eines Bewertungsformulars für Vorgesetzte bringt. Rundum-Beurteilungen bieten den Mitarbeitern jedoch Gelegenheit zur Teilhabe an einer Reihe von Verfahrenselementen – die Entwicklung der Instrumente, die Auswahl der Bewertungsteams und das Feedback für andere –, daher müssen die Beteiligten begreifen, wie diese funktionieren.

3.4.15 Die Entwicklung von Sicherungsmechanismen

Absicherungen für ein faires Verfahren sind entscheidend für das gesamte Beurteilungssystem und können in Umfragen bei den Anwendern getestet werden. Durch diese Absicherungen sollen sowohl die Validität des Inhalts der Bewertungskriterien als auch die Validität bei der Auswahl der Bewertungsteams garantiert werden. Wenn es nicht für jeden Vorbehalt der Anwender gegenüber dem Verfahren und der Verlässlichkeit der Daten eine Absicherung gibt, dann sollte die 360°-Beurteilung nicht in der Leistungsbeurteilung und für Gehaltsentscheidungen eingesetzt werden. Rundum-Beurteilungen ohne Absicherungen werden kaum zuverlässige Daten liefern und nur wenig Unterstützung bei den Anwendern finden, da diese den Ergebnissen berechtigtes Misstrauen entgegenbringen. Wenn alle wissen, dass das Verfahren fair ist, versucht auch niemand mehr, das System zu manipulieren. Dann erhalten sowohl die Mitarbeiter als auch die Führung die hochwertigen Informationen über Leistungen, die sie erwarten und verdienen.

Vorbehalte der Anwender

TEIL II

Die Implementierung der 360°-Beurteilung

4. Die Entwicklung eines Projekts zur 360°-Beurteilung

Wenn du die Menschen nicht achtest, werden sie dich nicht achten. Wenn sie aber einen guten Führer haben, der wenig spricht, dann werden sie nach getaner Arbeit, wenn sein Ziel erreicht ist, sagen: „Das haben wir selbst getan."
Laotse

Das beste Vergrößerungsglas der Welt sind die Augen eines Menschen, wenn er sich selbst betrachtet.
Alexander Pope

Führung und Lernen bedingen einander.
John F. Kennedy

Das 360°-Feedback stellt für viele Angestellte und Unternehmen eine enorme Veränderung in der Leistungsbewertung dar. Da eine Beteiligung der Mitarbeiter gewünscht und gefördert wird, erweitert es auch die Verantwortungsbereiche der Mitarbeiter. Entwicklung, Einführung und Auswertung werden in einem zehnstufigen Schaubild beschrieben (Abbildung 4-1).

Phase I: Verfahrensentwicklung
 1. Auswahl des Anwendungsbereichs
 2. Entwicklung einer Umfrage über Kompetenzen

Phase II: Durchführung des Verfahrens
 3. Auswahl der Bewertungsteams
 4. Schulung Teil I: Wie man anderen Feedback gibt
 5. Bewertungen durchführen
 6. Auswertung und Bericht der Ergebnisse
 7. Schulung Teil II: Wie man selbst Feedback annimmt
 8. Entwicklung von Aktionsplänen

Phase III: Prozessevaluation
 9. Analyse der Sicherungsmechanismen
 10. Durchführung einer Anwenderbewertung

Stufen der Entwicklung und Implementierung

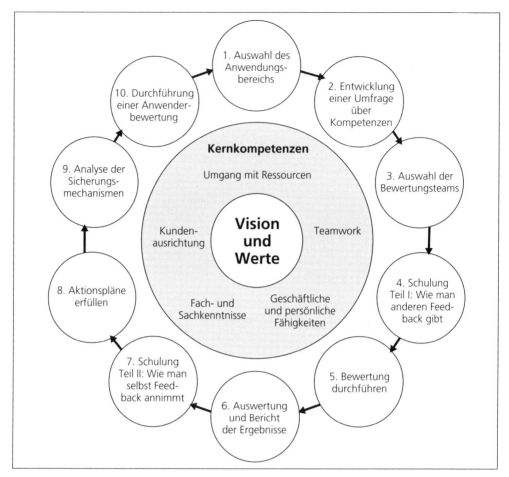

Abb. 4-1: Modell für die Entwicklung eines 360°-Feedback-Verfahrens

Die nötigen Schritte

Die in Abbildung 4-1 dargestellten Schritte werden in diesem und in den beiden folgenden Kapiteln erklärt. Zunächst wird umrissen, wie ein Unternehmen ein Verfahren zur 360°-Beurteilung entwickelt (Phase I). In Kapitel 5 geht es um Phase II, um die wichtigen Einzelheiten bei der Einführung des 360°-Feedback-Verfahrens. Kapitel 6 beschreibt Phase III, die Evaluationsphase, in der ein Unternehmen über den Erfolg des 360°-Feedback-Verfahrens entscheidet und Möglichkeiten einer weiteren Feinabstimmung für den nächsten Durchgang im Feedback sucht.

4. Die Entwicklung eines Projekts zur 360°-Beurteilung

Ehe ein Unternehmen die 360°-Beurteilung einführt, müssen die Führungskräfte oder wichtigsten Befürworter einer Veränderung sich dem Verfahren verpflichten, ein Entwicklungsteam bilden und einen Kommunikationsplan aufstellen, um die Mitarbeiter über das neue Verfahren zu informieren. Einer der entscheidenden Punkte ist, die Unterstützung der Führung zu erlangen.

4.1 Unterstützung durch die Führungskräfte

Wie bei jeder anderen größeren Veränderung beschleunigt eine Unterstützung durch die oberste Führung auch die Annahme der 360°-Beurteilung. Das Führungsteam kann die erste oder eine der ersten Gruppen sein, die ein Verhaltens-Feedback erhält. Viele Unternehmen führen eine erste 360°-Beurteilung mit einer Gruppe aus 50 bis 100 Teilnehmern durch, die nicht zum Topmanagement gehören. Nach dem Pilotprojekt können Kommunikation, Schulung und Einzelschritte des Verfahrens verfeinert und an die Bedürfnisse der Angestellten und der Führung angepasst werden.

Das Topmanagement zuerst?

Obwohl die Unterstützung der obersten Führung vorzuziehen ist, kann jeder Befürworter einer Veränderung auf jeder Ebene des Unternehmens die Initiative ergreifen und dieses Verfahren entwickeln. Unternehmen, die die Einführung des 360°-Feedback erwägen, machen oft die Erfahrung, dass Einzelpersonen in vielen unterschiedlichen Abteilungen und Funktionen spontan eine Reihe informeller, manchmal auch formeller Rundum-Beurteilungsverfahren ins Leben rufen.

Jeder kann die Initiative ergreifen

4.2 Das Entwicklungsteam

Wird von der obersten Führung, von der Personalabteilung oder von einem Mitarbeiter ein 360°-Feedback-Projekt ins Leben gerufen, dann ist es immer einfacher, wenn ein Entwicklungsteam aus Anwendern den Weg ebnet. Ein Entwicklungsteam mit sechs bis 15 Angestellten aus unterschiedlichen Ebenen des Unternehmens übernimmt gemeinsam die Verantwortung für die Ent-

Den Weg für das Neue ebnen

wicklung, Durchführung und Auswertung des Verfahrens, sorgt dafür, dass die Beschäftigten teilnehmen, und unterstützt die Kommunikation.

4.3 Ist das Unternehmen bereit für eine 360°-Beurteilung?

Selbstbewertung zur Bereitschaft

Das Entwicklungsteam untersucht die Bereitschaft des Unternehmens für die Implementierung der Rundum-Beurteilung. Dabei wird gefragt, ob das Umfeld und die Unternehmenskultur ein solches Verfahren unterstützen. Eine Entscheidungshilfe bietet hier das Formular zur Selbstbewertung der Bereitschaft in Abbildung 4-2. Punktzahlen über 100 versprechen eine reibungslose und erfolgreiche Übernahme des 360°-Feedback.

Vorbildfunktion der Führungskräfte

Am erfolgreichsten sind Projekte dann, wenn die oberste Führung das Verfahren unterstützt. Besonders wichtig ist die Bereitschaft der Führungskräfte, sich als Rollenmodelle selbst von anderen aus ihrem Einflussbereich beurteilen zu lassen. Leider geschieht es zu häufig, dass Manager Rundum-Beurteilungen für andere initiieren, aber nicht für sich selbst. Ein solches Vorgehen weckt natürlich auch bei den Angestellten nur wenig Bereitschaft für das neue Bewertungsmodell.

Unternehmen, in denen bereits vermittelt wurde, wie notwendig die Anerkennung und Belohnung von Einzel- und Teamleistungen ist, und die auch gezeigt haben, dass eine Führung, die sich an Leistung und Kompetenzen orientiert, Unterstützung braucht, werden feststellen, dass die Einführung relativ reibungslos verläuft, weil die Mitarbeiter die Philosophie des Verfahrens schon verstanden haben. Schneller geht die Einführung auch, wenn die Angestellten wissen, dass zur Leistung sowohl die Art und Weise gehört, wie sie ihre Arbeit tun, als auch die Resultate.

Unzufriedenheit mit einem bereits existierenden Leistungs-Feedback und Bewertungsverfahren kann ebenfalls dazu beitragen, den Wechsel zu einem neuen Modell zu begründen. Haben die Mitarbeiter zum Beispiel das Gefühl, sie erhalten kein sinnvolles Feedback über ihre Leistung, dann ist die Rundum-Beurteilung oft die nahe liegende Lösung. Ebenso werden die Ange-

4. Die Entwicklung eines Projekts zur 360°-Beurteilung

weiß nicht	sehr dagegen		dagegen			dafür			sehr dafür	
N	1	2	3	4	5	6	7	8	9	10

Bitte geben Sie an, in welchem Grade Sie mit jeder Feststellung auf einer 10-Punkte-Skala zustimmen, wobei 10 die beste Bewertung darstellt.

1. Die oberste Führung ist für eine Entscheidungsfindung auf möglichst niedriger Ebene. _____
2. In den Geschäftsergebnissen mischen sich Einzel- und Teamleistungen. _____
3. Das Vorgehen im Hause unterstützt ein Management, das auf Leistung basiert. _____
4. Die Führung möchte, dass Unternehmensleitbilder, -werte und Arbeitsverhalten in Einklang gebracht werden. _____
5. Die Führung ist bereit, sich als Rollenmodell für das Feedback zur Verfügung zu stellen. _____
6. Wichtig ist, wie die Arbeit getan wird und was erledigt wird. _____
7. Einheiten oder Teams setzen sich gemeinsame Ziele. _____
8. Feedback in der Personalentwicklung wird gefördert. _____
9. Die Angestellten sind mit dem augenblicklichen Feedback über ihre Leistungen nicht zufrieden. _____
10. Das Kunden-Feedback und Maßnahmen des TQM werden begrüßt. _____
11. Manche Führungskräfte bemühen sich bereits um Feedback von anderen. _____
12. Die Führungskräfte beraten sich mit anderen, ehe sie Auswahlentscheidungen treffen. _____

Auswertung
Über 100: Im Einklang mit dem 360°-Feedback-Konzept: Das 360°-Feedback wird angenommen werden.
Über 80: Etwas Unterstützung: Das 360°-Feedback kann noch etwas Unterstützung brauchen.
Unter 80: Noch ein langer Weg: Das 360°-Feedback braucht noch erhebliche Vermittlungsbemühungen und mehr Unterstützung.

Abb. 4-2: Selbstbewertung zur Bereitschaft für das 360°-Feedback

stellten, die eine Anerkennung und Belohnung ihrer persönlichen Leistung wünschen, wahrscheinlich die Einführung der 360°-Beurteilung begrüßen.

Neue Chancen nutzen

Kunden-Feedback führt zu 360°-Feedback

Unternehmen, die ihre Maßnahmen zur Qualitätsverbesserung regelmäßig durch Kunden-Feedback ergänzen, stellen oft fest, dass das 360°-Feedback den logischen nächsten Schritt darstellt. Und wenn einige Führungskräfte bereits informelle Feedback-Methoden anwenden, ist eine Formalisierung des Verfahrens sinnvoll. Wenn Unternehmen bereits Rundum-Beurteilungsverfahren wie Auswahlgremien und Komitees für Entscheidungen zur Auswahl und Stellenbesetzung verwenden, sehen die Angestellten im 360°-Feedback eine logische Weiterentwicklung der gängigen Praxis. Je weniger Veränderungen für die Einführung des 360°-Feedback notwendig sind, desto schneller und leichter wird das Verfahren normalerweise übernommen.

Ironischerweise wird das Verfahren manchmal auch in Unternehmen mit weniger als 50 Punkten in unserer Bereitschaftsbewertung (Abbildung 4-2) sehr schnell und problemlos eingeführt. Ist die Unzufriedenheit sehr groß, dann kann es sein, dass den Beschäftigten jede Veränderung positiv erscheint. Manche Unternehmen haben zum Beispiel das 360°-Feedback gegen solche Probleme wie Vetternwirtschaft und Voreingenommenheit eingeführt oder als Reaktion auf weit verbreitete Unzufriedenheit mit einem bestehenden Verfahren zur Leistungsbeurteilung.

Wenn die Bereitschaft bewertet worden ist, kann das Entwicklungsteam in einer Vision die gewünschten Ergebnisse des 360°-Feedback formulieren.

4.4 Bestimmung der Zielsetzungen

Für das neue Verfahren kann eine Reihe von Zielen festgesetzt werden:

Grundsätzliche Ziele

- Abstimmung des Einzel- und Teamverhaltens auf die Vision und Werte des Unternehmens
- Schwerpunkt auf Belohnung auf Grund von Kompetenzen
- Faire und exakte Leistungsbewertung
- Unterstützung der Verpflichtung zum lebenslangen Lernen
- Verstärkung anderer unternehmerischer Initiativen (z. B. Kundenservice, Teamwork, Qualität, Empowerment, leistungsbezogene Entlohnung, Reengineering). Das 360°-Feedback-

4. Die Entwicklung eines Projekts zur 360°-Beurteilung

weiß nicht	sehr dagegen		dagegen			dafür			sehr dafür	
N	1	2	3	4	5	6	7	8	9	10

Das existierende Verfahren für ein Leistungs-Feedback und zur Leistungsbeurteilung bietet mir folgende Informationen:

1. Es ist sinnvoll für meine berufliche Weiterentwicklung   N 1 2 3 4 5 6 7 8 9 10
2. Es ist sinnvoll für eine Beurteilung   N 1 2 3 4 5 6 7 8 9 10
3. Es motiviert mich   N 1 2 3 4 5 6 7 8 9 10
4. Es ist wichtig für mich   N 1 2 3 4 5 6 7 8 9 10
5. Es ist mir gegenüber gerecht   N 1 2 3 4 5 6 7 8 9 10
6. Es ist anderen gegenüber gerecht   N 1 2 3 4 5 6 7 8 9 10
7. Es ist eine umfassende Beurteilung   N 1 2 3 4 5 6 7 8 9 10
8. Es ist eine exakte Beurteilung   N 1 2 3 4 5 6 7 8 9 10
9. Es enthält Absicherungen für eine faire Bewertung   N 1 2 3 4 5 6 7 8 9 10
10. Insgesamt bin ich mit dem augenblicklichen Verfahren zufrieden   N 1 2 3 4 5 6 7 8 9 10
11. Anmerkungen: _____

Über Sie selbst (freiwillige Angaben):

Beschäftigung in diesem Beruf: unter 1 Jahr ___   1 bis 3 Jahre ___
   3 bis 5 Jahre ___   5 bis 10 Jahre ___
   10 + ___

Beschäftigung bei dieser Firma: unter 1 Jahr ___   1 bis 5 Jahre ___
   5 bis 10 Jahre ___   10 bis 20 Jahre ___
   20 + ___

Geschlecht: weiblich ___   männlich ___

Alter: unter 30 ___   31–40 ___
   41–50 ___   51–60 ___
   61 + ___

Ausbildung: Hauptschule ___   Mittlere Reife ___
   Abitur ___   Studium ___

Führungskraft ___   Keine Führungskraft ___
Anzahl der direkt Unterstellten: ___

Abb. 4-3: Bewertung des vorhandenen Beurteilungsverfahrens

Verfahren dient dann als Kommunikationsmittel, das den Mitarbeitern vermittelt, ob ihr Verhalten den Zielen des Unternehmens entspricht.

Bei der Entwicklung von Verfahrenszielen kann man wirkungsvoll in zwei Stufen vorgehen:

Verfahrensziele

1. Man befragt die Mitglieder des Entwicklungsteams über Ziele des Verfahrens und überarbeitet diese vorläufige Liste dann gemeinsam mit ihnen.
2. Man schickt diese Liste mit Vorschlägen an wichtige Mitglieder des Unternehmens mit der Bitte um Stellungnahme.

Haben erst einmal ausreichend viele Personen ihre Verbesserungsvorschläge zu den Verfahrenszielen eingereicht, sollten die Anregungen auch eine wichtige Rolle bei der Kommunikation mit den Beschäftigten spielen.

Akzeptanztest für das herkömmliche Verfahren

Viele Unternehmen nennen als ein Ziel eine größere Zufriedenheit der Mitarbeiter mit dem System zur Leistungsmessung und -beurteilung im Unternehmen. Ein kurzer Vortest wie in Abbildung 4-3 dargestellt liefert erste Anhaltspunkte darüber, wie zufrieden die Anwender mit dem gegenwärtigen, meist von einer Person gegebenen Leistungsfeedback und -beurteilungssystem sind. Diese erste Grundinformation ist ein wertvoller Maßstab für die Effektivität des Verfahrens und kann nach der Einführung des 360°-Feedback zum Vergleich herangezogen werden.

4.5 Entwicklung eines Werbeplans

Eine gelungene Kommunikation ist von allergrößter Bedeutung für den Erfolg der 360°-Beurteilung. Sobald die Ziele eindeutig festgestellt sind, müssen sie allen Beschäftigten mitgeteilt werden. Es erleichtert die Einführung des 360°-Feedback-Verfahrens, wenn man im Voraus bereits auf vorhersehbare Bedenken eingeht und mitteilt, wie das Unternehmen damit umgehen wird. Abbildung 4-4 zeigt einen Beispielbrief für eine Ankündigung.

Der Werbeplan vermittelt alle Stufen der Einführung und wirbt gleichzeitig für die Vorteile des Verfahrens anhand der Frage: „Was bedeutet das für mich?" Man kann eine eigene Mitteilungs-

4. Die Entwicklung eines Projekts zur 360°-Beurteilung

An alle Beschäftigten

Alpha Labs hat ein neues System zur Personalentwicklung und Mitarbeiterbeurteilung geprüft, das so genannte 360°-Feedback. Diese neue Beurteilungsmethode ermöglicht es den Beschäftigten, von Personen aus ihrem Einflussbereich ein Feedback zu erhalten: von ihnen selbst, vom Vorgesetzten, von Kollegen, von direkt Unterstellten, von internen Kunden und anderen.

Ein Entwicklungsteam aus Beschäftigten von Alpha Labs aus allen Unternehmensebenen und aus vielen unterschiedlichen Funktionen hat den Aufbau dieses neuen Verfahrens gestaltet. Ich kann aus eigener Erfahrung sagen, dass sich dieses Verfahren, bei dem man von den Menschen beurteilt wird, mit denen man zusammenarbeitet, deutlich von den bisherigen Systemen unterscheidet. Es sieht sehr viel versprechend aus und wir erwarten eine Verbesserung unseres gegenwärtigen Beurteilungssystems durch folgende Vorteile:

- Die Angestellten fühlen sich in der Leistungsbeurteilung gerechter beurteilt.
- Die Angestellten erhalten eine genauere Kenntnis unserer Kernkompetenzen oder Erfolgsfaktoren.
- Die Angestellten und Vorgesetzten erhalten bessere Daten über die Leistungen.
- Die Informationen zur Weiterentwicklung und Bewertung von Teamwork werden besser.

Wir erwarten, dass das 360°-Feedback unsere gegenwärtigen, nicht aufeinander abgestimmten Instrumente zur Leistungsbeurteilung ersetzen wird, da es unserem gegenwärtigen Arbeitsstil besser entspricht.

Ihr Team ist als Pilotgruppe ausgewählt worden, um zu untersuchen, ob dieses Verfahren ein reales Arbeitsteam mit den unterschiedlichsten Fähigkeiten wirkungsvoll unterstützen kann. Ihre Meinung zu diesem Verfahren interessiert uns. Also wirken Sie bitte an diesem Test mit und teilen Sie uns Ihr Urteil offen mit.

Zu Beginn dieses Pilottests hat sich eine Fokusgruppe von Alpha Labs getroffen und ein Arbeitsinstrument entwickelt, das von Kompetenzen ausgeht und das den Werten unseres Unternehmens entspricht. Sie werden mit diesen Kompetenzen anderen Feedback geben.

Wenn Ihr Vorgesetzter einverstanden ist, werden Sie für Ihr Feedback die Personen auswählen, mit denen Sie am engsten zusammenarbeiten. Das 360°-Feedback-Verfahren enthält viele Sicherungsmechanismen, um allen Beteiligten maximale Fairness zu garantieren.

Es wird für die 360°-Feedback-Projekte zwei Schulungen geben. Im ersten Teil erhalten Sie allgemeine Informationen und Unterricht zum 360°-Feedback, über die Kompetenzen, die bewertet werden, die Auswahl der Bewerter, den zeitlichen Rahmen für die Ergebnisse und wie die Informationen verarbeitet werden. Im Anhang finden Sie Informationen über das 360°-Feedback-Verfahren, die Sie vor der Schulung durchgehen können. Die Schulung wird am 21. September von 8 bis 10 Uhr im Besprechungszimmer abgehalten.

Ich freue mich, dass wir für dieses Projekt ausgewählt wurden und hoffe auf Ihre Unterstützung.

Abb. 4-4: Beispielbrief für eine Projektankündigung

Im Verlauf dieses Jahres werden Sie von einem neuen Verfahren zur Leistungsentwicklung hören, zu dem Ihr Unternehmen erste Pilottests durchführt. Es heißt 360°-Feedback. Ein erster Test ist genehmigt worden, in dem mit Zustimmung der Geschäftsleitung dieses einzigartige Konzept geprüft werden soll. Nahezu 100 Angestellte im gesamten Unternehmen werden an dieser Pilotstudie teilnehmen.

Es liegen Hinweise von Mitarbeitern vor, dass die gegenwärtigen Verfahren zur Leistungsentwicklung und -bewertung nicht gut funktionieren. Sie liefern ihnen kein Feedback zur Verbesserung ihrer Leistung. Das 360°-Feedback-Verfahren bietet eine exaktere Leistungsbewertung, weil unterschiedliche Bewerter eingesetzt werden. Durch Beurteilungen, die über den unmittelbaren Vorgesetzten hinausgehen, können bessere Daten über die Leistung ermittelt werden.

Ein Komitee zur Durchführung ist gebildet worden, um die Übernahme dieses Verfahrens zu unterstützen. Die Mitglieder dieses Einführungskomitees sind [Liste der Namen]. Sollten Sie Fragen oder Anmerkungen zum neuen 360°-Feedback-Verfahren haben, rufen Sie bitte ein Mitglied des Teams an.

Ein vorläufiger Zeitplan für die Durchführung ist entwickelt worden.

April: Umfrage zu den Verhaltenskompetenzen wird mit der Bitte um Anmerkungen an die Teilnehmer der Pilotstudie verteilt. Das Durchführungsteam wird den Entwurf überarbeiten und Ende Januar wieder verteilen.

Mai: Die Schulung „Wie gibt man Feedback?" wird für alle Teilnehmer der Pilotstudie abgehalten. Das ist der Auftakt für das Verfahren. Die Vorteile des 360°-Feedback werden erörtert werden. Die Teilnehmer des Tests werden die notwendigen wichtigen Schritte kennen lernen, wie man mit einem persönlichen Feedback umgeht.

Das Bewertungsteam gibt die Formulare an den Projektbetreuer.

Die Fragebögen werden an alle Bewertenden verteilt.

Die Fragebögen werden von den Mitarbeitern ausgefüllt und an den Projektbetreuer zur Auswertung zurückgegeben.

Prozessevaluation und Verfassen der Berichte.

Juni: Schulung „Wie man Feedback entgegennimmt" für alle Teilnehmer der Pilotstudie. In dieser Sitzung werden die Feedback-Berichte erörtert, damit Sie die Informationen aus dem Feedback interpretieren können. Es geht auch darum, wie mit Hilfe dieser Information ein Aktionsplan entwickelt wird. Dies ist die wichtigste Schulungsstunde zum 360°-Feedback! Nach der Durchführung wird eine Umfrage verteilt werden, um von den Angestellten zu erfahren, ob die Teilnehmer des Pilotprojekts eine Weiterführung des Verfahrens empfehlen.

Juli: Die Ergebnisse der Umfrage werden verteilt.

Eine Pilotgruppe von etwa 100 Beschäftigten nimmt an der ersten Phase teil. Die Testpersonen wählen ein Bewertungsteam aus Mitarbeitern und Kunden, die ihre Leistung auf der Basis von Verhaltenskompetenzen bewerten. Für das Pilotprojekt können Bewerter aus jedem Bereich des Unternehmens bestimmt werden.

Abb. 4-5: Beispiel für eine Nachricht

4. Die Entwicklung eines Projekts zur 360°-Beurteilung

Aktion	Zeitpunkt
Entwurf des Instruments	Woche 1–2
Prüfung der festgelegten Richtlinien	Woche 1–2
Entwicklung der Instrumente und Anweisungen	Woche 3
Fertigstellung der Instrumente und Anweisungen	Woche 4
Schulung „Wie gibt man Feedback?"	Woche 4
Auswahl der Bewertungsteams/Verteilen der Fragebogen	Woche 4
Ausfüllen der Fragebögen	Woche 5–7
Auswertung der Daten und Erstellen der Feedback-Berichte	Woche 7–8
Schulung „Wie geht man mit Feedback um?"	Woche 9
Projektevaluation durch Pilotteilnehmer	Woche 9
Analyse der Ergebnisse des Pilotprojekts und Vorbereitung von Empfehlungen für den nächsten Schritt	Woche 10

Abb. 4-6: Zeitrahmen für das Beispielprojekt

schiene entwickeln oder die Information in den üblichen Kommunikationsmitteln bringen, etwa in der Firmenzeitschrift, in den Mitteilungen der Geschäftsleitung oder per E-Mail. Ein Beispiel für eine Mitteilung wird in Abbildung 4-5 gezeigt und ein Beispiel für einen Zeitrahmen in Abbildung 4-6.

In der Kommunikation muss auf folgende typische Bedenken der Anwender eingegangen werden:

- Warum führt das Unternehmen dieses Verfahren ein?
- Welcher Zweck wird mit dem Verfahren verfolgt?
- Welche Kopplungen gibt es mit anderen Initiativen wie Qualitätssteigerung oder Mitarbeiterbeteiligung?
- Wer wird Feedback erhalten und wer wird Feedback geben?
- Wie werden Kompetenzen weiterentwickelt?
- Wer war an der Entwicklung dieses neuen Systems beteiligt?
- Wie werden die Bewertungsteams ausgewählt?
- Wie wird mit Fragen der Gerechtigkeit, Genauigkeit und des Zeitbedarfs umgegangen?
- Welches sind die wichtigsten Richtlinien? Wie werden zum Beispiel die Informationen verwendet?

Was bedeutet das für mich?

4.6 Die Auswahl eines Anwendungsbereichs

Wenn die Führung sich für das Verfahren ausgesprochen hat und ein Entwicklungsteam gebildet ist, könnte man im Unternehmen versucht sein, einige wichtige Entwicklungsschritte schnell hinter sich zu bringen, um direkt zu dem Punkt zu gelangen, an dem die Beschäftigten Feedback geben. Das sollte man lassen, denn die Entwicklungsphase ist entscheidend für den Erfolg des Verfahrens. Entscheidungen in diesem Stadium haben enorme Auswirkungen auf die Qualität des Projekts und besonders auf die Bewertung der Anwender, was Nutzen und Fairness angeht. Daher sollte das Entwicklungsteam der Auswahl des Anwendungsbereichs und der Entwicklung der Umfrage über Kompetenzen, dem 360°-Feedback, verstärkt Aufmerksamkeit widmen.

Viele Facetten beim Einsatz der 360°-Beurteilung

Viele Unternehmen führen Projekte zur 360°-Beurteilung nicht zur Leistungsbewertung und für Gehaltsentscheidungen ein, sondern für strategische Überlegungen wie Führungs- oder Laufbahnplanung, zur Feststellung von Weiterbildungsbedarf, für den Kundenservice, zur Teambewertung, zur Teambildung oder für andere Maßnahmen, die Einzelne, Teams oder das Unternehmen betreffen. Bei Borden wurde zum Beispiel ein Projekt zusammengestellt, in dem es um Weiterbildung und Entwicklung im Bereich der Sicherheit ging, und mit dem Projekt bei Eastman Kodak sollten Innovation und Kreativität erkannt, weiterentwickelt und belohnt werden. Soll es auch um Leistungsmanagement gehen, dann müssen in den Anwendungen auch Faktoren wie Leistungsplanung, Bewertung, Entgelt, Anerkennung und Belohnung, Stellenbesetzung, Talentbewertung, Effektivität der Weiterbildungsmaßnahmen und Nachfolgeplanung berücksichtigt werden. Bei den meisten Anwendungen im Bereich der Leistungsbeurteilung geht es sowohl um Entwicklungs- wie auch Leistungsmanagement.

Personalentwicklung oder Leistungsbeurteilung?

Das Entwicklungsteam sollte die Vor- und Nachteile der 360°-Beurteilung in der Personalentwicklung und der Leistungsbeurteilung abwägen und dann entscheiden, welcher Anwendungsbereich für das Unternehmen angemessen erscheint. Wir raten, die Anwendung möglichst einfach zu halten. Wenn das Verfahren

4. Die Entwicklung eines Projekts zur 360°-Beurteilung

in einem Pilotprojekt getestet worden ist, können weitere Punkte dazukommen.

Ein Pilotprojekt ist wie eine Testfahrt: Hier lassen sich die Hauptprobleme feststellen, die in einem voll entwickelten Verfahren große Schwierigkeiten bereiten können. An einem Pilotprojekt können 50 bis 100 Personen aus den wichtigsten Gruppen im Unternehmen teilnehmen. Um das Pilotprojekt möglichst einfach zu halten, sollten zwei oder drei intakte Gruppen wie zum Beispiel Abteilungen teilnehmen. Auch die Mitglieder der Entwicklungsteams müssen an dem Pilotprojekt teilnehmen, damit sie am eigenen Leib erfahren, wie das von ihnen vorgeschlagene Verfahren funktioniert.

Testfahrt

4.7 Wie entwickelt man ein kompetenzorientiertes Umfrageinstrument für ein Feedback?

Kompetenzen sind die Eigenschaften, die Personen mit guten und schlechten Leistungen unterscheiden. Sie sind sowohl für das Unternehmen wie auch für die Beschäftigten von Bedeutung. Unternehmensspezifische Kompetenzen, manchmal auch Kernkompetenzen genannt, sind Kompetenzen, die ein Unternehmen von seinen Konkurrenten unterscheiden und in den Augen der Kunden einen Wert darstellen. Diese Kompetenzen stehen in enger Beziehung zu den Produkten oder Dienstleistungen der Firma und umfassen auch die Kenntnisse, Fertigkeiten und Fähigkeiten, die die Beschäftigten in die Arbeit einbringen. Eine Kernkompetenz für den Kundenservice könnte man folgendermaßen beschreiben:

Kernkompetenzen

> Arbeitet mit internen und externen Kunden zusammen, um deren Bedürfnisse festzustellen, legt Handlungsziele fest und setzt Prioritäten.

Ein Belohnungssystem, das von Kompetenzen ausgeht, erkennt, was die Menschen bei ihrer Arbeit erreichen, anstatt sie für den Erwerb zusätzlicher Kenntnisse oder Fertigkeiten zu belohnen.

Wenn die Kernkompetenzen den Beschäftigten mitgeteilt werden, erkennen sie, welche Verhaltensweisen gute Leistungen von schlechten unterscheiden. Mit expliziten Kernkompetenzen kann das Unternehmen einen Wettbewerbsvorsprung erlangen, wenn es sich auf dem Markt von anderen abhebt, und so seine kurzfristigen und langfristigen Ziele erreichen.

Teambildung zur Entwicklung des Fragebogens

Die Entwicklung des Fragebogens, auch Instrument genannt, ist oft die schwierigste und langwierigste Aufgabe beim 360°-Feedback, denn es ist wichtig, dass man eine inhaltliche Validität erreicht und sich die Unterstützung der Beteiligten sichert. Eine ausgezeichnete Möglichkeit für die Auswahl der Kompetenzen bieten Fokusgruppen – Querschnittgruppen mit Angestellten aus unterschiedlichen Funktionen, die am 360°-Feedback teilnehmen werden. Diese Teammitglieder sollten

- alle Ebenen des Unternehmens (Führung, Einzelpersonen und eventuell Gewerkschaftsmitglieder), Schlüsselfunktionen und wichtige Rollen im Unternehmen repräsentieren,
- wenigstens einen betriebsbekannten Skeptiker miteinbeziehen (diese Leute sind meist leicht auszumachen),
- gute Kommunikations- und sprachliche Fähigkeiten besitzen,
- sehr gute Leistungen erbringen.

Aufgabe der Fokusgruppe ist es, folgende Frage zu beantworten: „Welches sind die entscheidenden Kompetenzen, die unser Unternehmen in der Zukunft braucht, um unseren Marktvorteil zu erhalten?" Durch die Nennung der Faktoren, die die Effizienz des Einzelnen, der Teams und des Unternehmens bedingen und erhalten, hilft die Fokusgruppe bei der Definition verschiedener Verhaltensweisen, die die allgemeinen Ziele des Unternehmens unterstützen. Das Programm in Abbildung 4-7 zeigt eine der Möglichkeiten, wie eine Fokusgruppe ihrer Arbeit nachkommt.

Schritte zur Entwicklung des Fragebogens

Die Gruppe zeigt Kompetenzen auf, die die Leitbilder und Werte des Unternehmens unterstützen, und entwickelt in Verbindung mit jedem Wert Äußerungen, aus denen dann die Fragen auf dem Fragebogen entstehen. Diese Äußerungen sollten kurz, klar und im Aktiv formuliert sein. (Lange Äußerungen sind mühevoll zu lesen und verlängern unnötig die Antwortzeit.) Kompetenzen brauchen im Allgemeinen eine Erläuterung, die zusammen mit Verhaltensbeispielen gegeben werden kann. Die Kompetenz

4. Die Entwicklung eines Projekts zur 360°-Beurteilung

- Zweck, Ziel, Bedeutung des 360°-Feedback
- Vermittlung der Leitbilder, Werte, Prinzipien und der Strategie des Unternehmens
- Diskussion der Prinzipien und des Verfahrens beim 360°-Feedback
- Erörterung von „Führung 20/20". Welche Kompetenzen sind notwendig, um auch im neuen Jahrtausend wettbewerbsfähig zu sein?
- Zusammenfassung der Verhaltenskriterien

Schritt I: **Entwickeln**
Auflistung der Verhaltenskriterien: *Welches sind die entscheidenden Verhaltensweisen, damit das Unternehmen seine Mission im Jahr 2000 effektiv erfüllt?*
Ziel: Maximale Zahl an Verhaltenskriterien

Schritt II: **Expandieren**
Erweiterung der Verhaltenskriterien auf der Grundlage zusätzlicher Informationen

Schritt III: **Kombinieren ähnlicher Kriterien**
Verhaltensweisen in „Cluster" oder Gruppen ordnen

Schritt IV: **Kombinieren der Listen auf einem Flipchart**
Verhaltenskriterien für jedes Team werden auf einem Flipchart zusammengetragen

Schritt V: **Verbessern**
Gruppierungen und Items innerhalb der Gruppen werden überdacht

Schritt VI: **Verhaltensbeschreibungen**
Entwicklung von Verhaltensbeschreibungen für die Verhaltensweisen

Abb. 4-7: Programm für die Entwicklung eines Fragebogens in einer Fokusgruppe

„präsentiert Ideen klar" beispielsweise kann folgendermaßen definiert werden:

- verändert die Aussage so, dass sie vom Zuhörer verstanden wird
- hält die Botschaften klar und einfach
- benutzt eine direkte Sprache

Klare Fragen, prägnante Antworten

Die Kernkompetenzen oder Erfolgsfaktoren können noch verbessert werden. Man kann Beispiele für Höchstleistungen bei einer bestimmten Kompetenz in verschiedenen Funktionen innerhalb des Unternehmens geben und die berufliche und technische

Sachkenntnis anführen, die für eine bestimmte Aufgabe erforderlich ist. Einige Unternehmen entwickeln speziell für bestimmte Tätigkeitsbereiche oder Berufe eigene Kompetenzmodelle. Andere gestalten einen Fragebogen für alle Unternehmensebenen. Wenn das Unternehmen die Ausrichtung auf bestimmte Leitbilder und Werte beabsichtigt, vermittelt ein einzelner Fragebogen die Verhaltensnormen der neuen Kultur am besten.

Kompetenzorientierter Fragebogen

Der kompetenzorientierte Bewertungsbogen in Abbildung 4-8 nennt sich Führung 20/20. Er basiert auf über 60 360°-Beurteilungsprojekten in einer Vielzahl von Unternehmen und Organisationen. Jedes dieser Unternehmen benutzte sein eigenes Bewertungsinstrument, doch der Inhalt der spezifischen Kompetenzen umfasste viele der Items, die im Bogen zur Führung 20/20 enthalten sind. In Abbildung 4-9 sind die Kompetenzen und Schlüsselwerte als Kreis angeordnet. Der Kreis lässt sich erweitern und verdeutlicht so, wie Kompetenzen zweiten Grades zur näheren Definition der Kompetenzen ersten Grades verwendet werden können.

Kompetenzen ersten und zweiten Grades

Die meisten Unternehmen starten ein 360°-Feedback mit einem einzelnen Fragebogen, einige entwickeln jedoch gleich zusätzliche Kompetenzreihen für bestimmte Gruppen oder Zielsetzungen. Eine einzelne Kompetenz wie beispielsweise „Kommunikationsfähigkeit" lässt sich durch Kompetenzen zweiten Grades erweitern, etwa durch die schriftliche und mündliche Kommunikation, durch die Fähigkeit zuzuhören, durch Präsentationen vor Publikum, die nonverbale Kommunikation und andere Verhaltensweisen.

Führungsqualitäten

Kreativität

Innovationsfähigkeit

Allied Signal und Tenneco verwenden für alle Mitarbeiter die gleichen Kernkompetenzen. Die Führungskräfte – Vorgesetzte und Manager – erhalten noch zu weiteren sechs bis acht funktionalen Kompetenzen Feedback, die ihre Führungsqualitäten näher bestimmen. Eastman Kodak entwickelte eine zweite Kompetenzenreihe, die sich auf die Bereiche Kreativität und Innovationsfähigkeit konzentriert. Wer beim 360°-Feedback im Bereich Kreativität niedrigere Werte als erwünscht bekommt, kann selbst eine zweite Umfrage starten, die auf zwölf wichtigen Verhaltensweisen in Zusammenhang mit Kreativität basiert. Mitarbeiter können dank der Reihen mit den sekundären Kompetenzen ein

4. Die Entwicklung eines Projekts zur 360°-Beurteilung

Feedback-Rezipient: _____

In welcher Beziehung stehen Sie zu der Person, die Sie bewerten?
(Kreuzen Sie bitte den entsprechenden Kreis an.)

- Selbst „Ich bewerte mich selbst."
- Vorgesetzter „Ich bewerte den Mitarbeiter als sein Vorgesetzter."
- Kollege „Ich bewerte einen Kollegen aus meiner Abteilung."
- Direkt Unterstellter „Ich bewerte meinen Vorgesetzten."
- Interner Kunde „Ich bewerte einen Kollegen/ein Teammitglied außerhalb meiner Abteilung."
- Andere „Ich bewerte eine Person, die nicht in die oben genannten Kategorien passt."

Sie wurden von der zu bewertenden Person als eine unter mehreren Personen ausgewählt, die nützliche Hinweise hinsichtlich der Leistung der zu bewertenden Person geben können. Ihre Angaben werden anonym bleiben (es sei denn, Sie sind der Vorgesetzte des Feedback-Rezipienten), der Mitarbeiter wird nur die Gesamtresultate erhalten.

Wie gut übt die Person diese Kompetenz aus? Verwenden Sie bitte folgende Skala:

(9–10) Eine außergewöhnliche Fähigkeit. Die Person übertrifft beständig die Erwartungen an Verhalten und Fähigkeiten auf diesem Gebiet.
(7–8) Eine Stärke. Die Person erfüllt die meisten Erwartungen an ihr Verhalten und ihre Fähigkeiten auf diesem Gebiet, einige übertrifft sie sogar.
(5–6) Angemessenes Niveau. Die Person erfüllt einen Großteil der Erwartungen an ihr Verhalten und ihre Fähigkeiten auf diesem Gebiet. Allgemein besteht eine positive Einstellung gegenüber Verpflichtungen.
(3–4) Keine Stärke. Die Person erfüllt einige der Erwartungen an ihr Verhalten und ihre Fähigkeiten auf diesem Gebiet, bleibt jedoch manchmal dahinter zurück.
(1–2) Geringe Befähigung. Die Person bleibt ständig hinter den Erwartungen an ihr Verhalten und ihre Fähigkeiten auf diesem Gebiet zurück.
(N) „Nicht anwendbar" oder „wurde nicht festgestellt"

Kundenservice

Behandelt Kunden wie Geschäftspartner	N	1	2	3	4	5	6	7	8	9	10
Erkennt und versteht die Wünsche der Kunden, reagiert darauf	N	1	2	3	4	5	6	7	8	9	10
Stellt Ideen einfach und klar dar	N	1	2	3	4	5	6	7	8	9	10
Hört internen und externen Kunden aufmerksam zu	N	1	2	3	4	5	6	7	8	9	10
Erbittet und bietet konstruktives und ehrliches Feedback	N	1	2	3	4	5	6	7	8	9	10
Informiert andere	N	1	2	3	4	5	6	7	8	9	10
Ausgewogenes Verhältnis von Wünschen und geschäftlichen Anforderungen	N	1	2	3	4	5	6	7	8	9	10

Abb. 4-8: Bewertungsbogen zur Führung 20/20

Teamwork

Unterstützt die Ziele des Teams	N	1	2	3	4	5	6	7	8	9	10
Stellt die Interessen des Teams über die eigenen	N	1	2	3	4	5	6	7	8	9	10
Wirkt konsensbildend und teilt wichtige Informationen mit anderen	N	1	2	3	4	5	6	7	8	9	10
Erkennt und respektiert die Beiträge und Bedürfnisse jedes Einzelnen	N	1	2	3	4	5	6	7	8	9	10
Beteiligt sich aktiv/verwendet die Anregungen von Personen mit anderen Perspektiven	N	1	2	3	4	5	6	7	8	9	10
Baut produktive Arbeitsbeziehungen auf und pflegt sie	N	1	2	3	4	5	6	7	8	9	10
Behandelt andere fair, auch die Mitglieder besonderer demographischer Gruppen	N	1	2	3	4	5	6	7	8.	9	10

Geschäftliche und persönliche Fähigkeiten

Zeigt breit gefächertes Geschäftswissen und vielfältige Fähigkeiten	N	1	2	3	4	5	6	7	8	9	10
Trägt durch eigenes Handeln zum Wert des Unternehmens bei	N	1	2	3	4	5	6	7	8	9	10
Erkennt Probleme und die zu Grunde liegenden Ursachen	N	1	2	3	4	5	6	7	8	9	10
Trifft rechtzeitige Entscheidungen	N	1	2	3	4	5	6	7	8	9	10
Entwickelt andere weiter und fungiert als Coach	N	1	2	3	4	5	6	7	8	9	10
Ist vertrauenswürdig, offen und ehrlich	N	1	2	3	4	5	6	7	8	9	10
Visualisiert Gegenwart und Zukunft, entwickelt Strategien, um diese zu erreichen	N	1	2	3	4	5	6	7	8	9	10

Berufliches und technisches Wissen

Zeigt berufliche/technische Sachkenntnis	N	1	2	3	4	5	6	7	8	9	10
Verbessert bestehende Abläufe und/oder führt neue Methoden ein	N	1	2	3	4	5	6	7	8	9	10
Bildet aktiv persönliche Fähigkeiten, eigenes Wissen und technisches Grundwissen weiter	N	1	2	3	4	5	6	7	8	9	10
Lässt andere an seinem/ihrem persönlichen Fachwissen teilhaben	N	1	2	3	4	5	6	7	8	9	10
Organisiert die Arbeit	N	1	2	3	4	5	6	7	8	9	10
Motiviert andere durch sein/ihr Beispiel und seine/ihre Ermutigungen, Ergebnisse zu erzielen	N	1	2	3	4	5	6	7	8	9	10
Handelt verlässlich, erledigt die Dinge gleich beim ersten Mal richtig	N	1	2	3	4	5	6	7	8	9	10

Abb. 4-8: Bewertungsbogen zur Führung 20/20 *(Fortsetzung)*

4. Die Entwicklung eines Projekts zur 360°-Beurteilung

Umgang mit Ressourcen											
Ergreift die Initiative, bringt Dinge in Bewegung	N	1	2	3	4	5	6	7	8	9	10
Geht auf der Grundlage von Wissen kalkulierte Risiken ein	N	1	2	3	4	5	6	7	8	9	10
Trifft begründete Entscheidungen zur rechten Zeit	N	1	2	3	4	5	6	7	8	9	10
Bringt eine Aufgabe zu Ende, um Ergebnisse zu liefern	N	1	2	3	4	5	6	7	8	9	10
Setzt Ressourcen effizient ein	N	1	2	3	4	5	6	7	8	9	10
Vermittelt eine klare Linie	N	1	2	3	4	5	6	7	8	9	10
Sieht Veränderungen voraus und bereitet sich darauf vor	N	1	2	3	4	5	6	7	8	9	10

Kommentare: _____

Abb. 4-8: Bewertungsbogen zur Führung 20/20 *(Fortsetzung)*

spezielles Feedback zu verschiedenen Bereichen erhalten. Durch die Kombination verschiedener Kompetenzreihen ist ein Fragebogen ganz individuell gestaltet. So kann das Unternehmen den Bewertungsanforderungen bei besonderen Rollen oder Funktionen nachkommen und immer noch einen Fragebogen verwenden, der die wichtigsten Kernkompetenzen für das Unternehmen umfasst.

Individuelle Gestaltung der Fragebögen

Funktionale Kompetenzreihen können für jede bestimmte Funktion oder Rolle entwickelt werden. Technische Fähigkeiten werden oft als funktionale Kompetenzen bei Konstruktionsingenieuren, Experten für Informationssysteme und Wissenschaftlern im Bereich Forschung und Entwicklung verwendet. Ähnlich finden Außendienstmitarbeiter Kompetenzreihen nützlich, die von besonderer Bedeutung für den Verkauf im Außendienst sind.

Einige Unternehmen erläutern Schlüsselkompetenzen sehr ausführlich. CONOCO, Westinghouse und die Equitable Insurance Company verwenden Erläuterungen, in denen für jede Kompetenz extrem hohe und niedrige Leistungen beschrieben werden. Untersuchungen konnten zwar nicht untermauern, dass so ausführliche Erläuterungen für eine verlässliche Beurteilung notwendig sind, doch immerhin stellen die Erläuterungen eine hervorragende Schulung für die Bewerter dar.

Wie ausführlich müssen Erläuterungen sein?

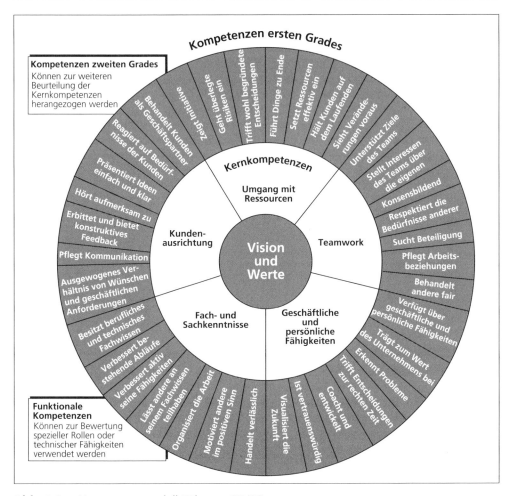

Abb. 4-9: Kompetenzmodell Führung 20/20

Unabhängig davon, welchen Ansatz man verfolgt, sollten die Fragebögen

Unternehmensspezifische Fragen

- die Kompetenzen auf die Leitbilder und Werte des Unternehmens abstimmen,
- sich auf die entscheidenden Verhaltensweisen und Fähigkeiten konzentrieren, die das Unternehmen von anderen auf dem Markt unterscheiden,
- die im Unternehmen übliche Sprache verwenden,

4. Die Entwicklung eines Projekts zur 360°-Beurteilung

- eine einfache Sprache benutzen, die alle Mitarbeiter verstehen,
- ähnliche Inhalte in Gruppen zusammenfassen, zum Beispiel die Kompetenzen im Bereich Teamwork,
- die Kompetenzreihen einfach und kurz halten.

Der Entwurf des Entwicklungsteams für den Fragebogen muss nicht auf Anhieb perfekt sein. Beim Probelauf werden noch Bereiche zu Tage treten, die verändert werden müssen. Für eine maximale Validität sollte man bei der Entwicklung des Instruments

Probelauf für den Fragebogen

- Beschäftigte aus allen Bereichen einbeziehen,
- den Fragebogen vom Entwicklungsteam, der Unternehmensführung, der Rechtsabteilung, der Personalabteilung und den Anwendern überprüfen lassen,
- mit dem Fragebogen einen Vorabtest machen, um Lesbarkeit, Vollständigkeit und Verständlichkeit zu überprüfen,
- mit dem Fragebogen einen Probedurchgang machen, bei dem er von einer neuen Gruppe Beschäftigter oder von betriebsfremden Prüfern getestet wird,
- eine ständige Verbesserung des Fragebogens auf Grundlage der Anwendererfahrungen einplanen.

Im Anhang finden Sie Beispiele für Kompetenzbewertungen bei der 360°-Beurteilung.

4.7.1 Verschiedene Fragebögen und Instrumente

Viele Organisationen kaufen einen standardisierten Fragebogen von einem Unternehmen, das Beurteilungen durchführt. Sie wollen die Entwicklung des Fragebogens überspringen und sofort mit dem Einholen der Rundum-Beurteilung beginnen. Diese weit verbreiteten Standardbögen verwenden allgemeine Kriterien, die sich auf die Führungspositionen in den meisten Unternehmen anwenden lassen. In Abbildung 4-10 werden die standardisierten und individuell angefertigten Fragebögen verglichen.

Standard-Fragebögen

Standardisierte Fragebögen	Individuelle Fragebögen
Nur für Feedback in der Personalentwicklung geeignet	Geeignet für Feedback in der Personalentwicklung, bei der Leistungsbeurteilung oder für beide zusammen
Allgemeine Verhaltensweisen oder -stile	Unternehmens- oder tätigkeitsspezifische Kompetenzen
Externe Validierung	Validierung normalerweise intern
Externe Normen stehen zur Verfügung (können aber ungültig sein)	Nur interne Normen (interne Normen sind glaubwürdig)
Viele Fragebögen sind (zu) lang	Fragebögen jeglicher Länge
Relativ teuer (meist 50 bis 600 Euro bei jedem Gebrauch; Lizenzgebühren sind üblich)	Nicht teuer (einmalige Kosten für Entwicklung, nicht für Gebrauch)
Passen vielleicht nicht zu Leitbildern, Werten oder Kernkompetenzen des Unternehmens	Für die Bedürfnisse des Unternehmens entwickelt, stimmt mit Leitbildern und Werten überein
Sind eventuell zu allgemein gehalten und dadurch nicht glaubwürdig	Spezifische Fähigkeiten und Kompetenzen, glaubwürdig
Sprache kann zu akademisch oder zu allgemein sein, passt eventuell nicht zur Tätigkeit	Verständliche Sprache, glaubwürdig, relevant für Tätigkeitsbereiche
Keine interne Akzeptanz, möglicherweise nur geringe Validität des Inhalts	Hohe Akzeptanz und Validität des Inhalts, da die Mitarbeiter (Anwender) die Kriterien entwickelt haben

Abb. 4-10: Vergleich zwischen standardisierten und individuell angefertigten Fragebögen

Vor der Verwendung eines standardisierten Fragebogens sollte man einige wichtige Faktoren berücksichtigen:

Aspekte bei Verwendung von Standard-Fragebögen

- Wofür werden die Resultate verwendet? Nur für die Personalentwicklung? Für die Leistungsbeurteilung? Oder für beides?
- Für wen wurde der Fragebogen entwickelt? Zur Selbstbefragung? Vorgesetzte? Gleichgestellte? Andere?
- Für wen wurde seine Gültigkeit überprüft?

4. Die Entwicklung eines Projekts zur 360°-Beurteilung

- Wie viele Fragen enthält der Fragebogen?
- Wie lange braucht man, um ihn auszufüllen?
- Wie hoch wird die Prozentzahl der ausbleibenden Antworten wahrscheinlich ausfallen?
- Ist der Fragebogen für das Unternehmen geeignet?
- Was kostet die einmalige Anwendung, wie viel kosten weitere Durchgänge?

Standardisierten Fragebögen fehlen Eigenschaften, die notwendig sein können, wenn man das Instrument für Entscheidungen verwendet, die sich auf die Karriere eines Mitarbeiters auswirken, etwa Überlegungen zu Schulung, Leistung, Vergütung, Beförderung und Versetzung:

- die Validität des Inhalts innerhalb des Unternehmens, das den Fragebogen verwendet
- Bezug zur Tätigkeit, also entscheidende Kompetenzen für effektive Leistung
- Prozessvalidität, darunter Absicherungen, um die Anonymität der Befragten und die Integrität der Daten zu gewährleisten

Dennoch haben einige Unternehmen den Fehler begangen und standardisierte Fragebögen, die sich nur für ein Feedback zur Personalentwicklung eignen, im Leistungsmanagement eingesetzt. Ein gültiger Fragebogen, der für einen ungültigen Vorgang verwendet wird, führt aller Wahrscheinlichkeit nach zu ungültigen Ergebnissen. Standardisierte Fragebögen sind für das Leistungsmanagement nicht geeignet, weil sie nicht die spezifischen Leistungsanforderungen des Unternehmens enthalten. Ein speziell entwickelter Fragebogen eignet sich für das Leistungsmanagement, weil er die Leitbilder und Werte des Unternehmens widerspiegelt und die individuellen Kernkompetenzen des Unternehmens eindeutig vermittelt.

Standard-Fragebogen zur Personalentwicklung darf nicht im Leistungsmanagement verwendet werden

Versuche mit einem standardisierten Fragebogen helfen Unternehmen oft bei der Entscheidung zwischen standardisierten und individuell gestalteten Fragebögen. Mit Erfahrung kann das Entwicklungsteam die Bedeutung erkennen, die die Entwicklung eines individuell gestalteten Fragebogens hat.

4.7.2 Weitere Aspekte bei der Gestaltung des Fragebogens

Bei der Gestaltung des Fragebogens sind noch einige weitere Punkte von Bedeutung.

Verschiedene Skalierungen

Die relative Bedeutung einer Kompetenz

Bei verschiedenen Anwendungen der 360°-Beurteilung, beispielsweise bei der Tätigkeitsanalyse, wird eine Skala für die Bedeutung gebraucht. Dabei wird die relative Bedeutung jeder Kompetenz bewertet. Solche Projekte analysieren oft besonders wichtige Kompetenzen oder Erfolgsfaktoren für bestimmte Tätigkeiten oder Tätigkeitsbereiche. Die daraus resultierende Rangfolge der Kompetenzen für jede Tätigkeit bietet nützliche Entscheidungshilfen bei der Auswahl von Mitarbeitern.

Einige 360°-Feedback-Verfahren verwenden eine Kombination verschiedener Skalen, darunter etwa Bedeutung, Schwierigkeit oder Häufigkeit allein oder zusammen mit der Leistung. So erhielten etwa die 16 000 Mitarbeiter, die bei American Airlines am 360°-Feedback teilnahmen, zu jedem Kriterium Wertungen hinsichtlich der Bedeutung und der Leistung. Bei der Kompetenz „ergreift die Initiative" wurden die Bewerter gefragt:

- Wie wichtig ist es für Ihre Tätigkeit, dass diese Person die Initiative ergreift?
- Welche Leistung erbringt die Person beim Kriterium „ergreift Initiative"?

Bedeutungsskala

Bedeutungsskalen helfen den Feedback-Gebern, das zu betonen, was sie als besonders wichtig erachten. Bedeutungs- und Leistungsskalen in Kombination helfen den Mitarbeitern, sich auf die Bereiche zu konzentrieren, die weiterentwickelt werden müssen. Eine niedrigere Wertung bei der Bedeutung und bei der Leistung kann darauf hinweisen, dass der Entwicklung nur wenig Aufmerksamkeit geschenkt werden muss. Umgekehrt kann eine hohe Wertung bei der Bedeutung und eine niedrige Wertung bei der Leistung einen Mitarbeiter darauf aufmerksam machen, dass er sich so bald wie möglich diesem Bereich zuwenden sollte.

4. Die Entwicklung eines Projekts zur 360°-Beurteilung

Wer ein Projekt zur 360°-Beurteilung entwickelt, sollte bei der Wahl der Skalen folgende Fragen berücksichtigen:

- Erhöhen zusätzliche Skalen den Nutzen? Inwiefern?
- Verstehen die Beteiligten, wie sie Feedback zur Bedeutung interpretieren sollen?
- Ist die zusätzliche Komplexität vertretbar?

Verankerte Einstufungsskalen

Verankerungen helfen den Befragten, die verschiedenen Leistungsstufen einer Skala zu verstehen. Jede Abstufung wird mit einer konkreten Beschreibung verknüpft und so „verankert". Die meisten Skalen haben zumindest an der Spitze und am unteren Ende solche Verankerungen. Im Folgenden wird eine typische Bewertungsskala vorgestellt:

Skalenbereiche verstehen

(9–10)	Eine außergewöhnliche Fähigkeit	Diese Person übertrifft beständig die Erwartungen an ihr Verhalten und ihre Fähigkeiten auf diesem Gebiet.
(7–8)	Eine Stärke	Die Person erfüllt die meisten Erwartungen an ihr Verhalten und ihre Fähigkeiten auf diesem Gebiet, einige übertrifft sie sogar.
(5–6)	Angemessenes Niveau	Die Person erfüllt einen Großteil der Erwartungen an ihr Verhalten und ihre Fähigkeiten auf diesem Gebiet. Allgemein besteht eine positive Einstellung gegenüber Verpflichtungen.
(3–4)	Keine Stärke	Die Person erfüllt einige der Erwartungen an ihr Verhalten und ihre Fähigkeiten auf diesem Gebiet, bleibt jedoch manchmal dahinter zurück.
(1–2)	Geringe Befähigung	Die Person bleibt ständig hinter den Erwartungen an ihr Verhalten und ihre Fähigkeiten auf diesem Gebiet zurück.
(N)		„Nicht anwendbar" oder „wurde nicht festgestellt"

5-Punkte-Skala ungenauer als 10-Punkte-Skala

Obwohl die Verankerungen für eine 10-Punkte-Skala dargestellt sind, kann auch eine 5-Punkte-Skala mit denselben Beschreibungen verwendet werden, allerdings vergibt man dann bei jeder Abstufung nur einen Punkt. Die Höchstpunktzahl 5 zum Beispiel stellt dann „eine außergewöhnliche Fähigkeit" dar, 4 Punkte stehen für „eine Stärke" und so weiter. Die Befragten sollten stets die Möglichkeit haben, nicht zu antworten, etwa mit „weiß nicht" oder „konnte nicht beobachtet werden". Fehlt diese Möglichkeit, liefern die Befragten eventuell ungenaues Feedback, weil sie nicht ausreichend Informationen besitzen, aber das Gefühl haben, sie müssten antworten.

Die Formulierungen für die Beschreibung der Abstufungen haben wenig Einfluss auf die Genauigkeit der späteren Wertungen. Allerdings gibt die Verwendung zu weniger Verankerungen wie beispielsweise nur zwei für das obere und untere Ende der Skala häufig Anlass zu der Beschwerde, dass ein Mittelwert fehle. Häufig werden auch folgende Abstufungen verwendet:

- schwach; mäßig; gut; sehr gut; hervorragend
- nie; selten; manchmal; häufig; immer
- sehr niedrig; niedrig; mittel; hoch; sehr hoch
- überhaupt nicht; gelegentlich; oft; sehr oft; fast immer
- ineffektiv; manchmal effektiv; solide Beiträge; sehr effektiv; außergewöhnlich
- braucht Verbesserung; entwicklungsfähig; entspricht Erwartungen; eine Stärke; beispiellos

Die verschiedenen Abstufungen

- nicht feststellbar; kaum feststellbar; feststellbar; oft feststellbar; immer feststellbar
- trifft nicht zu; trifft eher nicht zu; teils – teils; trifft eher zu; trifft zu
- nicht entscheidend; in gewisser Weise entscheidend; entscheidend; sehr entscheidend; absolut entscheidend
- unbedeutend; von geringer Bedeutung; bedeutend; von großer Bedeutung; ausschlaggebend

Die Verlässlichkeit des 360°-Feedback basiert auf der Tatsache, dass verschiedene Menschen unabhängig voneinander die Skala verwenden. Befragte aus einer ähnlichen Kultur interpretieren die Abstufungen in der Regel sehr einheitlich. Eine Veränderung der Abstufungen führt normalerweise zu sehr ähnlichen Veränderungen bei den Bewertungsresultaten.

4. Die Entwicklung eines Projekts zur 360°-Beurteilung

Allerdings lässt sich dieser einheitliche Gebrauch der Abstufungen nicht auf alle Kulturen übertragen, vor allem wenn die Bewerter eine andere Sprache sprechen. So musste ein Dienstleistungsunternehmen beispielsweise feststellen, dass sich in seiner Niederlassung in Tokio das Antwortmuster der Deutschen von dem Antwortmuster der Mitarbeiter unterschied, die Deutsch als Fremdsprache sprachen oder die einen ins Japanische übersetzten Fragebogen verwendeten. Im Hinblick auf kulturelle Abweichungen in Bewertungen sind noch weitere Untersuchungen nötig.

Vorsicht bei Anwendung in fremden Sprachen

Einige Unternehmen schaffen für jede Kompetenz Verhaltensskalen, die sogenannten BARS (Behaviorally Anchored Rating Scales), und bieten für jeden Punkt auf der Skala ein Beispiel (Abbildung 4-11). Die Entwicklung dieser Verhaltensskalen nimmt viel Zeit in Anspruch, außerdem sind sie normalerweise speziell auf eine Tätigkeit ausgerichtet und erhöhen den Zeitaufwand für Befragte und die Verwaltung. Darüber hinaus tragen sie nur wenig zur Qualität der Leistungsbeurteilung und der 360°-Feedback-Systeme allgemein bei. Rundum-Beurteilungen verdanken ihre Genauigkeit der Methode, dass sie einen Mittelwert aus den Wahrnehmungen vieler unabhängiger Bewerter bilden. Die Genauigkeit der ausführlichen Kommentare zu den Abstufungen spielt dabei keine Rolle.

Kompetenz-Verhaltensskala

Einige Unternehmen haben unausgeglichene Abstufungen ausprobiert, bei denen der Mittelwert unterhalb der Mitte liegt, wie zum Beispiel:

schwach	gut	sehr gut	hervor-ragend	überragend
1	2	3	4	5

Hinter unausgeglichenen Abstufungen steht die Absicht, die Aufmerksamkeit der Befragten auf den unteren Teil der Skala zu lenken, um voraussichtliche Überbewertungen abzuschwächen. Unausgeglichene Skalen sind jedoch weder notwendig noch valide. Untersuchungen haben gezeigt, dass manche Bewerter die unausgeglichene Skala nicht erkennen und sie so verwenden, als sei die Mitte der Durchschnitt. Die Bewerter, die die Skala falsch interpretieren oder gar nicht lesen, werden dann mit den Bewer-

Unausgeglichene Abstufungen

Leistungsträger:

Richtlinien	Wert										Bewertung
	10	20	30	40	50	60	70	80	90	100	
	schwach		mäßig		gut		über Durchschnitt sehr gut			hervorragend	
Kreuzen Sie das Kästchen an, das Ihrer Meinung nach das Verhalten des zu Bewertenden am besten wiedergibt.											
Verantwortung Zeigt Verantwortungsbewusstsein für sein/ihr Handeln (keine Ausflüchte) und das Tun seiner/ihrer Mitarbeiter.	Macht andere für Fehler verantwortlich, streitet ab, dass sein/ihr Handeln zum Endresultat beitrug.		Übernimmt Verantwortung, versucht aber, jemand anderen zu tadeln.		Übernimmt die Verantwortung für *einige* Entscheidungen, die sich auf die Fähigkeit des Teams auswirkten, Hindernisse zu überwinden.		Teilt eigene Fehler anderen Teammitgliedern mit, übernimmt die Verantwortung für sein/ihr Handeln und das Handeln des Teams.			Übernimmt die volle Verantwortung für sein/ihr Team; definiert klare Maßstäbe für die individuelle Entscheidungsfindung und ermutigt dazu; schafft ein lernendes Umfeld.	
Risikobereitschaft Unterstützt andere, die Risiken eingehen, selbst wenn diese scheitern.	Ermahnt Mitarbeiter, wenn die Folgen der eingegangenen Risiken erheblich sind.		Fungiert als Coach, erklärt mir die Folgen der Risiken, die ich eingegangen bin.		Gibt mir rechtzeitig Feedback zu meinem Handeln und unterstützt meine Entscheidungen.		Ermutigt mich, Risiken einzugehen, wenn ich denke, dass Abweichungen von der Unternehmenspolitik unseren Zielen zugute kommen.			Bestärkt alle Mitglieder des Teams, die intelligente Risiken eingehen, durch positive Anerkennung; lobt Erfahrungen, aus denen man lernt.	

4. Die Entwicklung eines Projekts zur 360°-Beurteilung

Partizipatives Management Mitarbeiter dürfen an Planung und Entscheidungsfindung teilhaben.	Informiert uns über Richtung und getroffene Entscheidungen; zeigt wenig Flexibilität, diese Entscheidungen zu ändern.	Beteiligt mich nur in meinem Aufgabenbereich.	Versucht bei Entscheidungen, die die Ergebnisse des Teams beeinflussen, mit der Gruppe einen Konsens zu finden.	Beteiligt Gruppenmitglieder bei einem Großteil der Planung und Entscheidungsfindung.	Strategische Ausrichtung und Entscheidungen werden gemeinsam in der Gruppe unter Leitung des Vorgesetzten beschlossen.
Delegieren und Entwicklung Delegiert anspruchsvolle Aufgaben an Mitarbeiter ihren Fähigkeiten entsprechend.	Keine Begründung für die Aufgaben, die unser Team erhält. Verteilung ist unfair.	Aufgaben entsprechen meinen Kompetenzen.	Versorgt mich mit anspruchsvollen Aufgaben und klaren Anweisungen.	Verteilt anspruchsvolle Aufgaben fair an fast alle Mitglieder der Gruppe.	Inspiriert jeden in der Gruppe, sich neue, anspruchsvolle Aufgaben zu suchen und selbst zu delegieren.
Kommunikation Kommuniziert effektiv, fördert Commitment gegenüber strategischer Ausrichtung der Abteilung.	Informationen wirken gefiltert, man erfährt nur das, was man wissen muss.	Vermittelt Richtungsänderungen, wenn er/sie dazu von der oberen Führungsebene veranlasst wird.	Informiert mich, wie ich zu den strategischen Zielsetzungen der Abteilung beitrage, hält mich über Veränderungen oder neue Brennpunkte auf dem Laufenden.	Fragt aktiv nach Ideen/ Vorschlägen aus der Gruppe oder nach Brennpunkten in der Abteilung und bietet höherer Führungsebene Feedback.	Bietet unserer Gruppe kontinuierlich ungefilterte, aktuelle Informationen und Feedback, das uns die Konzentration auf die Erfüllung unserer Ziele ermöglicht.

Abb. 4-11: Verhaltensskala für Führungsqualitäten. Quelle: Überarbeitete Fassung von Southern California Edison

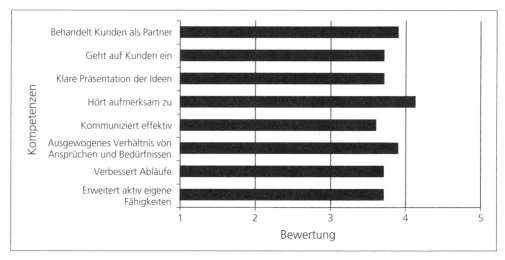

Abb. 4-12: Verhaltensprofil auf einer 5-Punkte-Skala

tern kombiniert, die die Skala genau interpretieren. Daher führen die unausgeglichenen Abstufungen meist zu erheblichen Fehlern seitens der Befragten.

Der beste Rat lautet immer noch, die Fragebögen und ihre Bestandteile so einfach und verständlich wie möglich zu gestalten.

Skalierung

Flaches Profil mit der 5-Punkte-Skala

Wenn eine 360°-Beurteilung den Mitarbeitern Informationen über ihr Verhalten vermitteln und sie zu einem Verhaltenswandel motivieren soll, ist die Verwendung einer breiteren Skala von Nutzen. Schmale Skalen sind für Umfragen mit großen Untersuchungseinheiten geeignet, doch 360°-Feedback-Systeme verwenden Untersuchungseinheiten von vier bis sieben Bewertern, deren Antworten oft nicht allzu stark voneinander abweichen. Eine schmale Skala wie etwa eine 5-Punkte-Skala ergibt flache Profile, die wenig motivierend auf den Mitarbeiter wirken. Bei einer 5-Punkte-Skala ist der typische Mittelwert eine 3,8 und die Wertungsspanne ist begrenzt, meist reicht sie von 3,4 bis 4,2. Wenn sich alle Wertungen gleichen, fällt es dem Feedback-Rezipienten schwer, eine Verhaltensweise zu ändern, die sich

4. Die Entwicklung eines Projekts zur 360°-Beurteilung

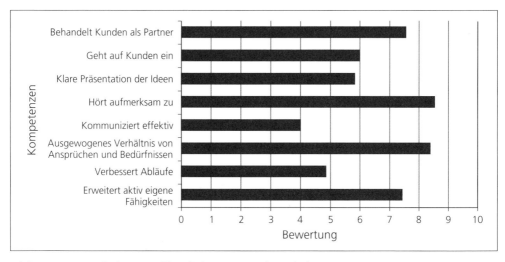

Abb. 4-13: Verhaltensprofil auf einer 10-Punkte-Skala

um weniger als einen halben Punkt von einer Stärke unterscheidet. Außerdem kann bei einer schmalen Skala ein Messfehler die durchschnittliche Wertungsspanne überschreiten. Folglich müssen die Resultate nicht unbedingt in der Absicht der Bewerter liegen, sondern könnten auch durch Zufall oder einen Messfehler zustande gekommen sein.

Eine breitere Skala, etwa eine 10-Punkte-Skala, ergibt deutlich aussagekräftigere Profile, die eine größere Differenz zwischen den einzelnen Verhaltenskriterien aufweisen. Das Profil in Abbildung 4-13, das auf einer breiteren Skala basiert, hat eine ausgeprägtere Form und zeigt größere Unterschiede zwischen hohen und niedrigen Werten als das relativ flache Profil einer 5-Punkte-Skala. Das stärker ausgeprägte Profil motiviert zu einem Verhaltenswandel, da die Differenzen zwischen den Stärken und den Bereichen, die entwickelt werden sollten, deutlicher zu erkennen sind.

Ausgeprägtes Profil auf Grund der 10-Punkte-Skala

Abbildung 4-14 zeigt die typischen Antwortmuster bei verschiedenen Skalierungen. Die Befragten bevorzugen breitere Skalen, weil sie so vor allem am oberen Ende der Skala die unterschiedlichen Nuancen besser zum Ausdruck bringen können. Auch die Feedback-Rezipienten ziehen breitere Skalen vor, weil die Infor-

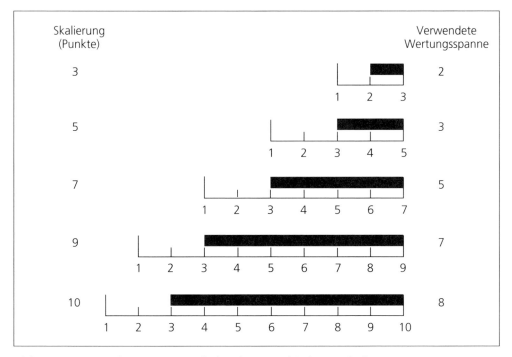

Abb. 4-14: Typisches Antwortverhalten bei verschiedenen Skalierungen

Der Unterschied

mation, die sie erhalten, eindeutig die Stärken und die Bereiche, die weiterer Entwicklung bedürfen, herausstellt.

Für eine 360°-Beurteilung kann jede Skala verwendet werden. Wird damit jedoch das Ziel verfolgt, die Mitarbeiter zu einer Verhaltensänderung zu motivieren, erweist sich eine breitere Skala meist als die bessere Wahl. Denken Sie an die einsichtigen Worte von William James: „Unterschiede, die nicht zwischen zwei Dingen unterscheiden, machen keinen Unterschied."

Die Länge des Fragebogens

Beim Entwurf des Fragebogens sollten Sie immer an die Feedback-Geber denken, vor allem wenn Sie über die Länge des Fragebogens und den damit verbundenen Zeitaufwand beraten. Die wichtigste Frage lautet: „Wie lange widmen sich die Befragten der Aufgabe, anderen ein hochwertiges Feedback zu liefern?"

4. Die Entwicklung eines Projekts zur 360°-Beurteilung

Bedenken Sie, dass jeder Bewerter normalerweise bei jedem Durchgang des 360°-Beurteilungsverfahrens Feedback zu fünf bis zwölf Personen gibt. Je länger ein Fragebogen ist, desto mehr Zeit braucht man, um ihn auszufüllen.

Untersuchungen haben gezeigt, dass die Befragten bereits nach 15 Minuten müde oder frustriert sind. Die Teilnehmer können in einer Minute etwa drei Fragen auf dem Bogen beantworten. Ein vernünftiger Fragebogen zum 360°-Feedback sollte daher 20 bis 35 Items umfassen. Benötigt man für das Ausfüllen doppelt so lang, beantworten auch doppelt so viele Bewerter als sonst den Fragebogen überhaupt nicht, wie wir aus Untersuchungen wissen. Bei einem langen Fragebogen bleiben im zweiten Teil mehr als doppelt so viele Fragen unbeantwortet als im ersten Teil. Außerdem unterscheiden die Bewerter im zweiten Teil dann nicht mehr so genau zwischen den Fragen. Wenn die Befragten müde werden, antworten sie entweder gar nicht mehr oder geben immer die gleiche Wertung ab.

Wie kurz oder lang muss/darf ein Fragebogen sein?

Der richtige Zeitpunkt

Die Frage, wann man eine 360°-Beurteilung durchführt, hängt normalerweise von unternehmensspezifischen Angelegenheiten ab. Die geläufigste Methode ist ein zentraler Termin für alle, an dem über einen Zeitraum von sechs Wochen das Feedback durchgeführt wird. Ein zentraler Termin reduziert den Verwaltungsaufwand, da das Projekt an einem Stück durchgezogen wird. Allerdings kann ein derartiger Zeitplan für einige Bewerter auch einen hohen Arbeitsaufwand mit sich bringen, falls sie an verschiedenen Bewertungen teilnehmen müssen.

Sechs Wochen sollten genügen

Wenn das 360°-Feedback mit Gehaltsentscheidungen verbunden ist, nehmen einige Unternehmen den Jahrestag der Einstellung als Anlass für eine Bewertung. Ein etwas einfacheres Verfahren wurde von OXY USA entwickelt. Dabei wird das Feedback viermal pro Jahr angesetzt. Wessen Einstellung sich im zweiten Quartal jährt, erhält im ersten Quartal Feedback. Der vierteljährliche Zeitplan ist überschaubar und bietet rechtzeitiges Feedback für die jährliche Leistungsbeurteilung.

Feedback – wie oft?

Feedback nicht öfter als zweimal im Jahr

Ein weiterer Aspekt zum richtigen Zeitpunkt ist die Frage, wie oft man das Verfahren einsetzen soll. Viele Entwicklungsteams denken anfänglich, sie würden das 360°-Feedback drei- bis viermal im Jahr durchführen. Nach einigen Erfahrungen mit dem Vorgang werden sie meist etwas zurückhaltender. Viele Unternehmen und Organisationen wenden die Rundum-Beurteilung einmal im Jahr an, andere zweimal – einmal für die Personalentwicklung und einmal für die Leistungsbeurteilung. Untersuchungen haben gezeigt, dass sich das Verhalten nur geringfügig ändert, wenn ein Feedback häufiger als zweimal im Jahr erfolgt. Die Anwender erkennen rasch, wie wenig sich das Verhalten in kurzen Zeitabschnitten ändert, und sind nicht bereit, Feedback zu einer nahezu gleichen Bewertungsgrundlage zu geben.

Pflicht: ein Feedback pro Jahr

Das Aufkommen automatisierter Online-360°-Feedback-Verfahren führte zu einer neuen vernünftigen Praktik, bei der eine Bewertung im Jahr Pflicht ist und zusätzliche Bewertungen auf Anregung der Führungskräfte oder Mitarbeiter durchgeführt werden, wenn sie erforderlich sind. Passt man die Wahl des Zeitpunkts den Bedürfnissen der Benutzer an, ist das Verfahren flexibel und dient den verschiedensten Ansprüchen im Bereich der Bewertung und Personalentwicklung.

4.8 Ein Modell für die Systementwicklung

Checkliste

Das SUCCESS-Modell bietet eine Checkliste für die Entwicklung eines 360°-Beurteilungssystems. Die Elemente der Verfahrensentwicklung sollten jeden der SUCCESS-Faktoren optimieren, um die Ziele des Projekts zu erreichen, vernünftige Maßstäbe zu schaffen und die Zufriedenheit der Benutzer zu erhöhen.

Das SUCCESS-Modell

Simple (einfach)	Leicht zu verstehen und zu verwenden
Understandable (verständlich)	Benutzer verstehen, was sie tun sollen, warum und wie sie es tun sollen
Competency driven (kompetenzorientiert)	Basiert auf den unternehmensspezifischen Kompetenzen

4. Die Entwicklung eines Projekts zur 360°-Beurteilung

Communicates clearly (eindeutige Kommunikation)	Vermittelt wichtige Verhaltensweisen und Kompetenzen
Equitable (fair)	Fair gegenüber allen Teilnehmern
Shares the Vision (bezieht die Vision ein)	Bringt Verhaltensweisen mit Unternehmensleitbildern und -werten in Einklang
Sustains Enthusiam (fördert Enthusiasmus)	Motiviert zu Verhaltenswandel, unterstützt ihn

4.9 Überlegungen in der Anfangsphase

Effektive 360°-Feedback-Projekte kommen nicht einfach so zustande. Ein erfolgreiches Verfahren erfordert eine sorgfältige Konzeption der einzelnen Elemente und eine intensive Beteiligung der Anwender. Die Planung der spezifischen Anwendung und die Entwicklung der Kernkompetenzen sind logische erste Schritte bei diesem Vorgang.

Konzeption und Planung

5. Die Anwendung der 360°-Beurteilung

*Wenn Gewinnen nicht wichtig ist, warum macht sich
dann jeder die Mühe und zählt die Punkte?*
Adolph Rupp, Basketballtrainer,
University of Kentucky

*Der fähigste Mensch, den ich je getroffen habe,
ist der Mensch, für den man sich selbst hält.*
Franklin D. Roosevelt

Wenn sich ein Unternehmen für die Anwendung der 360°-Beurteilung entschieden und Fragebögen entworfen hat, kann der Feedback-Prozess beginnen. Bei der Durchführung geht es jedoch um mehr als nur um die Verteilung von Fragebögen und Bleistiften. Sie umfasst vielmehr zahlreiche Elemente, die von der Auswahl der Bewertungsteams bis zur Umsetzung der Aktionspläne reichen.

5.1 Die Auswahl der Bewertungsteams

Die Anwender beschäftigen sich natürlich mit der Frage, was bewertet wird und wer die Bewertung durchführen wird. Normalerweise gestaltet das Entwicklungsteam ein Verfahren und bestimmt, wer das Feedback zu jeder Person liefern wird. Die Richtlinien sehen meist die Auswahl von sechs oder mehr Teilnehmern vor: Vorgesetzte, Kollegen, direkt unterstellte Mitarbeiter, interne Kunden oder andere, die sich in der Position für ein fundiertes Feedback befinden.

Teilnehmer aus allen Richtungen

Einige Unternehmen empfehlen aus unternehmenspolitischen Gründen oft zusätzliche Feedback-Geber. Manchmal wollen sie auch einfach nur mehr Teilnehmer hinzuziehen. So wollen Führungskräfte häufig mindestens ihren Manager, vier Kollegen und vier direkt unterstellte Mitarbeiter beteiligt wissen. Da man für das Feedback aus jeglicher Perspektive mindestens drei Antwor-

5. Die Anwendung der 360°-Beurteilung

ten braucht, wählen Vorgesetzte im Allgemeinen vier oder mehr Feedback-Geber. Die Mindestzahl der Antworten soll die Anonymität derjenigen gewährleisten, die das Feedback liefern.

Aus messtechnischer Sicht ist es unnötig, dass Bewertungsteams aus mehr als sechs Personen bestehen. Zusätzliche Beteiligte bieten keine neuen Informationen, sondern wiederholen nur, was die anderen bereits berichtet haben. Außerdem benötigen größere Bewertungsteams für den gesamten Vorgang erheblich mehr Zeit. Schon bei geringerer Größe repräsentieren Bewertungsteams verschiedene Perspektiven, etwa die der Kollegen und direkt unterstellten Mitarbeiter, was zu Variationen im Feedback führen kann. Wenn man also Teammitglieder mit verschiedenen Perspektiven wählt, erhält man oft zusätzliche wichtige Informationen.

Mehr als sechs Leute im Bewertungsteam braucht man nicht

Die folgenden Fragen können bei der Auswahl der Mitglieder für die Bewertungsteams helfen:

- Welche Sicherungen bei der Vorgehensweise und Auswahl schaffen ein Maß an Fairness, das von allen anerkannt wird?
- Welche Vorgehensweise erbringt die für die Anwender verlässlichsten Ergebnisse?
- Mit wie vielen anderen Personen haben die meisten Mitarbeiter ausreichend Kontakt, um ein hochwertiges Feedback geben zu können?
- Wer kann beurteilen, welche Mitarbeiter glaubwürdiges Feedback liefern?
- Wie geht man mit „besonderen Bedingungen" um?

Auswahlaspekte

Zu den „besonderen Bedingungen" gehören Personen, die nur mit wenigen anderen interagieren, die nur zu direkt unterstellten Mitarbeitern, aber nicht zu Kollegen Kontakt haben, oder die in Abteilungen arbeiten, die nur über kurze Zeit mit vielen verschiedenen internen Kunden Kontakt haben.

Meistens darf sich jeder Angestellte sein Bewertungsteam auswählen, wobei der direkte Vorgesetzte ein Vetorecht besitzt. Die Restaurantkette Houlihan fügte bei der Auswahl der Beteiligten ein Kriterium hinzu, das mittlerweile für viele 360°-Feedback-Projekte übernommen wurde: Die Vorgesetzten dürfen dem von den Mitarbeitern gewählten Bewertungsteam noch jeman-

Vetorecht des Vorgesetzten

den hinzufügen, aber niemanden davon abziehen. Die Mitarbeiter halten diese Regel für fair, weil sie vom Vorgesetzten unterstützt, aber nicht überstimmt werden können.

5.2 Schulung Teil I: Wie man anderen Feedback gibt

Das oberste Gebot bezüglich der Schulungsrichtlinien ist einfach: Investieren Sie in Schulungen oder vergessen Sie das 360°-Feedback. Viele Anwender von Rundum-Beurteilungssystemen verzichten auf Schulungen in der Annahme, der Vorgang sei so einfach, dass Training unnötig sei. Und dann fragen sie sich, warum die Mitarbeiter das neue Modell nicht unterstützen.

Anfängliche Skepsis

Die Benutzer stehen der Möglichkeit, Feedback zu geben und zu erhalten, im Allgemeinen mit einer gewissen Skepsis gegenüber. Eine Schulung darüber, wie man Feedback erteilt und erhält und so den Nutzen dieser Maßnahme deutlich macht, kann Mitarbeitern die anfänglichen Zweifel nehmen. Die Anwender nicht einzuweisen ist also ein schweres Versäumnis.

Bei der Anfangsschulung „Wie man anderen Feedback gibt" wird den Mitarbeitern die 360°-Beurteilung vorgestellt, die einzelnen Schritte werden verdeutlicht und den Beteiligten wird gezeigt, wie man Feedback-Bögen zum Verhalten ausfüllt. Folgende häufig auftretende Fragen der Benutzer werden bei einer ersten Schulung beantwortet:

Mögliche Anwenderfragen

- Was ist das 360°-Feedback?
- Warum verwendet der Betrieb dieses neue Modell?
- Was bringt es für den Einzelnen?
- Wie kann ich sicher sein, dass meine Beurteilungen anonym bleiben?
- Wer sieht die Ergebnisse und wie werden die Ergebnisse verwendet?
- Wie gebe ich Feedback?
- Welche Rolle übernehme ich dabei, welche Verantwortung habe ich?
- Wie lange dauert der Vorgang?
- Wie kann ich als Befragter Fehler vermeiden?
- Wie ist gewährleistet, dass der Vorgang fair ist?

5. Die Anwendung der 360°-Beurteilung

Bei der Schulung sollte klargestellt werden, ob die Mitarbeiter bereits Erfahrungen mit Gruppen- oder Rundum-Beurteilungen auf einem anderen Gebiet gesammelt haben. Tatsächlich stellt sich oft heraus, dass viele Beteiligte bereits Bekanntschaft mit solchen Verfahren gemacht haben – sei es bei der Beurteilung im Rahmen eines Wettbewerbs, bei der Auswahl von Gruppenleitern im Beruf oder in der Vereinsarbeit, bei der Entscheidung über Projekte oder bei der Beurteilung von Verkäufern. Wenn man auf Erfahrungen mit ähnlichen Rundum-Beurteilungssystemen aufbauen kann, stärkt dies das Vertrauen in das gesamte Projekt. In jedem Fall sollten mindestens 20 Minuten dieser etwa zweistündigen Schulungseinheit den Fragen und Antworten der Beteiligten gewidmet sein.

5.3 Die Durchführung der Bewertungen

Die Bewertungen sollten fair, schnell und einfach durchgeführt werden. Die Beteiligten wollen ein zweckmäßiges Verfahren, das ein faires Ergebnis erbringt. Zu arbeitsintensiv gestaltete 360°-Feedback-Verfahren finden keine Unterstützung, da niemand die erforderliche mühselige Arbeit auf sich nehmen will. Das 360°-Beurteilungssystem muss einfach sein, sonst entstehen schon bei der Durchführung Fehler.

Schnell und einfach

Das Ausfüllen der Bögen sollte weniger als 15 Minuten in Anspruch nehmen. Da die meisten Befragten ein Feedback für fünf bis zwölf andere Mitarbeiter geben, ist die Ermüdung ein wichtiges Kriterium. Die Befragten sollten die Zeit, die sie zum Ausfüllen der Bögen brauchen, auf eine Stunde beschränken. Ein fundiertes Feedback erfordert einige Mühe, daher sollte man die Befragten ermutigen, sich bei dieser Aufgabe nicht stören zu lassen.

5.3.1 Die Form der Datenerfassung

Die Feedback-Informationen können auf verschiedene Weise erfasst werden: Fragebögen in Papierform, maschinenlesbare Erhebungsbögen (bei denen die Befragten Kreise mit Bleistift ausfüllen) oder eine automatisierte Datenerfassung, die etwa per

Vom Papierbogen zur elektronischen Erfassung

E-Mail, Diskette oder online erfolgen kann. Die Vor- und Nachteile der verschiedenen Methoden zur Datenerfassung werden in Abbildung 5-1 dargestellt. Die elektronische Erfassung senkt den Verwaltungsaufwand, verbessert das Vertrauen der Befragten in die Wahrung ihrer Anonymität und gilt allgemein als zeitsparender. Tests, bei denen die Personen ihre Antworten entweder auf Papier oder elektronisch erteilen konnten, ergaben, dass 19 von 20 Personen die elektronische Eingabe bevorzugten.

Die meisten Organisationen entscheiden sich bei der Erfassung für eine Mischform. Beim informellen Pilotprojekt werden einfache Papierbögen verwendet. Schnellere und sicherere Methoden, die zum Beispiel auf Disketten oder Netzwerken basieren, kommen zum Einsatz, wenn der Formalisierungsgrad des Beurteilungsprozesses höher wird. Schematisierte Zählmethoden erfordern ein hohes Maß an Datensicherheit und eine administrative Komplexität, die mit Papierbögen nur schwer oder gar nicht zu erreichen sind. Im Jahr 1995 antworteten 10 Prozent der Beteiligten, die ein auf dem PC basierendes System verwendeten, aus Angst vor dem Computer oder auf Grund mangelnden Zugangs immer noch auf dem Papier. Daher umfassen die meisten 360°-Beurteilungssysteme verschiedene Methoden zur Erfassung des Feedback.

Bevor Sie sich für eine bestimmte Feedback-Methode entscheiden, sollten Sie sich die Vorteile der Computererfassung gegenüber der Erfassung auf Papier vergegenwärtigen. Online-Verfahrensweisen

Vorteile der Computererfassung

- stärken das Vertrauen in die Anonymität der Beteiligten,
- steigern die Zahl ausführlicher Kommentare bei jedem Beteiligten um das Vier- bis Sechsfache,
- gelten bei den Beteiligten als schneller und bequemer,
- können direkte Hilfe und Anweisungen per Bildschirm erteilen und so Fehler bei der Antwort vermeiden,
- ermöglichen, dass „Nachzügler" erkannt und daran erinnert werden, die ihnen zugewiesenen Bögen auszufüllen,
- ermöglichen die Übersetzung von Kompetenzen in andere Sprachen für die Benutzer, die kein Deutsch sprechen,
- reduzieren den Verwaltungsaufwand erheblich,
- verringern die Fehlerquote bei der Datenerfassung.

5. Die Anwendung der 360°-Beurteilung

Methode	Nachteile	Vorteile
Papier	• erheblicher Verwaltungsaufwand • Verunsicherung in Bezug auf Anonymität • Ausfüllen ist teuer und fehleranfällig • wenige ausführliche Kommentare	• leicht zu erstellen • erfordert geringe oder gar keine Schulung
Maschinenlesbare Erhebungsbögen (Papier)	• erheblicher Verwaltungsaufwand • Verunsicherung in Bezug auf Anonymität • teure Erhebungsbögen: Druckdauer fünf bis acht Wochen • fast keine ausführlichen Kommentare • wenige Sicherungen	• geringe oder gar keine Schulung erforderlich • niedrige Fehlerquote bei der Dateneingabe
Telefon (Befragte antworten per Telefon und verwenden dabei die Tastatur)	• keine Zeitersparnis (Benutzer füllen Fragebögen auf Papier aus und verwenden die Telefoneingabe) • Befragte nehmen Eingabe vielleicht nicht ernst, schaffen dadurch falsches Feedback • Verunsicherung in Bezug auf Anonymität • fehlerhafte Eingabe möglich • keine ausführlichen Kommentare	• leicht zu vermitteln • hervorragender Zugang (jeder hat Zugang zu einem Telefon) • besonders für die Beiträge der externen Kunden geeignet
Fax (Benutzer antworten auf dem Papier und faxen die Bewertungen)	• Verunsicherung in Bezug auf Anonymität • ist Fehlern unterworfen • keine ausführlichen Kommentare	• leicht zu vermitteln • hervorragender Zugang • besonders für die Beiträge der externen Kunden geeignet

Abb. 5-1: Die Vor- und Nachteile verschiedener Methoden der Datenerfassung

Methode	Nachteile	Vorteile
E-Mail (Benutzer antworten per E-Mail)	• Verunsicherung in Bezug auf Anonymität • ist Fehlern unterworfen • keine ausführlichen Kommentare	• leicht zu vermitteln • besonders geeignet für ausführliche Kommentare
Diskette (Benutzer antworten auf PC-Diskette, Daten werden aus Sicherheitsgründen verschlüsselt)	• erfordert spezielle Software • erfordert Zugang zu einem PC	• leicht zu vermitteln (10 Minuten) • schnellere Antwort als auf Papier • Anonymität gesichert • umfasst möglicherweise direkte Hilfe am Bildschirm, Definitionen von Kriterien und Beschreibung der Skalen • sehr benutzerfreundlich • erhöht die Zahl der ausführlichen Kommentare im Vergleich zu Papier um das Vier- bis Sechsfache • ermöglicht jederzeit automatisierte Umfragen
LAN oder WAN (lokale oder öffentliche Netze)	• erfordert Zugang zu einem Netzwerk-PC • Anfangskosten höher als bei Diskette	• leicht zu vermitteln (10 Minuten) • schnellere Antwort als auf Papier • Anonymität gesichert • umfasst möglicherweise direkte Hilfe am Bildschirm, Definitionen von Kriterien und Beschreibung der Skalen • sehr benutzerfreundlich • erhöht die Zahl der ausführlichen Kommentare im Vergleich zu Papier um das Vier- bis Sechsfache • ermöglicht jederzeit Online-Umfragen

Abb. 5-1: Die Vor- und Nachteile verschiedener Methoden der Datenerfassung *(Fortsetzung)*

5. Die Anwendung der 360°-Beurteilung

Umfragen unter den Benutzern haben gezeigt, dass die Befragten ihrer Ansicht nach den Bewertungsteil bei Online-Fragebögen schneller ausfüllen können als bei Papierbögen. Außerdem hat sich herausgestellt, dass die Befragten online wesentlich häufiger und deutlich ausführliche Kommentare abgeben als auf dem Papier. Die Automatisierung bietet eine größere Flexibilität, mit der man sich den spezifischen Bedürfnissen des jeweiligen Unternehmens besser anpassen und so die Qualität des Feedback verbessern kann.

Online-Fragebögen werden sorgfältiger bearbeitet

Intel war der Meinung, dass eine Bewertung auf dem Papier nicht nur zu zeitaufwendig und damit zu kostspielig sei, sondern auch dem Ziel des Unternehmens, das papierfreie Büro zu schaffen, widerspreche. Mit Hilfe des Online-Fragebogens benötigten die Befragten nur noch einen Bruchteil der Zeit, die sie für die herkömmliche Bewertung auf Papier aufwenden mussten.

Die Fluggesellschaft American Airlines verwendet das 360°-Feedback schon seit 1987. Über 16 000 Mitarbeiter haben am „Committing to Leadership"-Prozess teilgenommen, zu dem eine 360°-Beurteilung von Kollegen und direkt unterstellten Mitarbeitern gehört. Die Teilnehmer verbrauchen bei jedem Bewertungsprozess durchschnittlich 47 Blatt Papier einschließlich der Anleitung, Umschläge und Fragebögen. Außerdem erhalten sie 9 bis 21 Seiten an Feedback-Berichten. Eine automatisierte Bewertung ist bei diesem Projekt durchaus sinnvoll, denn dadurch werden etwa eine Million Blatt Papier gespart: 752 000 Seiten bei der Verwaltung der Bögen und 240 000 Seiten bei den Berichten.

1 Mio. Blatt Papier gespart!

Die folgenden Fragen helfen bei der Entscheidung für oder gegen eine bestimmte Methode:

- Können die Teilnehmer mit einem Computer umgehen? Wenn nicht, brauchen sie eine Schulung?
- Hat jeder Zugang zu einem PC im Arbeitsbereich?
- Sind ausführliche Kommentare wichtig?
- Sind für die Durchführung auf Papier ausreichend Ressourcen vorhanden?

Fragen zu den Erfassungsinstrumenten

5.3.2 Sicherungen für die Datenerfassung

Die Datenerfassung sollte geschützt sein, damit sich die Quelle des jeweiligen Feedback nicht mit einem Mitarbeiter in Verbindung bringen lässt. Die Verwendung einer ungeeigneten Methode zur Datenerfassung wie zum Beispiel eine Telefonumfrage, bei der die Anonymität der Befragten nicht gewährleistet ist, führt zu falschen Angaben und untergräbt die Integrität des gesamten Vorgangs. Wenn die Befragten nicht das Gefühl haben, dass ihre Angaben absolut anonym bleiben, verweigern sie entweder die Teilnahme oder liefern übertrieben positive Bewertungen. Eine mangelnde Sicherung der Anonymität wirkt sich auf beide Seiten des Vorgangs negativ aus: Die Feedback-Geber trauen dem Vorgang nicht und diejenigen, die das Feedback erhalten, trauen nicht dem, was sie lesen.

Anonymität der Befragten wichtig

5.4 Die Auswertung und Meldung der Ergebnisse

Organisationen müssen mit den Ergebnissen sorgfältig umgehen. Daten, die zwar effektiv erfasst, aber unsachgemäß ausgewertet oder weitergeleitet wurden, können zu fehlerhaften Informationen führen. Informelle und formelle Auswertungsmethoden bieten nützliche Informationen.

5.4.1 Informelle Auswertung

Die Berechnung einer Rundum-Beurteilung für eine kleine Gruppe lässt sich leicht mit einem Taschenrechner, einem Tabellenkalkulations- oder Datenverwaltungsprogramm oder einem anderen Erhebungssystem durchführen. Diese Methoden sind einfach, schnell und billig. Allerdings funktionieren solche Systeme nur beim Feedback zur Personalentwicklung, da sie auf Grund der kleinen Untersuchungseinheiten Daten mit erheblichen Fehlern melden können. Bei der informellen Auswertung werden die Antworten aus verschiedenen Quellen für jeden Mitarbeiter einfach zusammengetragen. Daraus wird dann ein zusammenfassender Bericht erstellt.

Informelle Methoden nur für Feedback zur Personalentwicklung

5. Die Anwendung der 360°-Beurteilung

Das informelle Feedback-System eines Elektronikherstellers versagt kläglich

Ein Elektronikhersteller verwendete ein System, bei dem die Antwortbögen und Kommentare der Angestellten dem Vorgesetzten übergeben wurden. Dieser erstellte einen zusammenfassenden Bericht für jeden direkt unterstellten Mitarbeiter. Das System kostete die Organisation nichts, war aber für die Führungskräfte eine schwere Belastung. Außerdem hatten die Befragten das Gefühl, dass ihre Anonymität nicht gewährleistet war, weil die Bögen direkt an den Vorgesetzten gingen. Folglich waren die Ergebnisse nach oben hin verzerrt, die Kommentare waren neutral und besaßen nur eine geringe Aussagekraft für die Mitarbeiter.

Viel Arbeit, wenig Gewinn

Das Unternehmen versuchte, den Grad der Anonymität zu erhöhen und forderte die Führungskräfte auf, die ausführlichen Kommentare zu redigieren. Das war gut gemeint, bewirkte jedoch genau das Gegenteil. Die Mitarbeiter wollten keine veränderten Kommentare zurückbekommen. Sie beschweren sich, dass die Aussage durch die Bearbeitung manipuliert werden könnte und dass sie den Inhalt des eigentlichen Kommentars dann nicht erfahren würden. Außerdem bereinigten manche Vorgesetzte die Kommentare erheblich, andere dagegen veränderten überhaupt nichts. Und schließlich waren Erfassung und Bearbeitung der Kommentare sehr mühsam und führten zu orthografischen und inhaltlichen Fehlern.

Die Folge war, dass die Integrität und Akzeptanz der Rundum-Beurteilung stark litten. Das Unternehmen kam zu dem Ergebnis, dass weniger als zehn Prozent der Benutzer mit dem informellen Rundum-Beurteilungssystem zufrieden waren.

5.4.2 Formelle Auswertung

Die formelle Auswertung geht über die einfache Tabellenkalkulation und andere statistische Erhebungssysteme hinaus und verwendet die besten verfügbaren wissenschaftlichen Methoden zur Auswertung von Umfragen mit kleinen Untersuchungseinhei-

Vertrauenbildende Maßnahmen

Fehler werden eliminiert

ten. Formelle Auswertungssysteme korrigieren voraussichtliche Verzerrungen wie zum Beispiel ungültige Antworten und erkennen fehlerhafte Daten wie etwa Absprachen unter den Befragten. Ein Unternehmen, das ein 360°-Feedback für ein leistungsfähigeres Management und Gehaltsentscheidungen nutzen will, aber keine formelle Bewertungsmethode verwendet, wird diesen Entschluss schon bald bereuen. Die Datenfehler vervielfachen sich und die Benutzer haben kein Vertrauen mehr in ihr Verhaltens-Feedback.

5.5 Sicherungsmechanismen bei der Auswertung

Computergestützte Analyse

Entsprechende Sicherungen erhöhen die Fairness der 360°-Feedback-Information. Anders als bei den herkömmlichen Bewertungssystemen können Rundum-Beurteilungssysteme mit Hilfe der computergestützten Analyse Befragte, die ungültige Antworten geben, erkennen und ausschließen. Die Urteile, die von allen anderen deutlich abweichen, werden aufgezeigt.

Ausreißer

Ein in seinen Angaben stark abweichender Befragter oder Ausreißer kann das durchschnittliche Ergebnis erheblich verzerren, weil es oft nur wenige Befragte gibt. (Die Bezeichnung Ausreißer leitet sich davon ab, dass die ungewöhnliche Antwort erheblich von den anderen Ergebnissen abweicht.) Berücksichtigt man die Wertung des Ausreißers, spiegelt das Resultat nicht die kollektive Absicht der Befragten. Das Ergebnis wäre verzerrt, und das möglicherweise nur, weil ein Befragter absichtlich Fehler machte.

Der erhebliche Einfluss, den ein Ausreißer bei Wertungen mit kleinen Untersuchungseinheiten haben kann, ist in Abbildung 5-2 dargestellt. Alle Befragten geben die Wertung 8, nur ein Befragter, der Ausreißer, erteilt die Wertung 1. Wenn die Untersuchungseinheit groß ist – 32 oder auch noch 16 Befragte –, können die zahlreichen anderen Wertungen die Auswirkungen der einen abweichenden Antwort ausgleichen. Bei 32 Befragten beträgt der Durchschnitt 7,78 und weicht also nicht weit von 8 ab. Allerdings verzerrt der eine abweichende Befragte den Durchschnitt auf 6,25, wenn nur drei weitere Wertungen den Einfluss des Ausreißers ausgleichen. Herkömmliche Erhebungsmethoden

5. Die Anwendung der 360°-Beurteilung

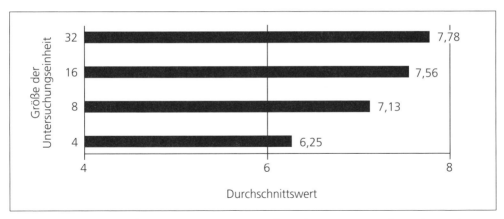

Abb. 5-2: Die Auswirkungen, wenn ein Ausreißer mit „1" wertet, alle anderen aber mit „8" werten

erfordern eine hohe Zahl an Untersuchungseinheiten, denn nur dann können sie verlässliche Ergebnisse vorweisen.

Beim 360°-Feedback sieht die Sache dagegen ganz anders aus. Wenn die stark abweichende Bewertung nicht ausgeklammert wird, erhalten die Angestellten Ergebnisse, die erhebliche Fehler aufweisen. Leider betreffen diese Fehler besonders diejenigen, die sehr gut oder sehr schlecht abschneiden – genau die Mitarbeiter, bei denen man aus Gründen der Motivation und personalpolitischer Überlegungen wie Gehaltserhöhungen und Beförderungen eine genaue Bewertung am nötigsten braucht.

Falsche Ergebnisse durch abweichende Bewertungen

Ein Unternehmen muss sich mit dem Einfluss eines Ausreißers auseinander setzen

Der Präsident einer großen Firma machte sich erstmals Gedanken über Rundum-Beurteilungssysteme, als eine ranghohe Vizepräsidentin sehr niedrige Werte erhielt. Die Frau hatte eine steile Karriere hinter sich und verfügte über einen ausnahmslos hervorragenden Ruf. Fast jeder hielt sie für die aussichtsreichste Anwärterin auf den Präsidentenposten. Der Präsident ordnete eine nochmalige Prüfung des informellen Beurteilungsvorgangs an, weil das Ergebnis so stark von der scheinbar gängigen Vorstellung abwich.

Einseitige Benutzung der Skala

Die Analyse ergab eine Reihe von Fehlern, die zu dem niedrigen Ergebnis geführt hatten. Die Datenerfassung war über das Telefon unter Verwendung der Tastatur ohne Absicherungen wie etwa die Garantie der Anonymität der Befragten erfolgt. Daher rangierten die Wertungen der meisten Mitarbeiter ganz oben auf der Skala. Die Verzerrung der Skala nach oben wurde durch die Verwendung einer 5-Punkte-Skala noch schlimmer, da fast alle die beiden oberen Punkte der Skala benutzten.

Die Wirkung eines einzigen Ausreißers

Die spezielle Analyse der Situation der Vizepräsidentin zeigte, dass sie von drei Befragten fast einheitlich hohe Wertungen erhalten hatte, von einem anderen jedoch nur schlechte. Obwohl sie ein Bewertungsteam aus neun Mitgliedern ausgewählt hatte, antworteten nur weniger als die Hälfte der Befragten. Das Antwortmuster, bei dem nur die niedrigsten Punktzahlen auf der Bewertungsskala vergeben worden waren, war eindeutig ungültig, denn niemand konnte überzeugend darlegen, dass der Unternehmensstar bei jeder Kompetenz nur ein „Unbefriedigend" erreichte. Trotzdem wirkte sich diese offensichtlich ungültige Bewertung erheblich auf das Gesamtergebnis aus. Und da fast alle anderen Mitarbeiter ebenfalls hohe Punktzahlen erhalten hatten, drückte der einzige Ausreißer das Ergebnis der Vizepräsidentin in das untere Viertel aller Beteiligten.

Dieses Ergebnis war von den anderen Bewertern eindeutig nicht beabsichtigt worden, schließlich hatten sie die Vizepräsidentin einhellig sehr positiv bewertet. Doch eine Person, die in der Vizepräsidentin vermutlich eine Rivalin sah, vernichtete sie. Solche Antworten sind eindeutig ungültig und sollten aus der Rundum-Beurteilung herausgenommen werden. Der Vorgang wurde verändert; man glättete die Bewertungen, verwendete andere Sicherungsmechanismen und erhöhte so die Wahrscheinlichkeit, dass die allgemeine Sichtweise bei der nächsten Bewertung stärker vertreten war.

Die Glättung ist eine nützliche Sicherung, denn dabei bleiben die extrem hoch und niedrig ausfallenden Wertungen unberücksichtigt; fast alle Ausreißer werden so entfernt. Die Glättung der höchsten und niedrigsten Wertungen bietet drei wesentliche Vorteile: Man erhält einen stabileren Mittelwert, vermeidet, dass die Befragten sich schuldig fühlen, weil sie jemanden verletzen könnten, und erhöht die Anonymität der Befragten. Klammert man die extrem hohen und niedrigen Wertungen aus, erhält man bei kleinen Untersuchungseinheiten ein stabileres Mittel, als wenn man den einfachen Mittelwert oder Durchschnitt ausrechnet. Die Methode wird auch „Olympic Scoring" genannt, weil man sie zur Förderung der Fairness bei den Olympischen Spielen dafür verwendet, nationalistische Tendenzen zu mildern.

Glättung

Die Befragten wollen im Allgemeinen ehrlich sein und liefern positive und negative Informationen. Sie wollen jedoch nicht dafür verantwortlich sein, die Karriere eines anderen zu zerstören. Die Glättung mildert diese Sorge, denn wenn ein Urteil zu stark abweicht, wird es ausgeklammert. Nur wenn mehrere Leute ähnlich denken, erhalten andere ein kritisches Feedback.

Am wichtigsten ist vermutlich, dass eine Glättung der Werte die Anonymität der Befragten erhöht. Da die Wertung eines jeden gestrichen werden kann, ist es unmöglich, einen Einzelnen für die Kritik verantwortlich zu machen. Umfragen unter den Anwendern haben gezeigt, dass neun von zehn Befragten eine Glättung bevorzugen.

Kritisiert wird bei der Glättung allerdings, dass wertvolle Informationen verloren gehen. Diesem Argument kann man entgegentreten, indem man die ausführlichen Kommentare der geglätteten Antworten behält.

5.5.1 Interne oder externe Auswertung?

Unternehmen müssen sich entscheiden, ob sie Daten intern oder extern erfassen und auswerten wollen. Beide Methoden haben Vor- und Nachteile.

Hinter dem Entschluss für eine externe Auswertung steht oft der Wunsch, die Anonymität der Befragten zu schützen, da dann die Rohdaten nicht im Unternehmen verbleiben. Wenn ein Außenstehender die mühsame Verwaltung der Daten übernimmt, haben nur Betriebsfremde Zugang zu den Wertungen. Das steigert nicht nur die Anonymität, sondern nimmt auch die Befragten

Externe Auswertung kommt dem Wunsch nach Anonymität entgegen

oder einen internen Projektbetreuer aus der Verantwortung. Der Nachteil einer externen Auswertung besteht in den erheblichen und immer wiederkehrenden Kosten.

Glücklicherweise haben die Fortschritte in der Technik diesen Vorgang verbessert. Die Ausgliederung eines Teils oder des gesamten 360°-Beurteilungsprozesses kann sinnvoll sein, wenn die Sicherheit von entscheidender Bedeutung ist, etwa bei der Bewertung von Führungskräften oder wenn die administrativen Möglichkeiten vor Ort begrenzt sind. Die Vergabe an ein spezielles Unternehmen kann in einem Betrieb, der kein Netzwerk hat, auch Papier durch Disketten ersetzen. Die Automatisierung senkt die Verwaltungskosten erheblich, da man dann nicht mit ein- und ausgehenden Papierbögen zu tun hat.

Der ausgelagerte Prozess funktioniert folgendermaßen:

1. Die automatisierte Software zur Auswahl der Bewertungsteams sowie zur Erstellung und Auswahl der Bögen wird in dem Unternehmen installiert und dann von außen verwaltet.
2. Der außenstehende Betreuer verwendet ein Modem, mit dem er dieselben administrativen Vorgänge durchführen kann wie ein Mitarbeiter vor Ort.
3. Die Teilnehmer vor Ort wählen Bewertungsteams, die Vorgesetzten genehmigen die Bewertungsteams und die Teilnehmer geben ihr Feedback unter Verwendung persönlicher Kennzahlen.
4. Der außenstehende Betreuer meldet diejenigen, die nicht geantwortet haben, und übermittelt die verschlüsselten Bewertungsbögen für eine sichere Erfassung und Auswertung nach außen.
5. Die 360°-Feedback-Berichte werden an jeden Teilnehmer zurückgesandt. Die Managementberichte werden an die Personalabteilung zurückgegeben.

Outsourcing-Vorteile

Viele Organisationen sind der Ansicht, dass die Anonymität der Befragten auch bei einer internen Auswertung gewährleistet ist. Wenn Sicherungen eingesetzt und erklärt werden, verstehen die Teilnehmer, dass ihre Antworten völlig anonym bleiben. Wird die interne Auswertung durch eine Benutzerschulung unterstützt, ist es nicht ungewöhnlich, dass sich über 90 Prozent der Anwender zufrieden über die Wahrung der Anonymität äußern.

5. Die Anwendung der 360°-Beurteilung

Am British Columbia Institute of Technology versuchten die Mitarbeiter, zur Überprüfung der Programmsicherheit gemeinsam ein internes Auswertungsprogramm zu knacken. Als es den Experten nicht gelang, erklärten sie das Programm für sicher. Dennoch vergeben viele Unternehmen die Auswertung und Zusammenfassung nach außen, wenn die Anonymität intern tatsächlich oder angeblich nicht gewährleistet ist.

Die folgenden Fragen können Ihnen bei der Entscheidung helfen, ob Sie die Bögen im Unternehmen oder außerhalb auswerten lassen:

- Wie viel kostet eine interne Auswertung, wie viel die Auslagerung? (Die Auslagerung kostet im Allgemeinen erheblich mehr als eine interne Auswertung und die Kosten entstehen jedes Jahr.)
- Sind im Unternehmen ausreichend Leute vorhanden, die den Vorgang intern erledigen können?
- Verfügen die Mitarbeiter vor Ort über ausreichendes Wissen und Interesse zur Erledigung dieser Aufgabe?

Aspekte zur innerbetrieblichen und außerbetrieblichen Auswertung

5.5.2 Die Software selbst programmieren oder kaufen?

Viele Unternehmen verwenden aus Kostengründen anfänglich einfache Methoden der Auswertung. Ein Tabellenkalkulations- oder statistisches Auswertungsprogramm zur Erfassung und Erstellung einfacher Berichte lässt sich in wenigen Tagen schreiben. Wenn die Benutzer jedoch anspruchsvoller werden und sich der Möglichkeit von Erfassungsfehlern bewusst werden, benötigen sie formalisierte Methoden zur Datenerfassung und -auswertung. Das bedeutet, dass man in Software investieren muss. Da sie sich in mehreren Jahren amortisiert, ist die Investition in die derzeit verfügbare Software relativ gering – weniger als 20 Euro pro Person, außerdem kann die Software ohne zusätzliche Kosten mehrmals verwendet werden. Die folgenden Fragen helfen Ihnen bei der Überlegung, ob Sie ein formalisiertes und automatisiertes 360°-Feedback-System selbst schaffen oder die Software kaufen sollten:

Investitionen in die Software

Aspekte zur selbst erstellten und gekauften Software

- Was kostet es, ein automatisches 360°-Feedback-System zu erstellen?
- Kann die Personalabteilung die Genehmigung erhalten, ein 360°-Feedback-System zu schaffen und fortzuführen?
- Was kostet es, den Vorgang und die Technik zu testen?
- Können wir intern ausreichende Sicherheitsmaßnahmen für den Vorgang und die Technik garantieren?
- Wie viel kostet es, unsere eigene Software zu warten und auszubauen?
- Was kostet die Prozessvalidierung?
- Wie hoch ist die Wahrscheinlichkeit, dass der interne Vorgang versagt? Was würde das kosten?
- Welches rechtliche Risiko besteht bei der Schaffung eines Verhaltens-Feedback-Verfahrens, das sich als ungeeignet erweist, weil uns die nötige Erfahrung auf diesem Gebiet fehlt?

5.5.3 Ergebnismeldungen

Die Berichte sollten einfach und statistisch fundiert sein. Zur Darstellung der Ergebnisse sollten die besten verfügbaren Methoden verwendet werden. Die Feedback-Berichte sollten für die Benutzer leicht verständlich sein. Schon kleinere Veränderungen können sich auf die Motivation der Benutzer auswirken, das Feedback zu akzeptieren und anzuwenden. Auch ihre Beurteilung des Vorgangs und seiner Glaubwürdigkeit kann davon beeinflusst werden.

Die Wertungsspanne

Eine Krankenkasse im Nordosten der USA gibt die Wertungsspanne an – und bereut ihre Entscheidung

Die Erfahrung einer Krankenkasse im Nordosten der USA zeigt, wie sich ein unbedeutender Punkt bei der Ergebnismeldung zu einem großen und möglicherweise katastrophalen Problem entwickeln kann. Da ein Mitglied des Entwicklungsteams Erfahrungen mit den großen Untersuchungseinheiten bei herkömmlichen Erhebungssystemen hatte, beschloss die Projektentwicklung, die Wertungsspanne bekannt zu machen. Als Bob seinen Verhaltens-Feedback-Bericht erhielt, war er fassungslos:

5. Die Anwendung der 360°-Beurteilung

Kompetenz	Punktzahl	Wertungsspanne
Kommunikation mit anderen	7,8	2–9

Obwohl er eine gute Bewertung (7,8) erhalten hatte (was er größtenteils einer Glättung der Werte zu verdanken hatte), richtete sich seine Aufmerksamkeit nur auf die Wertungsspanne. Bob war außer sich, dass jemand ihm nur zwei Punkte gegeben hatte! Was tat er also? Er begab sich auf die Jagd. Bobs Bemühungen konzentrierten sich überwiegend darauf, die Person aufzuspüren, die mit ihm so wenig zufrieden war.

Eine bessere Lösung, als die Wertungsspanne bekannt zu geben, liegt darin, einen Maßstab der Antwortabweichung darzustellen, etwa die Standardabweichung oder einen Index der Antwortabweichung, der für die Beteiligten leicht verständlich ist.

Antwortabweichung

Bestimmte Vorfälle können im Zusammenhang mit den Verhaltens-Feedback-Berichten ein ganzes 360°-Beurteilungsprojekt gefährden.

Eine Krankenkasse im Südwesten der USA muss feststellen, dass der Zeitpunkt zur Ausgabe der Berichte falsch gewählt ist

Eine Krankenkasse im Südwesten der USA führte ein Rundum-Beurteilungsprojekt durch und beschloss, die Verhaltens-Feedback-Berichte gleichzeitig an die Angestellten und Vorgesetzten zu schicken. Die scheinbar gute Idee verursachte erhebliche Probleme. Einige Vorgesetzte riefen ihre Mitarbeiter zu sich und wollten mit ihnen über die Bewertungen sprechen, noch bevor die Mitarbeiter die Informationen überhaupt richtig verdaut hatten. Andere Mitarbeiter gingen empört zu ihren Vorgesetzten, weil die Bewertung niedriger als bei anderen ausgefallen war und sie die Gründe dafür erfahren wollten.

Gut gemeint, falsch geplant

```
                    Firma ABC, Entwicklungsbewertung 1
                              3. Mai, 19x4
Bewertungstyp                                                    Zahl der
                                                                 Bewertenden

Selbst ..................................................... S:    1
Vorgesetzter ............................................. V:    1
Kollege .................................................... K:    7
Direkt Unterstellter .................................. D:    5

Gruppe ................................................... G:   14

Schlüssel:   L = Leistung
             Z = Anzahl der Befragten
             Ü = Übereinstimmung, Grad
                     Wenn Ü = 1,00:  perfekte Übereinstimmung
                          Ü > 0,75:  sehr große Übereinstimmung
                          Ü > 0,50:  große Übereinstimmung
                          Ü < 0,50:  niedrige Übereinstimmung
```

Abb. 5-3: Deckblatt für einen 360°-Beurteilungsbericht

Die Kunst, Feedback anzunehmen

Am besten erhalten die Mitarbeiter, die bewertet wurden, zuerst das Feedback, im Idealfall sollte dies noch durch Schulungsmaßnahmen unterstützt werden. Kurz danach erhalten die Vorgesetzten die Berichte mit der Anweisung, sie noch einige Tage für sich zu behalten, bevor sie mit dem Coaching beginnen. Mit etwas Zeit können Mitarbeiter und Führungskräfte über die Ergebnisse nachdenken und sich auf eine fundierte Diskussion vorbereiten.

Die Berichtformate in den Abbildungen 5-3 bis 5-7 haben in den Beurteilungen der Anwender sehr gut abgeschnitten. Beispiele für Kommentare über die Person, die dargestellt wird, finden sich in Abbildung 5-8. Bei einigen Projekten können die ausführlichen Kommentare ohne die Berichte mit Wertungsskala zur Verfügung stehen.

Zur Darstellung der Information können in den Berichten Symbole verwendet werden. Auf dem Deckblatt für einen Bericht in Abbildung 5-3 werden die Symbole erklärt. Die geglättete Wertung wird beispielsweise durch ein *L* dargestellt. Die verschiede-

5. Die Anwendung der 360°-Beurteilung

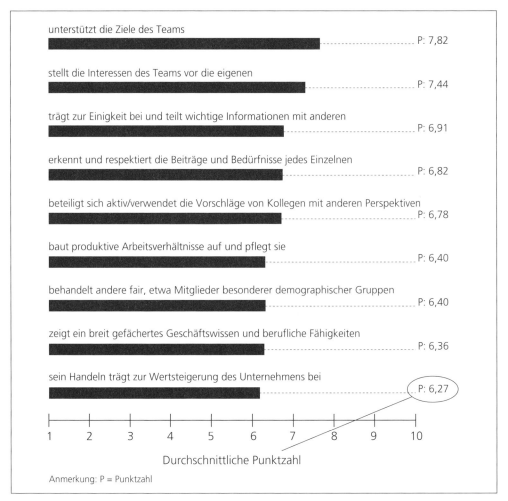

Abb. 5-4: Einstufung der Kriterien

nen Perspektiven der Befragten werden mit den folgenden Buchstaben abgekürzt: S = Selbst; V = Vorgesetzter; K = Kollege; D = direkt Unterstellter; I = Interner Kunde und A = andere.

Ein Z steht für die Zahl der Personen, die zu jedem Punkt antworten. Ein $Ü$ zeigt das Maß an Übereinstimmung oder die Spanne der Wertungen bei jeder Frage – das heißt, wie stark sich die Urteile der Befragten decken. Ein $Ü$-Wert unter 0,5 steht

Wichtiges Indiz: Der Grad an Übereinstimmung

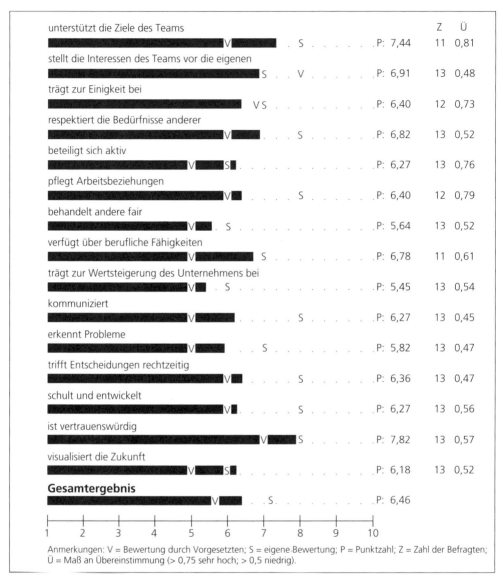

Abb. 5-5: Profilbericht

5. Die Anwendung der 360°-Beurteilung

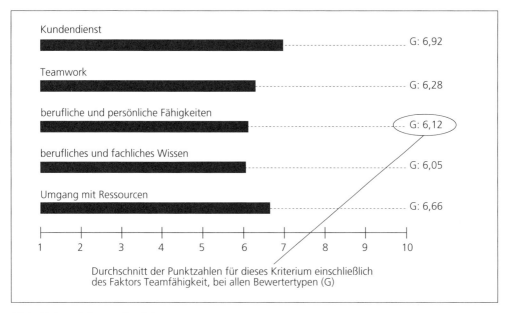

Abb. 5-6: Faktorenbericht

für ein niedriges Maß an Übereinstimmung unter den Befragten; die Person, die das Feedback erhält, sollte diese Angabe daher als weniger verlässlich betrachten als andere Wertungen, die ein hohes Maß an Übereinstimmung aufweisen. Der Ü-Wert errechnet sich aus der Standardabweichung der Wertungen, *bevor* die extrem hohen und niedrigen Werte angepasst werden.

Der Bericht mit einer Einstufung der Kriterien in Abbildung 5-4 listet die Kompetenzen von der höchsten bis zur niedrigsten Punktzahl auf. Wirft man auch nur einen kurzen Blick darauf, erkennt man, welche Kompetenzen am stärksten sind und welche mehr gefördert werden müssen. Die Anwender werden oft dahingehend trainiert, dass sie nachsehen, welche Kompetenzgruppen an der Spitze und ganz unten im Bericht vertreten sind. Wenn sich zum Beispiel fachliche Fähigkeiten an der Spitze gruppieren und zwischenmenschliche Eigenschaften am unteren Ende angesiedelt sind, könnte ein Aktionsplan, der sich auf die zwischenmenschlichen Fähigkeiten konzentriert, sehr nützlich sein.

Analyse von Stärken und Schwächen

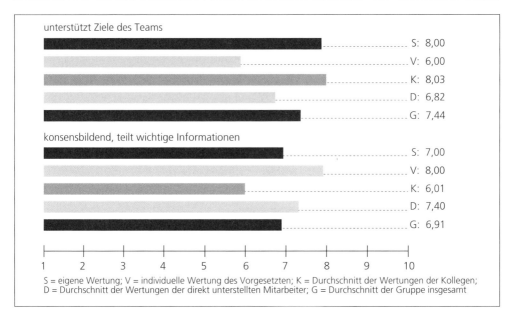

Abb. 5-7: Perspektivenbericht

Im Profilbericht von Abbildung 5-5 sind die Wertungen für die Kompetenzen in der Reihenfolge aufgeführt, wie sie auf dem Fragebogen auftraten. Dieses Profil eignet sich auch für einen Vergleich des Feedback aus verschiedenen Zeitabschnitten, da die Ergebnisse immer die gleiche Reihenfolge aufweisen.

Der Faktorenbericht in Abbildung 5-6 fasst Kompetenzgruppen oder Bewertungen zusammen. Der Faktor Teamwork umfasst beispielsweise die sieben unabhängigen Kompetenzen, die im Kompetenzenkreis (Abbildung 4-9) gezeigt wurden, etwa „unterstützt die Ziele des Teams", „Interessen des Teams haben Vorrang".

Perspektivenvielfalt liefert interessante Informationen

Der Perspektivenbericht in Abbildung 5-7 ordnet das Feedback nach dem Typ des Befragten an. Die Unterschiede zwischen den eigenen Wertungen und denen der Vorgesetzten und anderer Beteiligter können wertvolle Erkenntnisse bringen. Oft zeigt der Perspektivenbericht bei den Antworten der unterschiedlichen Befragtentypen Abweichungen. Normalerweise kann nur die Person, die das Feedback erhält, entscheiden, was wichtiger ist –

5. Die Anwendung der 360°-Beurteilung

Bewerteter: Charles Lindbergh
Gutachten: Firma ABC, Bewertung zur Personalentwicklung   31.08.x5

Kommentarbericht
Spezifische Kommentare

Kundenorientierung
- Charles ist sehr kundenorientiert. Er ist sehr hilfsbereit.
- Charlie, vielleicht solltest du dir bei einigen Kunden auch einmal von anderen helfen lassen. Es sieht so aus, als ob du dich manchmal übernimmst, um all ihre Wünsche zu erfüllen.
- Würde sich auf den Kopf stellen, um einem Kunden zu helfen.

Berufliche Kenntnisse
- Mr. Lindbergh sollte sich fortbilden und seine beruflichen Kenntnisse erweitern.
- Kennt sich in seinem Job sehr gut aus, sollte aber vielleicht einmal darüber nachdenken, was die anderen Kollegen machen. Interdisziplinäre Weiterbildung ist sehr nützlich.

Planung und Organisation
- Kein sehr gut organisierter Mensch.
- Charlie ist gut organisiert ... dank der Mitarbeiter, die ihn unterstützen!! Wenn sie nicht wären, würde er ein ganz schönes Chaos anrichten.
- Muss seine organisatorischen Fähigkeiten verbessern. Offenbar helfen ihm seine Kollegen oft aus der Patsche!

Allgemeine Kommentare

- Insgesamt betrachtet ist Charlie ein sehr angesehenes Mitglied unseres Betriebs. Man kann sich darauf verlassen, dass er einem stets zu Hilfe kommt. Er ist seinen Kunden und Kollegen sehr verbunden. – J. Smith
- Mr. Lindbergh ist ein wundervoller Arbeitskollege, mit dem man gerne zusammenarbeitet. Er ist eine große Bereicherung für die Firma ABC.

Abb. 5-8: Bericht mit ausführlichen Kommentaren

beispielsweise das Feedback der Kollegen oder der direkt unterstellten Mitarbeiter. Welche Information besonders wichtig ist, bestimmen oft die äußeren Umstände am Arbeitsplatz. Jemand, der viel mit seinen Kollegen zusammenarbeitet, schätzt deren Meinung besonders, wer dagegen überwiegend Kontakt zu di-

Welche Meinung hat mehr Gewicht?

rekt Unterstellten hat, hält wahrscheinlich deren Feedback für besonders bedeutend. Die meisten Benutzer stellen fest, dass die 360°-Beurteilung nicht die Bedeutung des Feedback durch den Vorgesetzten verändert. Der Chef bleibt immer noch der Chef.

Ausführliche Kommentare lassen sich so strukturieren, dass sie sich auf die jeweiligen Kompetenzen beziehen. So sind beispielsweise alle Kommentare in Abbildung 5-8 über die Kundenorientierung zusammengefasst. Allgemeine Kommentare stehen im Anschluss an die kompetenzenspezifischen Kommentare. Die meisten Kommentare sind anonym, manche Mitarbeiter allerdings wollen den anderen wissen lassen, wer diesen bestimmten Kommentar abgegeben hat.

Anonymität bei ausführlichen Kommentaren

Generell sind ausführliche Kommentare nicht so anonym wie die Angaben in den Bewertungsbögen. Ein spezifischer Kommentar enthält vielleicht bestimmte Informationen, die auf den Urheber des Feedback hinweisen. Allerdings lernen die meisten Menschen ziemlich schnell, wie man konstruktive Kommentare abgibt, die zwar persönlich, aber dennoch anonym sind.

5.6 Schulung Teil II: Wie man mit Feedback umgeht

Die Schulung zum Umgang mit dem Feedback konzentriert sich auf die Verwendung der Berichte. Damit soll sichergestellt werden, dass die Angestellten die Informationen richtig interpretieren, die sie erhalten haben. Die Beteiligten müssen lernen, das Verhaltens-Feedback zu akzeptieren, wie sich das Verhaltens-Feedback grundlegend von anderen Rückmeldungen unterscheidet und vor allem, wie sie das Verhaltens-Feedback konstruktiv verwenden können. Die Schulung kann die folgenden Punkte umfassen:

Richtig auf Feedback reagieren

- Wie man konstruktiv mit Feedback umgeht
- Wie man das Modell zur Verbesserung der eigenen Leistung verwendet
- Was die Berichte enthalten
- Wie man die Ergebnisse interpretiert

- Wie man einen persönlichen Aktionsplan erstellt und in Angriff nimmt
- Wie man kontinuierliches Lernen und entsprechende Verbesserungen bewertet

Diese zweite Schulungsmaßnahme bietet den Teilnehmern einen Überblick über den Vorgang, zeigt ihnen, wie man sein Verhaltens-Feedback interpretiert, und hilft ihnen, die Informationen zu verstehen. Mindestens 30 Minuten dieser zwei- bis dreistündigen Schulung sollten den Fragen und Antworten der Anwender gewidmet sein.

5.7 Die Erstellung von Aktionsplänen

Das Feedback beleuchtet Bereiche der Stärke und Gebiete, die weiterer Entwicklung bedürfen. Bei den Aktionsplänen geht es darum, ein Programm zu erstellen, mit dem auf der Grundlage des Feedback persönliche Verbesserungen umgesetzt werden sollen. Es handelt sich um einen fortlaufenden Prozess, der ständig verstärkt und aktualisiert werden muss.

Feedback mündet in einen Aktionsplan

Die Form, die in Abbildung 5-9 gezeigt wird, eignet sich für die Erstellung eines Aktionsplans. Üblicherweise werden der Aktionsplan und der Bewertungsprozess mit dem Vorgesetzten oder dem Arbeitsteam abgesprochen. Einige Unternehmen richten Förderprogramme ein, zum Beispiel Personal- oder Karriereentwicklungsprogramme, die Anregungen für ein kontinuierliches Lernen und Möglichkeiten zur professionellen Fortbildung bieten.

5.7.1 Die Verwendung von Entwicklungsempfehlungen

Einige Rundum-Beurteilungsprogramme bieten auf der Grundlage des 360°-Feedback computergestützte Entwicklungsempfehlungen an, anstatt diese den Mitarbeitern selbst zu überlassen. Die Entwicklungsempfehlungen geben genau vor, wie sich ein Mitarbeiter verhalten sollte. Der Nutzen solcher Entwicklungsempfehlungen wurde bisher kaum untersucht.

Persönlicher Aktionsplan – auf einer Stärke aufbauen	
Ziel Welche Stärke wird angestrebt? Was will ich genau erreichen?	
Strategie/Ressourcen Wie werde ich das Ziel erreichen und welche Ressourcen brauche ich dafür?	
Zieldatum Wann werde ich das Ziel erreichen?	
Erkennbare/messbare Ergebnisse Wie merke ich, dass ich mein Ziel erreicht habe?	

Abb. 5-9: Format für die Erstellung eines Aktionsplans

Aspekte für Entwicklungsempfehlungen

Die folgenden Fragen helfen bei der Verwendung der Entwicklungsempfehlungen:

- Wie gefallen den Benutzern Entwicklungsempfehlungen, die für sie anstatt von ihnen erstellt wurden?
- Wie wirken sich die Entwicklungsempfehlungen aus dem Computer auf die Eigenverantwortung der Mitarbeiter aus?
- Erhalten viele Mitarbeiter die gleichen Entwicklungsempfehlungen?
- Erhalten viele Mitarbeiter Jahr für Jahr die gleichen Entwicklungsempfehlungen?
- Wie viele Entwicklungsempfehlungen können von einer Person umgesetzt werden?
- Motivieren die Entwicklungsempfehlungen aus dem Computer stärker zu einem Verhaltenswandel als die Aktionspläne, die der jeweilige Mitarbeiter selbst erstellt?

Zu den computergestützten Entwicklungsempfehlungen gibt es folgende Alternativen:

5. Die Anwendung der 360°-Beurteilung

ABC Gas & Öl
Persönliche Weiterentwicklung
Entwicklungsmöglichkeiten

SCHULUNGSMÖGLICHKEITEN	1. Handlungsorientiert	2. Macht auf Anhieb alles richtig	3. Verbessert den Vorgang	4. Löst Probleme	5. Trifft effektive Entscheidungen	6. Fördert Mitverantwortung	7. Zeigt anderen gegenüber Anerkennung	8. Ist ein aktiver Zuhörer	9. Sieht Konflikte voraus und löst sie	10. Reduziert zwischenmenschliche Spannungen	11. Vermittelt einen positiven Eindruck	12. Kommuniziert effektiv	13. Verfügt über Sachkenntnis	14. Übernimmt Verantwortung	15. Fördert Fähigkeiten	16. Ist zuverlässig	17. Hat Vorbildfunktion für Sicherheit	18. Schafft Vertrauen	19. Entwickelt andere weiter	20. Coaching für außergewöhnliche Leistungen	21. Leitet Pläne weiter	22. Ist verfügbar und zugänglich	23. Ermöglicht Empowerment bei anderen
Führungstechnik für Fortgeschrittene – Teamwork		x		x	x		x	x			x	x						x			x		x
Konfliktlösung			x					x	x	x	x							x	x	x			
Effektive Führungspraktiken	x	x		x	x	x		x	x			x	x	x					x	x	x		x
Effektive Verhandlungsführung								x							x								
Finanzen für Manager im Nicht-Finanz-Bereich														x									
Führung und menschliche Beziehungen – Soziale Formen									x											x	x		
Zeitmanagement für Manager	x			x												x							x
Neue Orientierung für Vorgesetzte	x			x												x		x					
Rechnungslegung																x							
Produktivitätsplus: Power Meetings																x							
Produktivitätsplus: Zeitmanagement																	x	x					
Professionelle Präsentationen																x							
Berichtswesen																x							
(Führung) Die Reise geht weiter								x											x	x			x
Führungsqualitäten							x												x	x			x

Abb. 5-10: Leitfaden für Entwicklungs- und Schulungsmöglichkeiten

- Schulen Sie die Coaching-Fähigkeiten der Vorgesetzten mit Hilfe des Verhaltens-Feedback.
- Schulen Sie die Angestellten im Coaching Gleichgestellter.
- Stellen Sie Bücher oder andere Quellen mit Entwicklungsempfehlungen zur Verfügung.
- Gründen Sie Fördergruppen, die bei der Entwicklung und Umsetzung von Maßnahmen zur eigenen Weiterbildung helfen.
- Gestalten Sie einen Leitfaden für Entwicklungsmöglichkeiten mit Quellen, die in der Organisation zur Verfügung stehen.

Es kann hilfreich sein, den Angestellten Vorschläge für Aktionspläne zu machen, die an bestimmte Kompetenzen geknüpft sind. Abbildung 5-10 zeigt einen Leitfaden für Entwicklungsmöglichkeiten, der von einer Öl- und Gasgesellschaft erstellt wurde.

Weiterbildung will gut geplant sein

Die Schulungsprogramme und -möglichkeiten auf der linken Achse stehen im Betrieb zur Verfügung. Die Schlüsselqualifikationen in der rechten oberen Hälfte stellen die Erfolgsfaktoren dar, die mit einer effektiven Leistung in Verbindung gebracht werden. So fördert beispielsweise das Programm „Führungsqualitäten" Kompetenzen wie „setzt sich für Mitverantwortung ein", „schafft Vertrauen", „fördert Mitarbeiter" und „ermöglicht Empowerment der Mitarbeiter".

5.7.2 Die Garantie für eine erfolgreiche Anwendung

Qualität durch Sicherung

Unternehmen müssen zahlreiche Entscheidungen treffen und verschiedene Maßnahmen ergreifen, damit eine erfolgreiche Anwendung der 360°-Beurteilung gewährleistet ist. Der Durchführung des Feedback, egal ob es sich nun um ein Pilotprojekt oder ein ständiges Projekt handelt, sollte eine Analyse der Sicherungsmechanismen des 360°-Beurteilungssystems sowie eine Bewertung durch die Benutzer folgen, die schnell die wirkliche Qualität des Systems zu Tage bringen werden.

6. Die Bewertung des 360°-Beurteilungsvorgangs

Durch Beobachtung erkennt man sehr viel.
                                        Yogi Berra

Körper wiegten sich zur Musik. Oh erhellender Blick.
Wie können wir den Tänzer vom Tanz unterscheiden?
                                William Butler Yeats

Sie denken vielleicht, der Vorgang des Feedback sei abgeschlossen, wenn die Mitarbeiter mit der Entwicklung von Aktionsplänen auf der Grundlage ihrer 360°-Beurteilung begonnen haben. Das trifft jedoch nicht zu. Tatsächlich hat die für einen langfristigen Erfolg besonders kritische Phase erst begonnen. Das Entwicklungsteam oder der Projektbetreuer muss die Sicherungsmechanismen überprüfen und den Benutzern erlauben, den Vorgang zu bewerten. Das Unternehmen wird wissen wollen, ob der Ablauf den Zielsetzungen des Entwicklungsteams entsprach und den Beteiligten – vor allem den Angestellten, dem Management und dem Unternehmen – nützte.

Bewertung durch die Benutzer

Diese dritte und letzte Phase der Durchführung umfasst eine Analyse der Sicherungsmechanismen, die Befragung der Teilnehmer und die Entwicklung von Empfehlungen zur Verbesserung des Vorgangs bei der nächsten Bewertungsrunde.

6.1 Analysieren Sie die Sicherungsmechanismen

Ein effektives 360°-Feedback erbringt für einige Teilnehmer voraussichtlich relativ niedrige Ergebnisse. Die so Bewerteten versuchen sich zu verteidigen und greifen das gesamte Projekt an. Sicherungsmechanismen tragen dazu bei, das System zu verteidigen und die Feedback-Resultate zu beweisen. Für die Anwender sind folgende Bedenken typisch:

**Anwender-
vorbehalte**

- Was ist, wenn mich jemand absichtlich und ungerechtfertigt besonders niedrig bewertet hat?
- Was ist, wenn einige Befragte absichtlich unfaire Bewertungsstrategien verfolgt haben?
- Was ist, wenn jemand die Skala falsch herum gelesen hat? (Das kommt vor!)
- Was geschieht mit eindeutig ungültigen Antworten?
- Zeigt die Verteilung der Wertungen beim Verhaltens-Feedback Vorteile für bestimmte betriebliche oder demographische Gruppen?
- Was ist, wenn mein Bewertungsteam zufällig strenger war als andere?

6.1.1 Die Analyse der Antworten

**Aufdecken von
Problembereichen**

Unternehmen können die Sicherungsmechanismen überprüfen und bestimmen, ob die 360°-Beurteilung die beabsichtigten Ziele erreicht hat. Technische Sicherungen, die vom Computer erstellt werden, analysieren die Antworten und untersuchen sie auf Anomalien oder Abweichungen vom erwarteten Schema. Mit einer Überprüfung der Sicherungsmechanismen lassen sich die Stellen lokalisieren, an denen Probleme auftreten können.

Sicherungsberichte

**Antwortquote
als Signal**

Sicherungsberichte, die von einer entsprechenden Software erstellt werden, können ausführliche Informationen über den Vorgang liefern. (In Abbildung 6-1 werden die Beschreibungen verschiedener Sicherungsberichte aufgeführt.) Dank der Sicherungsmechanismen erkennt man sofort, ob ein 360°-Beurteilungsprojekt effektiv ist, denn das Antwortverhalten zeigt, was die Beteiligten von dem Vorgang halten. Bei einem erfolgreichen Projekt ist beispielsweise die Antwortquote pro Item (Frage auf dem Fragebogen) hoch – über 85 Prozent. Das bedeutet, dass die Befragten auf die meisten Fragen geantwortet haben. Wenn die Benutzer ein Rundum-Beurteilungssystem nicht unterstützen, sind die Antwortquoten niedrig.

6. Die Bewertung des 360°-Beurteilungsvorgangs

Bezeichnung	Funktion	Art der Verwendung
Antwortquote	Zeigt die Auszählung der Antworten.	Identifiziert die Fragen, die nicht beantwortet wurden. Zeigt zum Beispiel, dass der Fragebogen zu lang war, wenn die Antworten vor allem in der zweiten Hälfte des Bogens ausbleiben.
Verlässlichkeit der Frage oder Übereinstimmung der Befragten	Zeigt Grad der Übereinstimmung bei Befragten oder Verteilung der Wertungen bei jeder Frage.	Zeigt die Fragen auf, bei denen die Beteiligten Schwierigkeiten hatten, in Übereinstimmung mit den anderen zu antworten. Deutet eventuell auf unverständliche Fragen oder auf Antworten hin, auf deren Wertung kein Verlass ist.
Verlässlichkeit der Frage nach Typ des Befragten	Zeigt Grad der Übereinstimmung bei jeder Frage nach Typ des Befragten (z. B. Kollege).	Deutet eventuell auf Fragen hin, die von diesem Befragtentyp nicht bewertet werden sollten; die Verlässlichkeit ist besonders interessant, wenn es um die Organisationsebene, Alter, Geschlecht oder ethnische Zugehörigkeit geht.
Korrelation zwischen Fragen	Stellt Zusammenhang zwischen Fragen fest.	Zeigt die Fragen auf, die von den Mitwirkenden ähnlich beantwortet wurden. Deutet eventuell auf redundante Punkte hin.
Faktorenanalyse	Stellt Zusammenhang zwischen Fragen und Gruppen von Fragen fest.	Zeigt die Fragen auf, die die Mitwirkenden ähnlich beantworteten. Deutet eventuell auf redundante Punkte hin.
Antwortverteilung	Zeigt die Verteilung der Antworten bei jeder Frage und bei allen Fragen insgesamt.	Weist die Fragen aus, die die Mitwirkenden ungewöhnlich hoch oder niedrig bewerteten. Deutet eventuell auf Schwierigkeiten beim Beantworten hin. Vertrauen ist ein Kriterium, das oft einheitlich hoch bewertet wird (Zuverlässigkeit weist beispielsweise oft eine breitere Verteilung der Wertungen auf als Vertrauen).

Abb. 6-1: Leitlinien für Sicherungsmechanismen

Bezeichnung	Funktion	Art der Verwendung
Verteilung der Wertungen auf der Skala	Zeigt die Prozentzahl der Wertungen für jede Frage auf der Wertungsskala und die Zahl der ausgebliebenen Antworten.	Zeigt das Verhalten der Bewerter und kann eine Aufblähung der Skala offen legen.
Verteilung auf der Wertungsskala nach Bewertertyp	Zeigt die Prozentzahl der Wertungen für jede Frage auf der Wertungsskala nach verschiedenen Perspektiven geordnet.	Zeigt das Verhalten der Bewerter perspektivisch. Gibt Antwort auf Fragen wie: Werteten die Kollegen oder die direkt unterstellten Mitarbeiter höher? Kann nützliche Informationen für die Schulung der Bewerter geben, wenn die Verteilung auf demographischen Variablen basiert.
Verteilung der Punkte	Zeigt, wie viele Teilnehmer innerhalb definierter Bereiche Punkte erhielten.	Zeigt die Punkteverteilung und kann eine nützliche Analyse zur Toleranz ergeben, wenn diese auf demographischen Variablen wie etwa dem Geschlecht beruht.
Verteilung der Punkte nach Organisationsebene	Zeigt, wie viele Teilnehmer auf jeder Organisationsebene Punkte innerhalb definierter Bereiche erhielten.	Kann nützliche Informationen zur Hierarchie und entsprechender Voreingenommenheit bieten. Fast alle Bewertungsmethoden ergeben höhere Wertungen für diejenigen, die in der Hierarchie der Organisation weiter oben stehen.
Befragte > 20 Prozent Unterschied zu anderen (oder > 30 Prozent oder jede andere Zahl)	Zeigt Befragte, deren Antwortschema sich erheblich von dem der anderen unterscheidet.	Weist Befragte aus, die absichtlich oder unabsichtlich Fehler machen.
Wechselseitig überhöhte Werte	Zeigt Kombinationen von Befragten, die sich gegenseitig sehr hoch bewerteten.	Kann auf Absprachen zwischen den Befragten hindeuten.
Strenge des Bewertungsteams	Vergleicht die relative Strenge jedes Bewertungsteams.	Beantwortet die Frage: War mein Bewertungsteam zufällig strenger als andere?

Abb. 6-1: Leitlinien für Sicherungsmechanismen *(Fortsetzung)*

6. Die Bewertung des 360°-Beurteilungsvorgangs

Mit Hilfe der Korrelation zwischen den Fragen und einer Analyse der Faktoren wird das Antwortschema untersucht und festgestellt, welche Fragen von den Beteiligten gleich beantwortet wurden. Ein ähnliches Antwortmuster bei zwei Fragen – eine Korrelation über 0,80 – weist darauf hin, dass die Befragten den Inhalt dieser beiden Punkte ähnlich deuten. Zwei verschiedene Fragen zum Sicherheitsverhalten können zum Beispiel gleich bewertet werden, weil die Befragten den Faktor Sicherheit demselben Verhaltensmuster zuordnen. Obwohl redundante Fragen beim 360°-Feedback unnötig sind, werden bei den Fragebögen manchmal doch ähnliche Fragen gestellt, um wichtige Kompetenzen zu vermitteln. Als man beispielsweise bei Intel erkannte, dass die zwei Fragen zur Sicherheit im statistischen Sinn redundant waren, entschloss man sich, vier Fragen zu stellen und so die Bedeutung der Sicherheit zu betonen.

Redundante und ähnliche Fragen

Bei erfolgreichen Projekten ist die Verlässlichkeit insgesamt und nach Bewertertyp hoch. Die Antwortverteilung gibt Aufschluss darüber, ob die Befragten ihre Verantwortung ernst nahmen oder einfach die Spitze der Werteskala benutzten und so überhöhte Punktzahlen lieferten. Die anderen Aussagen zur Werteskala und Punkteverteilung machen kenntlich, welche Quellen zuverlässig sind und welche nicht.

Einen Schlüssel für die Zuverlässigkeit der Daten bietet eine Untersuchung der Antwortabweichungen. Dabei werden die Antworten überprüft, die sich um mehr als 20 Prozent von den anderen unterscheiden. Wenn beispielsweise ein Befragter einen Mitarbeiter ungerecht bewertet, hebt sich dieses Antwortmuster stark von den anderen ab. Obwohl eine Glättung der Werte den Einfluss dieser Anomalien beseitigt, ist es wichtig zu wissen, wie oft diese auftreten. Bei einem guten Projekt weichen weniger als fünf Prozent der Befragten stark von den anderen ab.

Untersuchung der Antwortabweichungen

In den Naturwissenschaften wird eine Abweichung von 20 Prozent als deutlicher Unterschied gewertet, daher kann man die Bewerterabweichung von anderen Parametern bei 20 Prozent festsetzen. Einige Unternehmen wenden für die Validität ihrer Bewerter strengere Maßstäbe (z. B. bei 15 Prozent Unterschied) oder mildere Maßstäbe an (z. B. bei 30 Prozent Abweichung). Mit diesen Maßstäben wird festgelegt, dass die Antworten eines

Der Validitätsgrundsatz und seine Folgen

Befragten, der bei über 30 Prozent der Fragen um mehr als 30 Prozent von den anderen abweicht, ungültig sind. Die Wahrscheinlichkeit, dass der Betroffene Recht hat und alle anderen Bewerter Unrecht haben, ist gering. Der Validitätsgrundsatz kann es erforderlich machen, dass ein Befragter von der Wertung ausgeschlossen wird. Einige amerikanische Unternehmen leiten solche Befragte an den betriebseigenen Ausschuss für Ethik und Zusammenarbeit weiter. Die Zuverlässigkeit und Glaubwürdigkeit der Antworten steigt deutlich, wenn den Befragten bewusst ist, dass sie identifiziert werden und ihre Stimme verlieren, wenn sie versuchen, das System auszutricksen.

Die Analyse der Antwortmuster kann auch dazu verwendet werden, wechselseitig überbewertende Befragte zu erkennen, deren Antworten auf eine Zusammenarbeit zwischen den Befragten hindeutet. Das Antwortmuster von Beteiligten, die sich gegenseitig stark überhöhte Wertungen geben, ist bei dieser Form des Berichts eindeutig.

Die Strenge des Bewertungsteams

Die Bestimmung der Strenge eines Bewertungsteams ist wichtig, weil dabei festgestellt wird, ob ein Bewertungsteam härter oder milder urteilte als andere. Ein Team mit Bewertern, die bei den meisten Beteiligten den unteren Teil der Werteskala benutzen, ergibt einen ungewöhnlich strengen Bewertungsmaßstab. Eine derartige Untersuchung kann auch die Zusammenarbeit zwischen Befragten offen legen. Im Allgemeinen bestätigt sie jedoch die Tatsache, dass die meisten Mitwirkenden ehrlich antworten und dass sich fast alle Bewertungsteams (97 Prozent) in ihrer Zusammensetzung aus sehr strengen und milden Bewertern gleichen.

Andere Maßnahmen zur Überprüfung der Glaubwürdigkeit können die Effektivität der 360°-Beurteilung belegen:

Glaubwürdigkeit und Effektivität

- Ein hoher Prozentsatz (über 80 Prozent) der aufgeforderten Bewerter antwortet.
- Für einen hohen Prozentsatz (über 95 Prozent) der beteiligten Angestellten sind genug Informationen vorhanden, um Berichte für sie zu verfassen.
- Ein Großteil der Befragten setzt die Wertungsskala effektiv ein (d. h. sie verwenden auf einer Skala mit zehn Punkten eine Verteilung über vier Punkte oder mehr).

6. Die Bewertung des 360°-Beurteilungsvorgangs

- Die Übereinstimmung zwischen den Bewertern ist hoch (über 70 Prozent Übereinstimmung).
- Die Zahl der stark widersprüchlichen Antworten ist gering (weniger als 5 Prozent der Befragten weichen um mehr als 20 Prozent vom Konsens ab).
- Nur wenige Befragte (weniger als 5 Prozent) benutzen überwiegend das obere oder untere Ende der Skala.

Einige Unternehmen verändern die Parameter zur Genauigkeit und Gültigkeit der Aussagen, etwa die prozentuale Übereinstimmung oder den Prozentsatz widersprüchlicher Antworten, um höhere Standards für die Glaubwürdigkeit der Daten zu schaffen.

Die Bedenken der Befragten

Wie stark ging die Organisation auf die Bedürfnisse und Bedenken der Befragten ein? Wenn die Anwender nicht überzeugt sind, dass beim 360°-Feedback ihre Anonymität als Bewerter gewahrt bleibt, antworten viele nicht. Andere antworten zwar, geben aber übertrieben positive Wertungen ab. Wenn die Benutzer den Fragebogen für zu lang halten oder das Gefühl haben, sie müssten zu viele Bögen ausfüllen, weil die Bewertungsteams zu groß sind, wächst die Zahl der nicht ausgefüllten Bögen erheblich. Darüber hinaus variieren diejenigen, die antworten, bei der Verwendung der Skala kaum noch. Wenn die Befragten meinen, sie sollten Feedback über Mitarbeiter geben, die sie nicht ausreichend kennen, antworten sie entweder nicht oder erteilen fast gleiche, meist etwas über dem Mittelwert liegende Wertungen.

Sicherungen für die Fragebögen

Ergibt der Fragebogen oder das Bewertungsinstrument verlässliche und gültige Bewertungen? Ein gültiges Instrument hat

- eine hohe Übereinstimmung der Bewerter bei jeder Angabe (Kriterium, Kompetenz, Frage),
- eine hohe Antwortquote bei jedem Punkt (besser als 90 Prozent) und
- wenige redundante Punkte, erkennbar an einer niedrigen oder mittleren Korrelation mit anderen Punkten.

Verlässlichkeit, Gültigkeit

Die Genauigkeit der Befragten

Bewertertypen

Antworteten die Beteiligten nach einem Muster, das typisch für ihre Gruppe ist? Im Allgemeinen findet man ähnliche Antwortmuster innerhalb jeder Bewerterkategorie. So werden beispielsweise Selbstbewertungen übertrieben und externe Kunden geben höhere Wertungen als interne Kunden. Die Analyse der Genauigkeit, die sich als Übereinstimmung mit verschiedenen anderen Typen von Bewertern definiert, hilft bei solchen Fragen mit methodischen Entscheidungen. Diese Analyse kann den Projektbetreuern bei der Entscheidung helfen, auf welche Bewertertypen sie in Zukunft zurückgreifen und ob sie deren Antworten unterschiedlich gewichten sollen. Eine unterschiedliche Gewichtung der verschiedenen Bewertertypen, etwa der Kollegen oder direkt unterstellten Mitarbeiter, kann sich erheblich auf das Endergebnis auswirken.

Feedback für die Befragten

Das Feedback für die Befragten ist eine spezielle Sicherung und erzeugt bei den Bewertern Verantwortung für die Genauigkeit ihrer Antworten. Es basiert auf dem Konzept, dass die Befragten das tun, was sie tun sollen: Sie liefern Feedback, das sich mit dem von anderen deckt. Befragte, die ungültige Antworten liefern, lassen sich daran erkennen, dass sich ihr Antwortmuster in über 40 Prozent der Fälle zu mehr als 20 Prozent von dem anderer Befragter unterscheidet, allerdings setzen einige Unternehmen die Parameter in ihren Definitionen höher oder niedriger.

Feedback-Geber erhalten Feedback

Das Feedback für die Befragten garantiert allen Teilnehmern ein faires Beurteilungsverfahren. Die Befragten sind zwar für die Genauigkeit ihrer Antworten verantwortlich, ihre Anonymität wird jedoch gewährleistet. Die Person, die das 360°-Feedback erhält, sieht niemals das Feedback für den Befragten. Es erreicht nur den Feedback-Geber und manchmal die Personalabteilung. Die Person, die bewertet wird, sieht daher nie, wer bei den Antworten im Rahmen blieb oder zu weit ging.

Viele Mitarbeiter geben Urteile über die Leistung von Kollegen ab und fragen sich, ob sie damit richtig oder falsch liegen. Das Feedback für die Befragten zeigt den Bewertern die Punkte, bei

6. Die Bewertung des 360°-Beurteilungsvorgangs

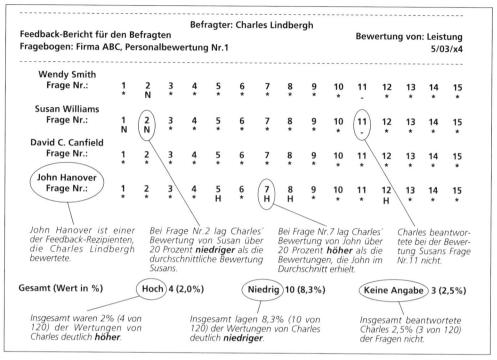

Abb. 6-2: Feedback-Bericht für den Befragten

denen sich ihr eigenes Urteil erheblich von dem der anderen abhebt (Abbildung 6-2). Das Feedback für die Befragten kann sowohl Befragte, die gültige Antworten liefern, bestärken, als auch ungültige Antworten kenntlich machen.

Der Feedback-Bericht für den Befragten in Abbildung 6-2 wurde für Charles Lindbergh erstellt. Er lieferte das Feedback für vier Mitarbeiter: Wendy Smith, Susan Williams, David Canfield und John Hanover. Beim Bogen für Susan Williams zeigt das N, dass Charles bei den ersten Kriterien (Fragen) über 20 Prozent niedriger lag als die Mehrheit der Befragten. Das muss nicht heißen, dass seine Bewertung falsch war. Vielleicht hat er Susan in anderen Situationen erlebt. Wenn seine Bewertung jedoch bei vielen Punkten von dem Mittel der anderen Bewertungen abweicht, liegt er wahrscheinlich falsch.

Abweichungen richtig interpretieren

Charles gab bei Frage 11 kein Feedback für Susan. Beim Feedback für John Hanover lag Charles bei vier Fragen deutlich höher als die anderen (angezeigt durch *H*).

Die niedrigen, hohen und ausgebliebenen Wertungen insgesamt zeigen, dass Charles ein ziemlich guter Bewerter ist. Die Validität wird fraglich, wenn die Gesamtzahl der ungewöhnlich hohen oder niedrigen Antworten bei über 20 Prozent aller Antworten liegt. Das Feedback für den Befragten zeigt dann Handlungsbedarf auf, wenn Susan zum Beispiel nur *N*-Wertungen erhalten würde, was auf eine wahrscheinliche persönliche Voreingenommenheit hindeutet. Auch wenn ein Befragter alle Frauen oder eine andere besondere demographische Gruppe ungewöhnlich niedrig bewerten würde, könnte man das anhand des Feedback-Berichts für den Befragten feststellen.

Überprüfung der Befragtenvalidität

Wie diese Informationen genau verwendet werden, ist eine methodische Entscheidung, die oft vom Entwicklungsteam getroffen wird. Meistens geht man so vor, dass man die eindeutig ungültigen Wertungen eines Befragten herausnimmt, weil sie die Angaben in unfairer Weise verzerren. Manchmal geht man bei der Überprüfung der Befragtenvalidität auch strenger vor. Dann werden beispielsweise diejenigen, die nicht ehrlich antworten, den Kollegen genannt.

Das Feedback für die Befragten bietet auch einen Test für die Verlässlichkeit der Fragen. Wenn zum Beispiel viele Befragte bei der gleichen Frage zu hoch oder niedrig liegen, brauchen sie vielleicht eine bessere Definition der Aussage.

Nur wenige Menschen haben je zuvor ein Feedback zur Genauigkeit ihrer Urteile über andere erhalten, es sei denn von ihrem Lebenspartner. Die meisten reagieren erfreut auf ein solches Feedback, oft sind sie erleichtert, wenn ihr Urteil dem anderer entspricht. Die meisten Menschen begrüßen daher ein Feedback für die Befragten. Die Teilnehmer bei Arizona Public Service, Current Inc., Fidelity Bank und du Pont berichteten sogar, dass das Feedback für die Befragten der nützlichste Bestandteil der 360°-Beurteilung sei.

Das Feedback zu bestimmten Fehlern, die bei Bewertungen auftreten, wie etwa die Tendenz, nur das obere Ende der Skala zu benutzen (Nachsicht), oder die Tendenz zur Mitte (zentrale Ten-

6. Die Bewertung des 360°-Beurteilungsvorgangs

denz) oder andere Fehler, bietet hervorragende Schulungsmöglichkeiten durch erfahrendes Lernen. Durch das Feedback für die Befragten können die Teilnehmer aus der Erfahrung beim Erteilen des Feedback lernen. Die meisten Befragten machen mit der Bewertung positive Erfahrungen, da ihr Urteil durch ähnliche Aussagen der anderen bestätigt wird. Für diejenigen, die andere unfair bewerten, kann das Feedback als Anstoß dienen, ihr Verhalten zu ändern.

Lernen durch Erfahrung

Das Feedback für die Befragten motiviert die Beteiligten, sich mit ihrem Verhalten als Bewerter auseinander zu setzen und so Fehler zu vermeiden. Das Feedback kann auch mögliche Vorlieben oder Abneigungen gegenüber bestimmten Personen oder Gruppen aufzeigen. So fällt zum Beispiel das Feedback für jemanden eindeutig aus, der einen Freund immer ganz oben an die Skala setzt und eine missliebige Person ganz unten. Ebenso weist das Feedback die Personen aus, die Frauen oder andere demographische Gruppen deutlich anders als der Durchschnitt der Befragten bewerten.

Bewerter brauchen Feedback, um zu lernen

Wenn die Befragten zusammenarbeiten und einen Bewertungsring einrichten oder Absprachen treffen, legt ihr Feedback dieses Verhalten offen und dokumentiert es. Die Spuren der Betrüger sind eindeutig zu erkennen. Ohne die Möglichkeit, Absprachen zu erkennen und zu unterbinden, steigt ihre Zahl rasch an und die Glaubwürdigkeit der Resultate wird untergraben.

Eine Universität führt Sanktionen gegen die ein, die das System missbrauchen

Bei einem großen Projekt zur 360°-Beurteilung an einer Universität wurden drei Professoren enttarnt, die das System zu ihren Gunsten „austricksen" wollten. Sie machten nicht nur ungültige Angaben, sondern arbeiteten auch zusammen. Sie trafen Absprachen und richteten einen Bewertungsring ein, bei dem sie sich gegenseitig bei allen Kriterien die Höchstnote und anderen Kollegen die Mindestnote gaben. Sie wussten von ihrer Schulung her, dass die Antworten der Bewerter zurückverfolgt und zusammengestellt wurden, um das System vor ungültigen Antworten zu schützen. Dennoch führten sie ihren Plan aus.

Professoren- „Trick"

Als beim Feedback für die Befragten ihr Verhalten eindeutig anhand ihrer Antwortmuster aufgedeckt wurde, beteuerten sie zunächst ihre Unschuld. Man zeigte ihnen die Belege in Form ihrer Verhaltens-Feedback-Berichte. Daraufhin erklärte jeder: „Ich dachte, jeder würde das machen."

Der Personalausschuss sah die Sache anders, denn die Kollegen hatten den Lehrkörper eindeutig betrogen: Der Ausschuss veranlasste die Maßnahme, dass Befragte, die ungültige Angaben machen, bei den nächsten beiden Runden kein Feedback mehr geben dürfen. Der Ausschuss empfahl außerdem, dass den Betrügern die Leistungszulagen gestrichen wurden. Alle drei Professoren verließen die Universität freiwillig innerhalb von zwei Jahren.

Befragte, die den 360°-Feedback-Bewertungsprozess zu ihren Gunsten zu manipulieren versuchen, können

Wer manipuliert, muss mit Sanktionen rechnen

- aus der Wertung entfernt werden (so dass sie im Grunde genommen ihre Stimme verlieren),
- durch die Dokumentation bloßgestellt werden,
- für eine Schulung zum Thema Ehrlichkeit oder anderen Toleranz fördernden Maßnahmen empfohlen werden,
- Sanktionen zur Förderung der Ethik oder Unterbindung von Absprachen ausgesetzt werden, falls diese existieren.

Eine gewisse Abweichung bei den Befragten ist normal und erwünscht. Unterschiedliche Perspektiven zum Beispiel sollen Variationen bei der Verhaltensbeobachtung erzeugen. Von Ungültigkeit spricht man, wenn das Muster der Abweichungen eindeutig ist, etwa wenn eine Person oder Gruppe stets an das obere oder untere Ende der Skala gesetzt wird und andere nicht.

Ein Hightech-Dienstleister sprengt einen Wertungsring

Ist Betrügen „normal"?

Ein Hightech-Unternehmen untersuchte das Feedback für die Befragten und erkannte, dass eine Gruppe von etwa acht Personen zusammengearbeitet und sich gegenseitig einhellig an die Spitze der Wertungsskala gesetzt hatte. Als die Urheber des absichtlich ungültigen Feedback zur Rede gestellt wurden, erklärten die meisten: „Ich dachte, das [Betrügen] macht jeder."

6. Die Bewertung des 360°-Beurteilungsvorgangs

Das Unternehmen entschied, den Angestellten eine zweite Chance zu geben, bei der sie ihre Ehrlichkeit unter Beweis stellen konnten. Außerdem beschloss man, bekannt zu geben, dass ein Wertungsring aufgedeckt worden sei, allerdings wurden die Namen nicht genannt. Die Beteiligten hätten keine Vorteile gehabt, erfuhren die anderen.

In Zukunft würde jeder, der ungültiges Feedback gibt oder mit anderen Absprachen bei der Bewertung trifft, rigorosen Sanktionen unterworfen sein. Diese Maßnahmen sollten für eine erhöhte Glaubwürdigkeit am Arbeitsplatz sorgen; sie umfassten Vorkehrungen für disziplinarische Maßnahmen und sogar die Entlassung von Angestellten, die sich eindeutig unmoralisch verhielten.

Das Feedback für die Befragten soll Fairness gewährleisten, indem es die Bewerter zur Verantwortung zieht. Da die bewertete Person das Feedback für den Befragten nicht zu sehen bekommt, wird die Anonymität des Befragten gewahrt. Ohne ein Feedback für die Befragten können Bewertungen durch absichtlich oder unabsichtlich ungültige Angaben verzerrt werden.

Fairness durch Verantwortung

6.1.2 Organisatorische Roll-up-Reports

Roll-up-Reports auf Gruppenebene oder der gesamten Organisationsebene bieten sowohl einen Sicherungsmechanismus als auch zusätzliche Informationen zum Ablauf. Ein Roll-up-Report kombiniert zum Beispiel die einzelnen 360°-Feedback-Berichte aus verschiedenen Abteilungen und fasst sie zu einem Querschnitt zusammen. Mit ihm kann man feststellen, ob Schulungen oder andere Maßnahmen zur Personalentwicklung gebraucht werden, man kann damit die Effektivität von Schulungen messen, Veränderungen der Unternehmenskultur beurteilen und die Kompatibilität von Verhaltensweisen und Unternehmensleitbildern überprüfen.

Feedback-Querschnitt

Roll-up-Reports nach demographischen Variablen gewähren Einblick, wie sich Bewertungen auf bestimmte Gruppen auswirken, etwa wie Frauen im Vergleich zu Männern abschnitten oder wie eine Minderheit im Vergleich zu einer anderen Gruppe oder allen anderen Mitarbeitern bewertet wurde. Den Benutzerfragen vorweggreifend können Sicherungsmaßnahmen Antworten auf verschiedene Fragen geben, zum Beispiel: „Erzielt der Bereich Technik, zu dem ich gehöre, als Gruppe höhere oder niedrigere Werte als ein anderer Bereich, zum Beispiel Marketing?" Sicherungsmechanismen können Unterschiede in der Wertung aufzeigen, wenn sie bei verschiedenen Variablen (wie zum Beispiel Alter, Ausbildung oder Dienstzeit) auftreten. Die folgenden demographischen Variablen sind für Roll-up-Reports oder Zusammenfassungen nützlich:

Demographische Variablen

- Beruf oder Berufsgruppe
- Position im Unternehmen
- geographischer Standort
- Dauer der Beschäftigung im Unternehmen
- Länge der Berufserfahrung
- Ausbildung
- Alter
- Geschlecht
- Herkunft

Unternehmen können die Informationen aus den Roll-up-Reports für das Reengineering, für Reorganisationsmaßnahmen, die Nachfolgeplanung, Stellenbesetzungen und andere Entscheidungsprozesse verwenden. Die Roll-up-Reports der Abteilungen beispielsweise zeigen, wo gezielte Schulungsmaßnahmen erforderlich sind. Wenn ein Unternehmen Mitarbeiter mit Fähigkeiten in den Bereichen Kundendienst und Teamwork braucht, kann man die Datenbank durchforsten und eine Gruppe zusammenstellen, bei deren Mitgliedern die gewünschten Fähigkeiten besonders stark ausgeprägt sind.

6.2 Projektbewertungen durch die Anwender

Benutzerumfrage

Für Informationen über die Effektivität des Vorgangs führt man meist Umfragen zur Zufriedenheit der Benutzer durch. Ein Unternehmen kann eine Benutzerumfrage zur Bewertung der 360°-Beurteilung machen und sich nach der Fairness, Genauigkeit und anderen für das Unternehmen und seine Mitarbeiter wichtigen Attributen erkundigen. Für diese Analyse der Prozesseffektivität eignet sich eine kurze Bewertung, die in Abbildung 6-3 dargestellt ist.

6. Die Bewertung des 360°-Beurteilungsvorgangs

weiß nicht	*sehr dagegen*		*dagegen*			*dafür*			*sehr dafür*	
N	1	2	3	4	5	6	7	8	9	10

Das neue 360°-Feedback-Verfahren bietet mir Informationen, die:

1. nützlich für die eigene Entwicklung sind	N	1	2	3	4	5	6	7	8	9	10
2. nützlich für Beurteilungen sind	N	1	2	3	4	5	6	7	8	9	10
3. mich motivieren	N	1	2	3	4	5	6	7	8	9	10
4. wertvoll für mich sind	N	1	2	3	4	5	6	7	8	9	10
5. mir gegenüber fair sind	N	1	2	3	4	5	6	7	8	9	10
6. fair gegenüber anderen sind	N	1	2	3	4	5	6	7	8	9	10
7. eine vollständige Bewertung bieten	N	1	2	3	4	5	6	7	8	9	10
8. eine genaue Bewertung bieten	N	1	2	3	4	5	6	7	8	9	10
9. Fairness gewährleisten	N	1	2	3	4	5	6	7	8	9	10
10. Insgesamt bin ich mit dem 360°-Feedback-Verfahren zufrieden	N	1	2	3	4	5	6	7	8	9	10

11. Kommentare: _____
_____
_____
_____

Was würden Sie am Fragebogen ändern?
_____
_____
_____

Von den folgenden Personen würde ich gerne Feedback erhalten:
___ nur von meinem Vorgesetzten
___ nur von meinen Kollegen
___ von meinem Vorgesetzten und von meinen Kollegen

Insgesamt betrachtet, empfehle ich das 360°-Feedback
___ für die Leistungsbeurteilung im Jahr 2000 (jetzt),
___ für die Leistungsbeurteilung im Jahr 2001 (nächstes Jahr),
___ das 360°-Feedback sollte nur für die Personalentwicklung verwendet werden.

Abb. 6-3: Instrument zur Projektbewertung

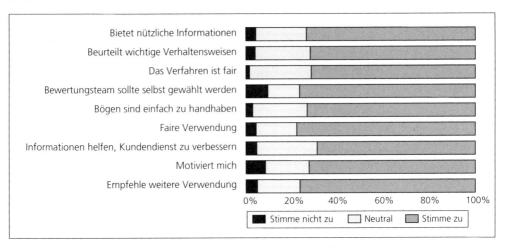

Abb. 6-4: Die Ergebnisse der Prozessbewertung bei Meridian Oil

Meridian Oil führt eine strukturierte 360°-Feedback-Bewertung durch

Informationen der Teilnehmer nutzen

Meridian Oil schickte 1800 Anwendern des 360°-Beurteilungsprozesses an sechs verschiedenen Orten in Nordamerika einen Bewertungsbogen. Über 1000 Benutzer antworteten; die Ergebnisse sind in Abbildung 6-4 dargestellt. Die meisten Anwender – etwa 78 Prozent – waren der Ansicht, dass die Bewertung nützliche Informationen bietet. Etwa 15 Prozent waren neutral und nur etwa 4 Prozent waren nicht der Meinung, dass ihnen die 360°-Beurteilung genützt hatte. Die größte Zustimmung fand die Äußerung: „Der Vorgang ist fair." Offensichtlich waren nur sehr wenige Benutzer nicht von der Fairness des Vorgangs beeindruckt.

Eine demographische Analyse ergab, dass die Mitarbeiter unabhängig von Alter, Geschlecht und Herkunft sehr ähnliche positive Eindrücke vom Feedback hatten. Die Ergebnisse stimmten mit den Urteilen von Beschäftigten anderer Unternehmen überein, in denen ebenfalls eine Projektevaluation durchgeführt worden war. Insgesamt waren die Vorgesetzten etwas positiver gestimmt als die Angestellten, die keine leitende Position hatten.

6. Die Bewertung des 360°-Beurteilungsvorgangs

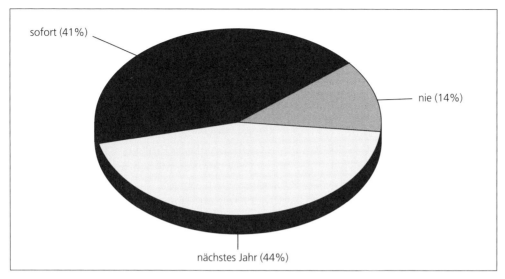

Abb. 6-5: Ergebnis einer Umfrage unter den Mitarbeitern von Meridian Oil, ob sich die 360°-Beurteilung auf die Bezahlung auswirken sollte

Meridian Oil fragte, was die Mitarbeiter von einer Veränderung des Projekts hielten. Das Feedback sollte sich in Zukunft nicht nur auf die Personalentwicklung auswirken, sondern auch Einfluss auf Beurteilungen und Gehaltsentscheidungen nehmen. Da die meisten Mitarbeiter den 360°-Feedback-Prozess als fair betrachteten und seine fortgesetzte Durchführung empfahlen, lässt sich leicht ausrechnen, was sie auf diese Frage antworteten.

Wie Abbildung 6-5 zeigt, empfahl bei Meridian Oil die Mehrheit der Angestellten (85 Prozent), dass der 360°-Feedback-Prozess auch für Beurteilungen und Gehaltsentscheidungen verwendet werden sollte. Allerdings waren 44 Prozent der Ansicht, dass die Auswirkungen auf das Gehalt noch um ein Jahr verschoben werden sollten, und 14 Prozent meinten, der Vorgang solle keine Auswirkungen auf die Bezahlung haben. Die Antworten fielen in allen demographischen Kategorien fast gleich aus.

360°-Beurteilung auch für Gehaltsentscheidungen

Akzeptanz der Mitarbeiter ermitteln

Unternehmen können die Effektivität einer 360°-Beurteilung auch durch einen Vergleich zwischen einer Umfrage vor und einer Umfrage nach der Durchführung des 360°-Feedback untersuchen. Bei der Umfrage vor der Durchführung wird die Zufriedenheit der Mitarbeiter mit dem bisherigen Leistungsbewertungssystem gemessen. Im Allgemeinen sind 5 bis 30 Prozent der Beschäftigten mit der herkömmlichen Leistungsbeurteilung durch den Vorgesetzten zufrieden. Bei der Umfrage nach der Durchführung des 360°-Feedback-Projekts wird ermittelt, wie zufrieden die Mitarbeiter mit dem System waren. Dabei werden oft über 75 Prozent erreicht, obwohl die Zufriedenheit im öffentlichen Dienst oder mit der Mitgliedschaft in einer Gewerkschaft oft um 15 Prozent niedriger liegt.

Intel nennt sein 360°-Feedback-Projekt „ganzer Geschmack, halbe Kalorien"

Zeitsparend und effizient!

Intel stellte den Teilnehmern 32 Fragen zum 360°-Feedback-Prozess, der für Entwicklungs- und Leistungsbeurteilungen sowie Gehaltsentscheidungen verwendet wurde. Zwei Fragen waren von besonderer Bedeutung, wie Abbildung 6-6 zeigt: Bot der Vorgang „nützliche Informationen" und war er „zeitsparend und effizient"? Die Projektleiter bei Intel versahen das Projekt mit dem Slogan „ganzer Geschmack, halbe Kalorien". Es „schmeckt" großartig, weil es wertsteigernd ist, und hat weniger „Kalorien", weil es nur einen minimalen Zeitaufwand erfordert. Über 90 Prozent der Teilnehmer bei Intel waren der Meinung, dass das 360°-Feedback nützliche Informationen bietet und außerdem zeitsparend und effizient ist. Dagegen fanden weniger als ein Drittel, dass das frühere System nützlich oder effizient war.

Die Bewertung durch die Benutzer bietet jedoch nicht immer ausreichend Einblick in die Gefühle der Beteiligten. Das amerikanische Energieministerium und OXY USA verwendeten zusätzlich noch Gespräche, Personalversammlungen und Fokusgruppen und sammelten so weitere Informationen über die Stärken der 360°-Beurteilung und die Bedenken der Beteiligten. In Abbildung 6-7 sind die Meinungen der Teilnehmer zum 360°-

6. Die Bewertung des 360°-Beurteilungsvorgangs

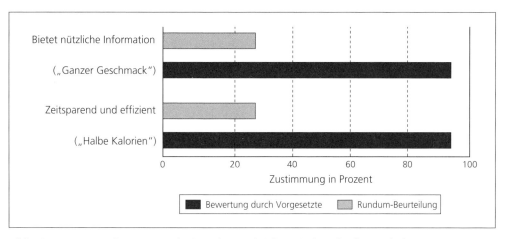

Abb. 6-6: Prozessbewertung bei Intel: Vergleich zwischen herkömmlicher Bewertung und Rundum-Beurteilungen

Stärken	Bedenken
• Erstellt in kurzer Zeit genaue Leistungsbewertungen • Glaubwürdiges Leistungs-Feedback • Ermöglicht eine der Leistung entsprechende Bezahlung • Schafft Differenzierungsmöglichkeiten bei der Leistung, Wertungen sind breiter gefächert • Zeigt kritisches Verhalten auf • Wechsel von Rang- zu Leistungssystem • Ermöglicht die Belohnung derer, die gute Leistungen bringen • Konfrontiert Mitarbeiter mit schwachen Leistungen • Fördert ständige Verbesserungen • Verbessert Klima im Team • Fördert größere Zuständigkeitsbereiche • Verringert Voreingenommenheit der Vorgesetzten • Fördert die Karriereentwicklung	• Popularitätstendenz (Fairness der Bewertungsteams)* • Freundschafts- oder Rivalitätsdenken* • Einige Befragte sind kritischer als andere* • Manche Teams urteilen härter als andere* • Mitarbeiter können sich absprechen* • Maßstäbe sind zu weich (technische Fähigkeiten und Ergebnisse werden nicht ausreichend berücksichtigt) • Maßstäbe sind unvollständig (keine Maßstäbe für Ergebnisse oder Resultate) • Prozess stützt keine Entscheidungen zu Entlassungen

* Lässt sich durch Rückverfolgung der Befragten und Feedback für die Befragten lösen.

Abb. 6-7: Bewertung bei du Pont: Stärken des 360°-Feedback und Bedenken bei Langzeitanwendern

> Bewerten Sie bitte anhand der Skala, in welchem Maß die Äußerungen für das 360°-Feedback zutreffen. Verwenden Sie bitte eine Skala von 1 bis 10, bei der 10 die höchste Wertung ist.
>
> | | Punktzahl (1–10) | Ziel |
> |---|---|---|
> | 1. Anwender halten 360°-Feedback für nützlich | _____ | > 75 Prozent |
> | 2. Anwender halten Ablauf für fair | _____ | > 75 Prozent |
> | 3. Hohe Teilnehmerzahl | _____ | > 85 Prozent |
> | 4. Zeitaufwand ist minimal | _____ | < 20 Minuten |
> | 5. Zur Einweisung der Anwender wurde ein Kommunikationsplan verwendet | _____ | ja |
> | 6. Am Ablauf ist ein Designteam aus allen Abteilungen beteiligt | _____ | ja |
> | 7. Die Anwender wurden geschult, Feedback zu geben und zu erhalten | _____ | ja |
> | 8. Grundsatzentscheidungen sind für Anwender sinnvoll | _____ | ja |
> | 9. Verwendung einer intelligenten Bewertungsmethode | _____ | ja |
> | 10. Ablauf und Technik sind abgesichert | _____ | ja |
>
> Punkte
> Über 80: Erfolgreiches Projekt; 360°-Fedback wird angenommen.
> 60 bis 80: Mittelmäßiger Erfolg; 360°-Feedback muss verändert werden.
> Unter 60: Kein Erfolg, 360°-Feedback muss stark verändert werden.

Abb. 6-8: 360°-Projektbewertung mit Self-scoring

Auf Bedenken eingehen

Feedback-System bei du Pont nach einer fünfjährigen Anwendung aufgeführt. Die Bewertung durch die Anwender ergab, dass 88 Prozent der Mitarbeiter mit dem 360°-Feedback zufrieden waren, das für Fragen der Personalentwicklung, Beurteilung, Bezahlung und Beförderung in der Forschungs- und Entwicklungsabteilung verwendet wurde. Die genannten Bedenken weisen darauf hin, dass zusätzliche Kommunikation erforderlich ist und verschiedene Probleme angegangen werden müssen.

Eine Projektbewertung wie in Abbildung 6-8 ist eine zeitsparende Methode zur Bewertung der Effektivität des Ablaufs. Der angestrebte Prozentsatz für die Zufriedenheit der Anwender

6. Die Bewertung des 360°-Beurteilungsvorgangs

(zum Beispiel 75 Prozent) bedeutet, dass ein erfolgreiches Projekt bei über 75 Prozent der Anwender Bestätigung findet.

6.3 Verbessern Sie den Ablauf der 360°-Beurteilung

Unternehmen sollten die Informationen aus der Bewertung zur Verbesserung des 360°-Feedback-Vorgangs verwenden. Wenn die ursprüngliche Gestaltung des Ablaufs gut war, werden nur geringe Verbesserungen nötig sein. Am häufigsten fallen Veränderungen in den folgenden Bereichen an:

- Grundsatzentscheidungen, zum Beispiel, wer Zugang zum Verhaltens-Feedback hat
- das Instrument (zum Beispiel bei der Ergänzung, Auslassung oder Modifizierung ausgewählter Kriterien oder Reihen von technischen oder zweckmäßigen Fähigkeiten)
- Richtlinien für die Auswahl der Bewertungsteams (normalerweise, um die Teilnahme zu erweitern)
- die Verwaltung des Vorgangs (um die Anwenderantworten zu beschleunigen oder zu vereinfachen)
- zusätzliche Absicherungen, etwa Feedback für die Befragten
- Maßnahmen, um den Vorgang fairer, genauer, einfacher, vertrauenswürdiger oder schneller zu gestalten

Veränderungen nach der Bewertung

TEIL III

Bedenken und Bedürfnisse der Anwender

7. Häufige Schwierigkeiten und wie man sie vermeidet

Der reifste Pfirsich hängt immer ganz oben im Baum.
Raymond Welch jr., Farmer

Nur besonderes Engagement bringt besondere Belohnungen ein.
Arlene Blum, Bergsteigerin und -führerin, Teilnehmerin an der Himalaya-Expedition amerikanischer Frauen

Die 360°-Beurteilung bietet eindeutig Vorteile. Dennoch benutzen nur wenige Unternehmen dieses System für Gehaltsentscheidungen und die Beurteilung ihrer Mitarbeiter. Ein Grund dafür, dass diese Methode nicht häufiger angewandt wird, liegt darin, dass die meisten Anwender die Arbeit, die mit der Entwicklung eines solchen Projekts verbunden ist, erheblich unterschätzen. Ein weiterer Grund ist – im übertragenen Sinn – eine fehlende gute Straßenkarte, die die Beteiligten um die voraussichtlichen Hindernisse herumführt. Abbildung 7-1 bietet einen Vergleich zwischen dem 360°-Feedback und herkömmlichen Bewertungssystemen.

7.1 Häufige Schwierigkeiten

Eine Darstellung der Schwierigkeiten, die häufig eine Umsetzung der 360°-Beurteilung behindern, zeigt, warum viele Organisationen diesen Ansatz noch nicht vollständig umgesetzt haben.

7.1.1 Falsch angewandtes altes Wissen

Der wichtigste Grund für das Scheitern der Rundum-Beurteilungssysteme liegt darin, dass die Anwender versuchen, das neue Modell ihrem vorhandenen Wissen anzupassen, etwa den her-

Neues Wissen über altes Wissen stülpen

Herkömmliche Bewertungssysteme	360°-Beurteilung
Ein Ziel, viele Bewerter (große Untersuchungseinheiten, d. h. über 15).	Viele Ziele, jedes mit wenigen Bewertern (kleine Untersuchungseinheiten, d. h. 4 bis 9).
Rückhalt in der klassischen induktiven Statistik.	Untersuchungseinheit ist zu klein, um statistischen Anforderungen zu genügen, statistische Tests können ungültig sein.
Klassische Berichte sind geeignet, etwa zur Darstellung der Verteilung der Befragten.	Die Darstellung der Punkteverteilung ist vielleicht nicht erwünscht, da eine niedrige Wertung den Feedback-Rezipienten ungünstig beeinflussen könnte.
Kein Bedarf an speziellen Auswertungsverfahren, die Größe der Untersuchungseinheiten gleicht Verzerrungen aus (positive Angaben überdecken die schlechten oder ungültigen).	Eventuell ist eine Glättung erforderlich, um ein durch Ausreißer verzerrtes Ergebnis zu stabilisieren.
Mäßiges Bedürfnis nach Anonymität der Befragten.	Entscheidendes Bedürfnis nach Anonymität der Befragten.
Fragebögen können lang sein, da jeder Befragte einen Bogen ausfüllt.	Fragebögen müssen kurz sein, da die meisten Befragten mehrere Bögen ausfüllen.
Auf Grund der Größe der Untersuchungseinheiten sind nur wenige Absicherungen nötig.	Um der Fairness willen sind Absicherungen nötig, da die Untersuchungseinheiten klein sind und die Ergebnisse für bestimmte Zwecke verwendet werden.

Abb. 7-1: Herkömmliche Bewertungssysteme und die 360°-Beurteilung im Vergleich

Unterschiede erkennen und begreifen

kömmlichen Umfragen. Einfache Umfragemethoden eignen sich vielleicht für ein Feedback, das nur der Personalentwicklung dienen soll (obwohl auch da Probleme auftreten können), doch für das Leistungsmanagement sind sie völlig unzureichend. Eine einfache Bewertungsmethode für die Punkteverteilung und -erfassung führt auf Grund von technischen Fehlern oder Fehlern seitens der Befragten oft zu verzerrten Informationen.

Die Benutzer übertragen ihr Wissen über herkömmliche Bewertungssysteme auf das Spezialmodell der 360°-Beurteilung, da die beiden Vorgänge sehr ähnlich wirken. Tatsächlich aber gleicht ein

7. Häufige Schwierigkeiten und wie man sie vermeidet

herkömmlicher Bewertungsprozess dem 360°-Feedback etwa so wie ein Propellerflugzeug einem Jet.

Bei einem herkömmlichen Bewertungssystem, das beispielsweise bei 1000 Angestellten durchgeführt wird, gibt es nur ein Untersuchungsobjekt, das Unternehmen, mit einer Untersuchungseinheit von 1000 Befragten. Beim 360°-Feedback-Modell ist es fast genau umgekehrt: Es gibt 1000 Untersuchungsobjekte, eines für jeden Mitarbeiter, und jedes hat eine kleine, begrenzte Bewertungsgruppe mit vier bis neun Mitgliedern. Die geringe Größe der Untersuchungseinheit wirkt sich erheblich auf Punkteverteilung und Erfassung aus, die man für ein genaues Feedback benötigt. Statistische Standardmethoden sind für kleine Gruppen oft ungeeignet, da die Annahmen, die ihrem Einsatz zu Grunde liegen, nicht eingehalten werden.

Größe der Untersuchungseinheiten

Herkömmliche Bewertungssysteme gehen von einer angemessenen Größe der Untersuchungseinheiten aus, so dass eine Antwort bei der Zahl der anderen Antworten nur geringe Auswirkungen hat. Anders beim 360°-Feedback: Ohne Sicherungsmechanismen kann ein Bewerter den Durchschnitt erheblich beeinflussen.

Herkömmliche Systeme können lange Fragebögen einsetzen, da die Bewerter nur einen beantworten. Beim 360°-Feedback beantworten die Befragten dagegen fünf bis zwölf Fragebögen. Wenn man dann einen langen Fragebogen verwendet, antworten viele gar nicht oder falsch. Die meisten Mitarbeiter sind bereit, viele Fragen über sich selbst zu beantworten und sich bei Selbstbewertungsbögen ausführlich über sich selbst Gedanken zu machen. Wenn es jedoch um die Kollegen geht, wollen viele nicht so viel Zeit darauf verwenden oder sich ernsthaft damit auseinander setzen.

Die Länge der Fragebögen

Selbstbeweihräucherung

Bei Umfragen mit großen Untersuchungseinheiten können die Bewerter in der Menge der vielen anderen Befragten untertauchen. Folglich ist das Bedürfnis nach Anonymität nicht so stark ausgeprägt. Wir haben jedoch bereits festgestellt, dass für eine effektive 360°-Beurteilung die Anonymität sehr wichtig ist, sonst sind die Befragten nicht ehrlich.

7.1.2 Mangelnde Absicherungen

Nur allzu oft nehmen Unternehmen ein 360°-Feedback in Angriff und gehen davon aus, dass die Verwendung von Informationen aus mehreren Quellen eine absichtliche oder unabsichtliche Verzerrung durch die Befragten ausgleichen wird. Das ist aber nicht der Fall. Wenn die Informationen nicht korrekt erfasst werden, erhöht sich bei Rundum-Beurteilungssystemen sogar die Fehlerquote, anstatt sie zu senken. Das Versäumnis, beabsichtigte oder unbeabsichtigte Bewertungsfehler zu verhindern, macht die Resultate unglaubwürdig.

Korrekte Informationserfassung

Die Validität des Verwaltungsvorgangs kann wichtiger sein als die des Bewertungsinstruments. Eine gute Verwaltung erfordert, dass die Feedback-Geber geschult werden und ihnen Anonymität garantiert wird. Das bedeutet auch, dass die einzelnen Feedback-Berichte vertraulich und für die anderen Mitarbeiter nicht zugänglich sind.

Sicherheitsvorkehrungen tragen dazu bei, dass sich ein Unternehmen auf Fehler, die beim 360°-Feedback-Prozess auftreten können, vorbereitet und sie korrigieren kann. Diese Sicherungen für Ablauf und Technik müssen zur Verfügung stehen und vor jeder Anwendung auf ihre Effektivität geprüft werden.

7.1.3 Übermäßiges Vertrauen in die Technik

Die 360°-Beurteilung ist ein sogenanntes Multi-Rater-Verfahren, das heißt, es werden verschiedene Befragte eingesetzt. Dadurch kann der Vorgang leicht wie eine bloße technische Herausforderung wirken. Viele Anwender verharren in dem Irrglauben, dass Software den Verwaltungsaufwand begrenzt und dieses Problem löst. Selbstverständlich ist die Technik wichtig, doch der Ablauf – beispielsweise wie der Vorgang vermittelt wird, die Glaubwürdigkeit des Fragebogens, die Schulung, wie man Feedback gibt und erhält und wie man Aktionspläne erstellt – hat wesentlich mehr mit der Akzeptanz durch die Anwender als mit der Software zu tun, die zur Erfassung und Sortierung der Ergebnisse verwendet wird.

Multi-Rater-Verfahren

Akzeptanz der Anwender ist wichtiger als perfekte Software

7. Häufige Schwierigkeiten und wie man sie vermeidet

Dennoch setzen Unternehmen immer wieder zu viel Vertrauen in die Technik, wenn sie ein Projekt zur Erfassung und Berechnung der Ergebnisse durchführen oder durchführen lassen, ohne die nötigen Voraussetzungen dafür zu schaffen, dass die Betroffenen den Vorgang verstehen und wissen, wie man mit den Ergebnissen umgeht. Mangelnde technische Kenntnisse können ein 360°-Feedback-Projekt gefährden, doch es genügt bei weitem nicht, sich nur auf diesen Aspekt zu konzentrieren. Zu einem erfolgreichen Projekt gehören sowohl eine starke technische als auch eine verfahrensorientierte Ausrichtung.

Technik ist nicht alles

7.1.4 Arbeitskraft durch Technik ersetzen

Ein kleines 360°-Feedback-Projekt kann am Anfang von einer Bürokraft verwaltet werden; allerdings wird die Koordination des Projekts ohne effiziente Software sehr schnell viel zu kompliziert. Viele Unternehmen wie zum Beispiel Current, Inc., American Airlines und Kaiser Permanente setzten anfangs menschliche Arbeitskraft statt Technologie ein, sie alle wandten sich jedoch automatisierten Technologielösungen zu. Andere beendeten ihre Projekte, weil der Vorgang ohne computergestützte Technologie einen viel zu großen Verwaltungsaufwand erforderte.

7.1.5 Technologie im Eigenbau

Der Vorgang der 360°-Beurteilung wirkt so einfach, dass viele denken, sie könnten ein Tabellenkalkulationsprogramm oder Datenauswertungsverfahren verwenden. Ein agrochemisches Unternehmen investierte mehrere Hunderttausend Dollar in firmenintern entwickelte Software für ein Rundum-Beurteilungssystem, bevor es das Projekt ganz fallen ließ, weil die Herausforderung zu groß war. Westinghouse und Ciba-Geigy machten ähnliche Erfahrungen. Die Unternehmen investierten hohe Summen in die Entwicklung von Computerprogrammen, die, wie sich herausstellte, nur so begrenzt einsatzfähig waren, dass man wieder darauf verzichtete.

Vergebliche Investitionen

Anforderungen an die Technologie

Selbst erstellte Anwendungen funktionieren vielleicht bei der Einführung der Rundum-Beurteilung, vor allem wenn diese nur für die Personalentwicklung und in kleinen Gruppen verwendet wird. Mit dem wachsenden Anspruch der Anwender werden jedoch zusätzliche Eigenschaften verlangt, die wahrscheinlich die Kapazitäten eines einfachen selbst entwickelten Computerprogramms sprengen. Folglich muss auch in die intern erstellte Technologie regelmäßig investiert werden, um mit den Bedürfnissen der Anwender und der Entwicklung der Computertechnologie Schritt zu halten.

7.1.6 Der administrative Überbau

Projektverantwortlicher

Jede bedeutende Veränderung in einem Unternehmen erfordert eine Leitfigur im Betrieb, die sich für das Projekt einsetzt und es organisiert. Auch die Führungskräfte müssen das Projekt unterstützen. Darüber hinaus sollte das Unternehmen eine Person bestimmen, die für das Projekt verantwortlich ist. Wenn sich niemand für Verwaltung und Ablauf verantwortlich fühlt, scheitert das Projekt.

Zur administrativen Unterstützung können zählen:

Projektunterstützung

- ein *Projektbetreuer,* der für die Entwicklung, Durchführung und Fortsetzung des Projekts zuständig ist,
- eine *Bürokraft,* die die Papier- oder Datenflut bewältigt, die Mitarbeiter, die ihre Bögen nicht ausfüllten, erinnert und sich um administrative Details kümmert, etwa neue Bögen an die Mitarbeiter zu schicken, die ihre alten verloren haben,
- *Bereichskoordinatoren,* die sicherstellen sollen, dass jeder Teilnehmer sich ein Bewertungsteam ausgesucht hat und dass jedes Teammitglied einen Bewertungsbogen beim Koordinator abgibt. Im Allgemeinen sind bei 10 bis 20 Prozent der Teilnehmer die Antworten überfällig. Um diese muss sich der Koordinator verstärkt kümmern.

Gelegentlich wird gegen die administrative Unterstützung der Einwand erhoben, dass der Vorgang zu kompliziert sei, um effektiv verwaltet werden zu können. Dieser Einwand lässt sich durch ein Pilotprojekt mit dem 360°-Feedback beilegen, in dessen Verlauf die Einfachheit jedes administrativen Vorgangs demonstriert wird. Insgesamt erfordern all diese Vorgänge nur einen geringen Aufwand an Zeit und Arbeitskraft. Zusätzlich kann eine Automatisierung den Verwaltungsaufwand erheblich reduzieren. So kann beispielsweise nach einem Wechsel von Papierbögen zur elektronischen Eingabe ein Projektbeauftragter bis zu 2000 Anwender betreuen.

7.1.7 Der Kulturschock

Jeder Vorgang, der mit einer Veränderung der Unternehmenskultur verbunden ist, stößt bei der Einführung und erfolgreichen Umsetzung auf Schwierigkeiten. Autokratische, stark hierarchisch organisierte Unternehmen sind schwirige Kandidaten für die 360°-Beurteilung. Organisationen dagegen, deren Vorstellungen, Werte und Führung Teamwork, eine Beteiligung der Mitarbeiter und ständige Verbesserung fördern, bieten hervorragende Ausgangsbedingungen.

Wandel in der Unternehmenskultur erforderlich

Zwei streng kontrollierte und hierarchisch organisierte Unternehmen in der verarbeitenden Industrie führten nach einem Aufstand der Beschäftigten gegen eine zu strenge Kontrolle Rundum-Beurteilungen durch. Die Mitarbeiter hatten von der Personalpolitik und den Seilschaften genug und verlangten mehr Mitspracherecht. Vier Jahre später hatte das eine Unternehmen Führungskräfte, die die neuen Werte der Mitverantwortung befürworteten. In dem anderen Unternehmen beendeten die Vorgesetzten einseitig das „Experiment" mit der Rundum-Beurteilung und behielten weiterhin ihre alten Machtpositionen. Rundum-Beurteilungen können scheitern, wenn sie sich zu stark vom bisherigen Führungsstil unterscheiden.

Mitarbeiter meutern

Machterhalt

Das zweiteilige TEAMS-Modell, das wir bereits angesprochen haben, bietet unter solchen Voraussetzungen eine effektive Möglichkeit zur Einführung des 360°-Feedback. Ein Bestandteil der 360°-Beurteilung kann bei den Führungskräften anfänglich eine beratende Funktion haben. Die Vorgesetzten können diese Informationen dann durch die Dokumentation bestimmter Ergebnisse noch erweitern. Das TEAMS-Modell ermöglicht so einen Ausgleich zwischen dem 360°-Feedback und einer Beurteilung durch die Führungskräfte. Es schützt Mitarbeiter, die Aufgaben oder Fertigkeiten haben, die nur dem Vorgesetzten bekannt oder nach außen nicht so einfach zu erkennen sind. Außerdem werden die Führungskräfte beim TEAMS-Modell in beiden Abschnitten des Bewertungsprozesses beteiligt: bei der Bewertung des Verhaltens und bei der Betrachtung der Resultate. Die Beteiligten nehmen das Projekt leichter an, wenn sie durch eine stufenweise Einführung bereits mit dem neuen Ansatz vertraut sind.

7.2 Autokratie

Unternehmen mit einer autokratischen Geschäftsleitung widersetzen sich allein schon dem Gedanken an eine 360°-Rundum-Beurteilung. Die Manager der alten Schule erreichten ihre Position noch zu der Zeit, als es nur die Bewertung durch den Vorgesetzten gab. Sie stehen einer Veränderung, die ihre Machtstellung bedrohen könnte, meist ablehnend gegenüber.

Manager der alten Schule

Der autokratische Führungsstil, der normalerweise auf einer starken Kontrolle durch die oberste Führungsebene basiert, verhindert die Beteiligung der Mitarbeiter am Leistungs-Feedback oder einem anderen Bewertungssystem. Eine Fluggesellschaft, die versuchte, in einer autokratischen Managementgruppe eine Rundum-Beurteilung durchzuführen, musste erkennen, dass die Angst vor einem Kontrollverlust für die Manager zu groß war. Obwohl die Projektbewertungen ergaben, dass 88 Prozent der Beschäftigten die Rundum-Beurteilung unterstützten und auch das Management das Projekt zu 82 Prozent befürwortete, scheiterte die Durchführung an einem leitenden Manager, der das Projekt eigenmächtig beendete.

Manager wollen die Kontrolle behalten

Selbst in Unternehmen mit Mitarbeiterbeteiligung kann es vorkommen, dass einige wenige autokratische Manager sich gegen ein 360°-Feedback wenden. Sie finden es vielleicht angenehmer, dass sie die Kontrolle über das Entscheidungssystem haben, das die Belohnung der Mitarbeiter festlegt. Diesen Managern ist es lieber, wie sie gerne erklären, dass sich Bewertungsmaßnahmen und die Verantwortung für das eigene Tun auf „die anderen" beschränken und sich nicht auf sie selbst beziehen.

7. Häufige Schwierigkeiten und wie man sie vermeidet

Am effektivsten lassen sich autokratische Hindernisse mit einem gestuften Ansatz umgehen. Zuerst muss man eine oder mehrere Personen oder Gruppen finden, die eine Mitverantwortung der Beschäftigten unterstützen und sich an einem 360°-Feedback-Pilotprojekt beteiligen. Nach der erfolgreichen Durchführung des Pilotprojekts sind mehr Vorgesetzte und Angestellte bereit, auf den fahrenden Zug aufzuspringen und die neue Methode auszuprobieren. In autokratischen und hierarchisch strukturierten Unternehmen ist es oft am besten, wenn man die 360°-Beurteilung „von unten nach oben" einführt. Wenn die Angestellten erst einmal die neue Kultur übernommen haben, folgen ihnen die Manager wahrscheinlich nach.

Allmähliche Hinführung zur 360°-Beurteilung

7.2.1 Seilschaften

Bei der Durchführung des Feedback stoßen die Projektbetreuer möglicherweise auf Mitarbeiter, die ihre Position auf Grund von Beziehungen erreicht haben. Manchmal erbringen diese „Günstlinge" nur relativ mittelmäßige Leistungen und stellen so für die leitenden Manager keine Bedrohung dar. Mittelmäßigkeit wird also belohnt, für gute Leistungen gibt es keinen Anreiz, da die Begünstigten sonst die Position ihres unmittelbar Vorgesetzten gefährden oder sein Vertrauen verlieren könnten.

Das 360°-Feedback droht solche Seilschaften zu zerstören und stellt daher eine massive Gefahr für „Günstlingswirtschaft" dar. Manager können nicht mehr länger willkürlich erkorene Favoriten belohnen, die nur mittelmäßige Leistungen bringen. Im Verlauf der 360°-Beurteilung werden die Mitarbeiter, die in Wirklichkeit die guten Leistungen erbringen, erkannt.

360°-Beurteilung gefährlich für Günstlingswirtschaft

In Unternehmen, die von Seilschaften dominiert werden, sind die Inhaber von Machtpositionen sehr daran interessiert, bestehende Belohnungsstrukturen beizubehalten und die 360°-Beurteilung zu untergraben. Die 360°-Feedback-Systeme müssen in diesen Fällen mit Sorgfalt entworfen werden, damit voraussichtlichen Angriffen auf den Vorgang und seine Glaubwürdigkeit entsprechend begegnet werden kann. Auch bei Seilschaften kann die beste Strategie in einer Umsetzung von unten nach oben liegen.

7.2.2 Vetternwirtschaft

Familienbande

Ebenso kann die Vetternwirtschaft ein 360°-Feedback-Projekt gefährden. Bei einem großen multinationalen Nahrungsmittelkonzern in Privatbesitz, bei dem viele Familienmitglieder angestellt waren, ging aus der Rundum-Beurteilung genau hervor, wer schwache, mittelmäßige und sehr gute Leistungen erbrachte. Dennoch war die Vetternwirtschaft stärker als das 360°-Feedback, da die Familienmitglieder ihre Positionen bedroht sahen.

Einige Familienmitglieder – etwa ein Drittel – erbrachten sehr gute Leistungen und ihre Arbeit wurde von ihren Kollegen als hervorragend bewertet. Das Feedback zeigte jedoch auch, dass einige Mitglieder der Familie nur schwache Leistungen zeigten und sich viele in Positionen befanden, für die sie weder von ihrer Ausbildung noch ihrer Erfahrung her geeignet waren. Dass diese Personen als mittelmäßige Leistungsträger bekannt wurden, war jedoch für die Konzernleitung, deren Mitglieder oft noch den Familiennamen trugen, völlig inakzeptabel. Folglich verzichtete das Unternehmen zu Gunsten einer herkömmlichen Bewertung durch die Vorgesetzten auf das 360°-Feedback.

Projektbewertungen, die zeigen, dass die Mehrheit der Angestellten und Manager das Projekt befürwortet, können jedoch den Widerstand einiger weniger Neinsager oft überwinden – egal ob es nun um Vetternwirtschaft oder sonstige Hindernisse geht.

7.2.3 Müßiggänger

Unproduktive Mitarbeiter

Nieten in Nadelstreifen

Einige Unternehmen haben relativ viele Mitarbeiter, die Positionen besetzen und die Ressourcen der Organisation verwenden, aber schon seit langem nicht mehr produktiv sind. Diese Drückeberger werden auch als Ballast, Drohnen und Daumendreher bezeichnet. In einem großen Dienstleistungsunternehmen werden sie „leere Anzüge" und bei einem verarbeitenden Betrieb „vergeudete Schuhe" genannt. Welchen Spitznamen man ihnen auch gibt, sie versuchen stets, die Durchführung einer glaubwürdigen Leistungsbeurteilung zu blockieren, weil dabei ihre Untätigkeit aufgedeckt werden würde. Die Mitarbeiter, die sich schon im Beruf vom Arbeitsleben verabschiedet haben, wissen, dass ein genaues Bewertungssystem nicht in ihrem Interesse sein kann. Wenn sie hohe Positionen bekleiden und über erheblichen innerbetrieblichen Einfluss verfügen, können sie eine starke Opposition gegen das neue Bewertungssystem auf die Beine stellen.

Wie die „Günstlinge" haben auch Drückeberger ein starkes Interesse daran, dass sie nicht durch ein 360°-Feedback entdeckt werden. Bei einem Unternehmen gab ein leitender Manager, der sich durch das neue System bedroht fühlte, bekannt, dass es „nur über seine Leiche" eingeführt werden würde. Dennoch lief das Projekt an und die Ergebnisse der 360°-Beurteilung bestätigten, was bereits jeder wusste: Der Assistent des Managers erledigte die ganze Arbeit. Anfangs versuchte der Manager, das Projekt mit allen Mitteln zu verhindern. Als die Projektbetreuer jeden Einwand methodisch widerlegten, änderte er seine Taktik: Er akzeptierte das Feedback, aus dem hervorging, dass er seinen internen und externen Kunden nicht diente, und absolvierte die Maßnahmen, die ihm empfohlen wurden. Schließlich wurde aus ihm ein leistungsstarker Mitarbeiter. Zwei Jahre später wechselte er zu einem anderen Unternehmen in eine erheblich bessere Position. Und raten Sie, was er dort zuallererst durchführte? Er initiierte die 360°-Beurteilung.

Wie aus einer Niete das große Los wird

7.2.4 Wenn das Vertrauen der Mitarbeiter missbraucht wird

Wenn sich ein Unternehmen für das 360°-Feedback entschließt, muss es die Mitarbeiter über die beabsichtigte Verwendung der Ergebnisse informieren und sich dann auch daran halten. Eine große Hightech-Firma führte eine Rundum-Beurteilung durch und erklärte, die Ergebnisse würden für die Laufbahngestaltung und Weiterbildung verwendet. Als jedoch ein Stellenabbau anstand und das Unternehmen entscheiden musste, welche Mitarbeiter behalten und welche entlassen werden sollten, beschloss das Management, die Ergebnisse des Feedback-Projekts dafür zu verwenden.

Erst Laufbahngestaltung, dann Rausschmiss

Natürlich waren die Mitarbeiter erbost, als sie erfuhren, dass die Informationen aus der Teambewertung für andere Zwecke verwendet wurden als ursprünglich angekündigt. Der Aufruhr über diesen Vertrauensbruch war so groß, dass das Management alle Bewertungen strich. Ironischerweise gaben viele Beschäftigte später an, dass sie den Stellenabbau unterstützt hätten und sogar mit der Verwendung der zuvor gesammelten Informationen einverstanden gewesen wären – wenn man sie vorher gefragt hätte.

7.2.5 Untätigkeit der Vorgesetzten

Beurteilung ohne Feedback

Rundum-Beurteilungssysteme scheitern, wenn die Führungskräfte ihrer Verantwortung für das Leistungs-Feedback nicht nachkommen. In einer Rechtsanwaltskanzlei bewerteten die Anwälte ihre Mitarbeiter – Rechtsanwaltsgehilfinnen, Schreibkräfte und so weiter –, waren jedoch oft zu beschäftigt, um die Resultate mit den Betroffenen zu besprechen. Natürlich waren die Angestellten frustriert und mit dem ganzen Bewertungsvorgang unzufrieden.

In überraschend vielen Unternehmen sind die Mitarbeiter nicht daran gewöhnt, Leistungs-Feedback zu geben oder zu erhalten. Wenn es die Unternehmensleitung so weit kommen lässt, ignorieren Management und Angestellte das Feedback-Verfahren und tun so, als wäre nichts geschehen. Manager entziehen sich gerne der schwierigen Aufgabe, Feedback und Coaching zu geben.

Oft denken die Führungskräfte auch, sie würden Leistungs-Feedback und Coaching erteilen, präsentieren das Feedback aber so, dass die Betroffenen nichts damit anfangen können. Wenn beispielsweise eine Angestellte sagt, sie hätte seit sechs Jahren keine Leistungsbesprechung gehabt, und ihr Vorgesetzter angibt, dass er regelmäßig solche Besprechungen abhält, ist offensichtlich die Kommunikation unzulänglich.

Klare Dokumentation

Ein Vorteil der 360°-Beurteilung liegt darin, dass die Ergebnisse dokumentiert sind. Der Bericht ist sachlich und klar. Selbst wenn ein Vorgesetzter kein zusätzliches Feedback oder Coaching bietet, hat der Angestellte immer noch Leistungsinformationen aus dem 360°-Feedback.

7.2.6 Schulung

Bei den Unternehmen vergisst man nur allzu oft die Bedeutung von Schulungen. Dabei kommt es immer wieder zu Problemen, wenn Mitarbeiter und Führungskräfte nicht ausreichend im Bereich Leistungs-Feedback geschult sind. Viele Führungskräfte meiden Feedbacks oder bieten ihren Mitarbeitern fast nutzlose Informationen. Und Angestellte, die ein negatives Verhaltens-Feedback bekommen, sei es nun durch ein Rundum-Beurteilungssystem oder andere Bewertungsmethoden, empfinden den Bewertungsvorgang als unangenehm.

Probleme, wenn nicht geschult wird

Ein Chemieunternehmen führte das 360°-Feedback ein, ohne die Angestellten vorher zu schulen. Viele Mitarbeiter waren verstört, weil die Resultate wesentlich strenger ausfielen, als sie erwartet hatten. Sie müssen erst lernen, wie man Verhaltens-Feedback erhält, versteht und anwendet. Und dabei brauchen sie Hilfe.

Zwei Maßnahmen verbessern die Beiträge der Führungskräfte beim Leistungs-Feedback und vor allem beim 360°-Feedback: Zum einen sollte man die Führungskräfte im Coaching der Mitarbeiter schulen, zum anderen die Mitarbeiter dazu auffordern, die Fähigkeiten ihrer direkten Vorgesetzten beim Leistungs-Coaching zu beurteilen. Ein Vorgesetzter, der von seinen Mitarbeitern die Rückmeldung bekommt, dass sein Leistungs-Feedback Mängel aufweist, fühlt sich motiviert, seine Fähigkeiten in diesem Bereich zu verbessern.

Ein steter Lernprozess

7.2.7 Anonymität und Vertraulichkeit

360°-Beurteilungen müssen den Befragten absolute Anonymität und den Mitarbeitern hinsichtlich ihres Feedback Vertraulichkeit garantieren, sonst scheitert das Projekt. Eine Bank führte eine Rundum-Beurteilung ein, bei dem die Feedback-Geber die Mitarbeiter direkt in einem offenen Gespräch beurteilten. Die Ergebnisse waren stark übertrieben und daher nutzlos, die Teilnehmer wiederum waren unzufrieden und lehnten den gesamten Vorgang ab.

Bei mangelnder Sicherung der Anonymität gibt es kein kritisches Feedback

Eine 360°-Bewertung funktioniert nur, wenn die Anonymität der Befragten gewährleistet ist. Zwar erklären die Beteiligten oft: „Wir müssen einander vertrauen und ehrlich mit unserem Feedback sein" oder „Wir wollen, dass die Beteiligten ihren Feedback-Gebern direkt gegenüberstehen und alle Informationen ganz offen erhalten", doch dieser Ansatz führt dazu, dass die Beteiligten nur positiv urteilen. Sie geben kein kritisches Feedback, wenn die Möglichkeit besteht, dass sie als Urheber bekannt sind. Keine Schulung kann diesen Aspekt menschlichen Verhaltens ändern.

„Offene und ehrliche Kommunikation" = Öffentliches Feedback?

Eine Behörde stand in diesem Zusammenhang vor einer Herausforderung, denn eine ihrer Wertvorstellungen lautete „offene und ehrliche Kommunikation". Ursprünglich dachte das Entwicklungsteam, dieses Motto bedeute, dass man jeden Mitarbeiter offen mit verbalem Feedback konfrontiere. Dennoch wurden Tests mit öffentlichem und privatem Feedback durchgeführt. Schließlich wurde beschlossen, privates Feedback zu verwenden, da die beste Möglichkeit zur Bewahrung der Ehrlichkeit darin bestand, die Anonymität des Feedback-Gebers zu wahren. Gleichzeitig ermutigte das Team die Mitarbeiter, offene Gespräche mit dem Bewertungsteam und mit anderen Mitarbeitern für ein spezielles Feedback zu führen.

Auch der Bewertungsvorgang ist zum Scheitern verurteilt, wenn das Abschneiden jedes Mitarbeiters nicht vertraulich behandelt wird. Informationen, die in einem Beurteilungsprozess gewonnen werden, sollten nur dem Mitarbeiter, seinem Vorgesetzten und manchmal noch höher stehenden Vorgesetzten mitgeteilt werden. Zum 360°-Feedback müssen entsprechende Vorkehrungen getroffen werden, damit die Wertungen der Mitarbeiter geschützt sind.

7.2.8 Konkurrenzorientierte Verfahren

Vergleichende Beurteilung

Einige Unternehmen verwenden Verfahren, bei denen die einzelnen Mitarbeiter miteinander verglichen werden. Wettbewerbsorientierte Formate zwingen die Bewerter, darüber zu urteilen, welcher von zwei (oder mehr) Angestellten bei verschiedenen Kriterien besser ist. Die hohe Bewertung eines Kandidaten geht so auf Kosten eines anderen. Dieser Wettbewerb schürt

7. Häufige Schwierigkeiten und wie man sie vermeidet

bei den Mitarbeitern unnötige und destruktive Ängste, führt zu fehlerhaften Ergebnissen und untergräbt Kooperation und Teamwork.

Bei einem vergleichenden System geht es weniger um die tatsächliche Leistung als darum, wer mit wem verglichen wird. So bestätigte beispielsweise die Analyse einer Rundum-Beurteilung bei Gulf Oil, dass hervorragende Mitarbeiter in einer Gruppe mit anderen Leistungsträgern deutlich benachteiligt waren, wenn ein vergleichendes System angewandt wurde. Die hervorragenden Mitarbeiter wurden mit anderen Mitarbeitern verglichen, die ebenfalls sehr gute Leistungen erbrachten, weswegen einige dann zwangsweise niedrige Wertungen erhielten. Die Analyse zeigte außerdem, dass Angestellte in niedrigeren Positionen oder mit weniger Erfahrung im direkten Vergleich mit höherrangigen oder erfahreneren Mitarbeitern deutlich benachteiligt waren. Bei einem Vergleich in Paaren oder anderen konkurrenzorientierten Methoden wird das Hierarchiedenken zu stark betont.

Einfache Bewertungen anhand einer Werteskala, bei denen die Personen nicht direkt verglichen werden, lösen viele der Probleme, die mit diesen vergleichenden Methoden verbunden sind. Außerdem wird fast überall in dem veröffentlichten Material zu Rundum-Beurteilungssystemen eine Wertungsskala benutzt. Durch die Verwendung von standardisierten Wertungsskalen kann man für alle Mitarbeiter dieselben Leistungsstandards setzen.

7.2.9 Genormte Vergleiche

Für Vergleichszwecke legen einige Unternehmen 360°-Beurteilungsnormen oder betriebliche Durchschnittswerte fest. Das Feedback für jeden Angestellten umfasst nicht nur die persönliche Wertung zu jeder Frage, sondern auch den Gruppendurchschnitt. Diese Vergleiche können jedoch für einige Mitarbeiter verheerend sein.

Beurteilungsnormen, Durchschnittswerte

> *Eine Hightech-Expertengruppe überdenkt die Bekanntgabe von Normen*
>
> Eine Hightech-Expertengruppe im Bereich Luft- und Raumfahrt beschloss, in den Feedback-Berichten auch Normen anzugeben, da der vom Verkäufer gelieferte Rundum-Beurteilungsprozess schon mit „nationalen Normen" versehen war. Das Unternehmen hatte bereits Bewertungen zur Einstellung der Mitarbeiter durchgeführt und die Wissenschaftler und Ingenieure waren darin geschult, Wertungsnormen zu verwenden. Daher hielt man das Berichtssystem für eine gute Idee. Tatsächlich war die Angabe der Normen für viele Mitarbeiter geradezu vernichtend, obwohl die meisten von ihnen als Studenten hervorragende Noten gehabt hatten, an den besten Universitäten gewesen und in ihrem Leben alle äußerst erfolgreich gewesen waren. Die Hälfte der Belegschaft erhielt Wertungen, die unter dem Durchschnitt lagen, 80 Prozent von ihnen hatten sogar Wertungen, die unter einem Prozentsatz von 80 lagen. (Ein Ergebnis unter 80 Prozent gilt an den Hochschulen als ungenügend.)

Die Bekanntgabe der Normen hatte folgende unvorhergesehene und unglückliche Folgen:

Normen wirken manchmal verheerend

- Die Normen schufen eine wettbewerbsorientierte Ausrichtung, anstatt einen Schwerpunkt auf Zusammenarbeit und Weiterentwicklung zu legen.
- Die Mitarbeiter konzentrierten sich mehr auf die Ergebnisse der anderen, anstatt ihre eigenen Stärken und Schwächen zu betrachten.
- Die Mitarbeiter erkannten richtig, dass sie nur höhere genormte Wertungen erhalten konnten, wenn sie andere niedriger bewerteten.
- Die Mitarbeiter waren entmutigt und besorgt.

Eine Gruppe der Wissenschaftler sprach beim Management vor und erklärte, dass die Normvergleiche ungeeignet, unwissenschaftlich und bei kleinen Untersuchungseinheiten nicht zu rechtfertigen seien. Das Unternehmen hörte auf sie und beschloss, die 360°-Beurteilung ohne Normen zu verwenden.

7. Häufige Schwierigkeiten und wie man sie vermeidet

Wer genormte Vergleiche in Betracht zieht, sollte Folgendes noch einmal überdenken:

- Die Akzeptanz bei den Anwendern mit und ohne Normen.
- Die wissenschaftlichen Begründungen für die 360°-Feedback-Normen. Bedenken Sie, dass diese Normen nicht für herkömmliche Erhebungsergebnisse mit großen Untersuchungseinheiten, sondern für ein 360°-Feedback mit kleinen Untersuchungseinheiten aufgestellt wurden.
- Die Daten, die für die Erstellung der Normen benutzt werden. Wie würde die Organisation von den Vergleichen mit anderen Unternehmen (vorausgesetzt, solche Vergleiche sind begründet) profitieren, wenn man externe Normen verwenden würde?

Aspekte bei genormten Vergleichen

In der Literatur wird die Verwendung von Normen bei herkömmlichen Bewertungen meist befürwortet, doch ein 360°-Feedback unterscheidet sich erheblich von diesen Methoden. Viele Anwender erwarten bei Rundum-Beurteilungsprozessen Normen. Die Anbieter liefern sie gleich mit und wenden im Übrigen dieselben Methoden an wie bei Umfragen zum Betriebsklima und zur Unternehmensorganisation. Bevor Sie in Vergleiche zu den 360°-Feedback-Ergebnissen anderer Unternehmen investieren, sollten Sie sich fragen, ob solche Informationen nützlich sind.

Informationsgehalt

7.2.10 Die falsche Anwendung der 360°-Beurteilung

Die Liste der Anwendungen, für die sich die 360°-Beurteilung nicht eignet, ist kurz, aber dennoch wichtig: Selektive Zielsetzungen, der Bereich Disziplin sowie Entlassungen und Stellenabbau.

Selektive Ziele

Ein großes Kommunikationsunternehmen richtete ein Rundum-Beurteilungssystem mit dem ausdrücklichen Ziel ein, Führungskräfte auszusondern und eine schlankere Organisation zu schaffen. Die Resultate einer Vorgesetztenbewertung, mit der bestimmt werden sollte, wer im Unternehmen blieb, waren er-

Lean Management

wartungsgemäß völlig unzuverlässig. Viele direkt unterstellte Mitarbeiter gaben ein fehlerhaftes Feedback und machten so die Ergebnisse unbrauchbar. Die Mitarbeiter empfanden den Vorgang offensichtlich als ausgesprochen unfair und widersetzten sich Versuchen, den Vorgang der Rundum-Beurteilung für einen bestimmten Zweck zu benutzen.

Disziplin und Entlassung

In vielen Berufen – bei Offizieren, Wirtschaftsprüfern, Wissenschaftlern, Professoren, Piloten, Rechtsanwälten und Ärzten, um nur einige zu nennen – wurden schon Verfahren zur Beurteilung der Disziplin und zur Entscheidung für oder gegen Entlassungen benutzt, die dem 360°-Feedback scheinbar ähneln. Diese Bewertungssysteme sind weit verbreitet, doch ihre Methoden und die Bedingungen für ihren Einsatz unterscheiden sich erheblich von der 360°-Beurteilung.

Bei dieser Art von Beurteilung muss ein Bewertungsteam schwierige Urteile über disziplinarische Maßnahmen und sogar Entlassungen fällen. Von einem dafür zuständigen Bewertungsausschuss wird erwartet, dass die Beteiligten die bestmöglichen Urteile abgeben. Die Befragten bei 360°-Beurteilungssystemen hingegen treffen keine derartigen Vereinbarungen; ihr Beitrag ist freiwillig. Sie können nicht gegen ihren Willen zu Entscheidungen gezwungen werden, da dies die Ergebnisse verfälschen würde.

Stellenabbau

360°-Beurteilung ist kein Instrument zum Stellenabbau

Ein großes Luft- und Raumfahrtunternehmen wollte mittels eines Rundum-Beurteilungssystems entscheiden, wer weiterhin beschäftigt werden sollte. Die Ergebnisse waren jedoch nicht vertrauenswürdig genug, um daraus derartige Entscheidungen abzuleiten, da sich die Mitarbeiter nur unwillig beteiligten. Viele der Befragten füllten die Bögen gar nicht aus, andere wollten nicht die Karriere ihrer Kollegen ruinieren und gaben fast einheitlich positive Antworten, wieder andere wollten das System zu ihren eigenen Gunsten „austricksen". Manche Mitarbeiter meldeten sich sogar und informierten das Management ausführlich darüber,

7. Häufige Schwierigkeiten und wie man sie vermeidet

wie sie sich abgesprochen und den Vorgang zu ihrem eigenen Vorteil (und zum Nachteil anderer) manipuliert hatten.

Ironischerweise schaden gerade die Befragten, die in solchen Situationen ehrlich antworten, ihren Kollegen am meisten, weil die anderen nur die Spitze der Werteskala verwenden, und beim nächsten Feedback liefern auch sie die gleichen übertriebenen Antworten wie die anderen.

Der Ehrliche ist der Dumme?

Wenn eine 360°-Beurteilung über mehrere Jahre angewandt wird und die Mitarbeiter den Ergebnissen trauen, können die gewonnenen Informationen bei der Entscheidung über Entlassungen durchaus nützlich sein. Allerdings sind Rundum-Beurteilungssysteme nicht das wesentliche Element bei derartigen Entscheidungsvorgängen, da das Feedback freiwillig gegeben wird.

7.3 Lernen Sie aus den Niederlagen der anderen

Rundum-Beurteilungssysteme bergen zahlreiche Möglichkeiten des Scheiterns, wie wir bereits gesehen haben. Hindernisse bei der Implementierung des 360°-Feedback tauchen immer wieder auf und müssen konsequent angegangen werden. Vielen gescheiterten Projekten mangelte es an administrativer oder organisatorischer Unterstützung. Angesichts der potenziellen Probleme der 360°-Beurteilung kann man verstehen, warum nur so wenige Unternehmen das Verfahren erfolgreich anwenden oder auch nur testen. Glücklicherweise lassen sich diese Hindernisse überwinden, wenn man schon in der Planungsphase mit ihnen rechnet und etwas gegen sie unternimmt.

Schwierigkeiten nicht ignorieren

8. Wie Sie mit Kritik an der 360°-Beurteilung umgehen

*Trotz all der Weisen Griechenlands
herrschte dort nie unfehlbare Weisheit;
Torheiten finden sich in jedem Zeitalter,
der Unterschied liegt nur im Ausmaß.*
  Satyros, griechischer Philosoph

*Wenn die Autorität einmal losgelassen wurde und
die ganze Organisation durchdrungen hat, will niemand
die alten Zeiten wiederhaben, in denen die Autorität
tröpfchenweise von einem einzelnen, streng regulierten
Zapfhahn kam.*
  Peter B. Vail, Autor von *Continuous Whitewater*

Die meisten Entwicklungsteams geraten bei der Durchführung der 360°-Beurteilung unter Kritik. Mitarbeiter wie Führungskräfte bringen vorhersehbare Bedenken vor, außerdem gibt es in fast jedem Betrieb Neinsager, die offen jedes neue Verfahren kritisieren. Derlei Kritik muss rasch und durchdacht angegangen werden, sonst kann das gesamte Projekt scheitern.

8.1 Kommen Sie den üblichen Bedenken zuvor

Antworten auf vorhersehbare Bedenken

Vorhersehbare Bedenken treten in ganz unterschiedlicher Form auf, doch im Prinzip steht immer dieselbe Frage dahinter: „Welchen Nutzen soll dieses Verfahren haben?" Für die folgenden häufig auftretenden Fragen und Kritikpunkte bieten wir effektive Antworten.

8.1.1 Antworten auf Fragen, Vorwürfe, Kritik

Woher wissen Sie, dass eine 360°-Beurteilung die Produktivität steigert?

Gute Manager treffen Entscheidungen, die auf Informationen basieren. Sie wollen harte Fakten, die ihre Entscheidung stützen, statt der herkömmlichen Bewertungsmethode eine Rundum-Beurteilung zu verwenden. Einige Manager lassen sich von den einleuchtenden Forschungsergebnissen überzeugen, die die Genauigkeit und Gültigkeit der 360°-Beurteilung im Gegensatz zu den herkömmlichen Bewertungssystemen belegen.

Am besten klärt man die Frage, ob 360°-Feedback-Systeme die Produktivität des Einzelnen, einer Gruppe oder des Unternehmens beeinflussen, indem man die Beteiligten selbst sprechen lässt. Projektevaluationen mittels Fragebögen, Arbeitsgruppen und Gesprächen zeigen im Allgemeinen deutlich, dass die meisten Anwender der Ansicht sind, ein Feedback aus verschiedenen glaubwürdigen Quellen verbessere die Produktivität. Die Ergebnisse aus der Evaluationsphase können dazu beitragen, dass ein Unternehmen eine erhöhte Produktivität auf Grund des 360°-Feedback aufweist.

Feedback aus verschiedenen Quellen erhöht die Produktivität

Fast jedes Mitglied eines Unternehmens kann nach einer 360°-Beurteilung Einzelne nennen, deren Verhalten sich infolge der Rückmeldungen erheblich verändert hat. Anstatt nur einfach zu versuchen, ihrem Chef zu gefallen, erkennen viele plötzlich die Bedeutung, ihren internen und externen Kunden zu dienen.

Pat Riley, ein professioneller Basketball-Trainer, hat festgestellt, dass Profisportler nicht nur vom Trainer motiviert werden. Tatsächlich ist es schwierig, sie überhaupt zu motivieren, da sie so gut verdienen. Doch wenn sie von ihren Mannschaftskameraden Feedback zu ihrem „Hustle-Faktor" erhalten – dem Bemühen, das man beim Spiel zeigt –, sind sie motiviert und strengen sich an, sie holen verlorene Bälle zurück und sind aggressiv in der Verteidigung. Pat Riley zufolge wirkt sich ein strukturiertes Feedback zum Hustle-Faktor durch die Teamkameraden in einem Spiel in Form von zusätzlichen drei bis vier Punkten aus. Für viele wirkt der Druck der Gruppe stark motivierend.

Der „Hustle-Faktor"

Das 360°-Feedback belohnt die „netten" Mitarbeiter, die nichts arbeiten

Einige Kritiker argumentieren, dass es Personen gibt, die zwar gut arbeiten, aber keine Ergebnisse vorweisen können. Aus den Umfragen unter Führungskräften, die das 360°-Feedback zur Beurteilung verwenden, geht aber hervor, dass zwischen Kompetenzen und Ergebnissen eine enge Verbindung besteht. Angestellte, die den Anforderungen nicht nachkommen und ihre Arbeit nicht erledigen, halten selten jemanden zum Narren.

Die Staatsverwaltung von Arizona bestätigt die Genauigkeit der Rundum-Beurteilung

Korrelation von Verhalten und Leistung

In der Staatsverwaltung von Arizona wurde das Verhalten von 44 Schreibkräften mittels einer Rundum-Beurteilung bewertet. Ohne Wissen der Mitarbeiter, die die Antworten gaben, führte das Management noch eine zweite Bewertung auf Grundlage der Anschläge durch, um die Qualität und Quantität der Arbeit zu messen. Zwischen beiden Resultaten bestand eine starke Übereinstimmung, die Korrelation zwischen dem Ergebnis, das die Produktivität der Schreibkräfte maß, und den Verhaltenswertungen betrug 0,87.

Die Studie lieferte eine interessante Information: Eine Schreibkraft war hinsichtlich der online-erfassten Quantität und Qualität ihrer Anschläge deutlich produktiver als andere, gleichzeitig war sie beim Umgang mit anderen jedoch ein solcher Störfaktor, dass sie von ihren Kollegen niedrige Wertungen beim Verhaltens-Feedback erhielt. Mitarbeiter bevorzugen eine Kombination aus hoher Produktivität und der Fähigkeit zur Teamarbeit.

Einige Mitarbeiter werden sich trotz eines Verhaltens-Feedback nicht ändern

Es gibt Menschen, die sich von niemandem etwas sagen lassen, gleichgültig, ob es sich dabei um ihren Arzt, ihre Freunde oder ihren Lebenspartner handelt. Sicher ändern manche ihr Verhalten nicht, wenn sie nur von ihrem direkten Vorgesetzten eine Rück-

8. Wie Sie mit Kritik an der 360°-Beurteilung umgehen

meldung erhalten haben. Allerdings empfinden viele Menschen das kombinierte Feedback von ihren Vorgesetzten und Kollegen als sehr motivierend. Die meisten Menschen sind für ein konstruktives Verhaltens-Feedback empfänglich und reagieren darauf, außerdem suchen viele die Anerkennung ihrer Kollegen.

Motivation durch Feedback

Warum soll man sich die Mühe mit einem 360°-Feedback machen, wenn es sich kaum von den Bewertungen durch den Vorgesetzten unterscheidet?

Verschiedene Unternehmen haben unterschiedliche Ausgangspositionen. Die Einfachbewertungen in vielen Unternehmen unterscheiden meist nicht deutlich genug zwischen geringen, mittelmäßigen und sehr starken Leistungen. Außerdem werden bei den herkömmlichen einseitigen Bewertungsmethoden oft falsches Verhalten und schlechter Führungsstil belohnt. Für die meisten Feedback-Rezipienten macht es einen deutlichen Unterschied, ob sie von mehreren Kollegen Informationen erhalten oder nur von ihrem Vorgesetzten bewertet werden.

Im Gegensatz zu Bewertungen anhand einer Quelle ist das Verfahren beim 360°-Feedback gerechter, vor allem wenn verschiedene Aspekte wie Alter, Geschlecht und Herkunft genauer analysiert werden. Zusätzlich kann man mit der 360°-Beurteilung noch weitere wichtige Arbeitskräfte erkennen: die stillen Mitarbeiter, die keine Werbung in eigener Sache machen; die „Unpolitischen", die sich aus der Büro- und Unternehmenspolitik heraushalten; kreative Champions, die, wenn sie selbst nicht kreativ sind, in anderen Kreativität wecken, und interne Trainer, die andere auf Kosten der Anerkennung ihrer eigenen Leistungen fördern.

Entdeckung der verborgenen Talente

Es kostet zu viel

Die Schulungskosten, die für die wichtigen Schulungen zwischen 50 und 150 Euro liegen, sind bei jeder Veränderung der Unternehmenskultur oder einer Leistungsbemessung notwendig. Die Erfahrung hat gezeigt, dass sich die Ausgaben für eine 360°-Feedback-Software im Allgemeinen je nach Technologieaufwand und Anzahl der Anwender auf 70 bis 200 Euro belaufen.

Die Kosten

Bei einer Amortisierung nach vier Jahren und einem angenommenen Gebrauch zweimal pro Jahr kostet eine Anwendung zwischen fünf und 20 Euro. Wenn sich die Technologie weiter verbessert und die Umfragen auf Papier erst einmal durch netzwerkgestützte elektronische Bewertungen ersetzt werden, fallen die direkten Kosten pro Anwendung minimal aus.

Relation von Zeitaufwand und Kosten

Manager stellen diesem finanziellen Aufwand oft den laufenden Beurteilungsvorgang durch die Führungskräfte gegenüber, der scheinbar nichts kostet. Misst man jedoch die indirekten Kosten wie zum Beispiel den Zeitaufwand für die Führungskräfte und den allgemeinen Verwaltungsaufwand, sind die Beurteilungen anhand einer Quelle im Vergleich sogar teurer. So fand Westinghouse heraus, dass Führungskräfte für jeden Einzelbericht vier Stunden benötigten. Angesichts der 15 bis 30 Minuten, die sie für das 360°-Feedback benötigten, zogen sie dieses vor.

Opportunitätskosten

Auch die Opportunitätskosten werden oft ignoriert. Was kostet es, wenn man kein genaues und motivierendes Feedback hat? Welche Kosten kommen hinzu, wenn ein Unternehmen verklagt wird, weil die Beurteilung anhand einer einzelnen Quelle nicht fair war? Die meisten Beschäftigten denken nicht in Form von verlorenen Chancen, wenn sie kein 360°-Feedback benutzen, doch einige Mitarbeiter könnten sicher sehr schnell eine lange Liste zusammenstellen.

Der Vorgang nimmt zu viel Zeit in Anspruch

Unternehmen müssen Mitarbeiter freistellen, damit sie an Schulungen teilnehmen können und Zeit zum Ausfüllen der Fragebögen haben. Die Schulung vor und nach dem Feedback, die allerdings nur beim ersten Mal erforderlich ist, nimmt im Allgemeinen drei bis sechs Stunden in Anspruch. Zum Ausfüllen der Bögen benötigt man, wenn man von einem durchschnittlichen Pensum von sieben Bögen ausgeht, eineinhalb Stunden. Das Entwicklungsteam sollte sich auf jeden Fall bemühen, den Zeitaufwand möglichst gering zu halten, damit die Betriebskosten nicht den Wert der Leistungsmessung übersteigen.

8. Wie Sie mit Kritik an der 360°-Beurteilung umgehen

Manche Mitarbeiter befürchten, dass sie zu viele Fragebögen ausfüllen und zu viel Zeit darauf verwenden müssen. Normalerweise werden jedoch weniger als zwei Prozent aller Befragten in nicht leitender Position aufgefordert, bei mehr als 15 Teams mitzumachen. Einige Führungskräfte füllen mehr Fragebögen aus, doch das kann man in ihrer Position auch erwarten.

Die neuen Bewertungsmodelle verringern den Zeitaufwand für die Befragten erheblich. So lässt sich beispielsweise die Bewertung für Führungskräfte, die einen großen Kontrollbereich mit beispielsweise über 40 direkt unterstellten Mitarbeitern haben, kombinieren. Oder die Vorgesetzten entscheiden sich dafür, bei den Leuten, mit denen sie nicht so eng zusammenarbeiten, kein Feedback zu geben.

Verringerung des Zeitaufwands

Ähnlich kann es sinnvoll sein, nur Stichproben zu machen, wenn 20 oder mehr Mitarbeiter einem Vorgesetzten Bericht erstatten, anstatt dass alle Feedback geben. Bei einer Abteilung von Allied Signal werden unter all den Mitarbeitern, die direkt einem Vorgesetzten unterstehen, nach dem Zufallsprinzip acht Leute ausgesucht. Wer nicht ausgewählt wird, aber trotzdem ein Feedback über seinen Vorgesetzten abgeben will, kann das gerne tun. Dieses freiwillige Feedback wird dann mit den acht zufällig ausgewählten kombiniert.

Untersuchungen zeigen, dass diejenigen, die für viele Bewertungsteams ausgewählt werden, oft deswegen genommen werden, weil ihr Feedback so genau ist. Möglicherweise haben sie durch ihre Aufgaben oft mit der zu bewertenden Person zu tun und verfügen dadurch vielleicht über nützliche Kenntnisse. Umgekehrt sind Bewerter, die nur von sehr wenigen Kollegen ausgewählt werden, bei ihren Antworten nicht so genau wie diejenigen, die von vielen ausgesucht werden. Nachforschungen zur Auswahl der Befragten ergaben, dass die Beteiligten offenbar nicht wissen, wer nachsichtig oder streng bewertet. Ob jemand ungenau antwortet, erkennen sie dagegen sehr wohl. Diese ungenauen Mitarbeiter werden beim Auswahlprozess größtenteils ausgeschlossen, wenn die Mitarbeiter ihr eigenes Bewertungsteam aussuchen dürfen. Dadurch wird bei diesem Bewertungsmodell eine potenzielle Quelle starker Verzerrungen automatisch vermieden.

Bewerterqualitäten

Eine Richtlinie trägt den Bedenken der Anwender Rechnung, dass jemand von zu vielen für ein Feedback ausgewählt wird:

„Bitten Sie aus Gründen der Höflichkeit die Personen, die Sie sich als Bewerter ausgesucht haben, um ihr Einverständnis. Wer schon von zu vielen anderen gefragt wurde oder den Eindruck hat, er habe nicht genügend Kontakt zu Ihnen, kann ablehnen."

Die „Hightouch"-Lösung

Diese Verhaltensrichtlinie, eine sogenannte „Hightouch"-Lösung, funktioniert besser als „Hightech"-Lösungen, bei denen ein Computerprogramm bestimmt, wie oft jemand aufgefordert werden kann, Feedback zu geben.

McDonnell-Douglas verwendet zur Bewertung des Vorgesetzten Stichproben der direkt unterstellten Mitarbeiter

Bei McDonnell-Douglas kommen wie in vielen anderen Unternehmen auf einen Vorgesetzten unterschiedlich viele direkt unterstellte Mitarbeiter, die Zahlen reichen von acht, zwölf, 25 bis zu 35 und manchmal sogar noch mehr Mitarbeitern. Um bei der Beantwortung der Fragebögen den Zeitaufwand in Grenzen zu halten, sah sich das Entwicklungsteam der Mitarbeiter nach Methoden um, die den 360°-Feedback-Vorgang zeitlich begrenzten. Bei einem Experiment wählte jeder Manager ein Bewertungsteam der „ersten Fünf" seiner direkt unterstellten Mitarbeiter. Jeder Manager wurde von allen direkt Unterstellten bewertet, darunter auch die von ihm selbst ausgewählten „ersten Fünf", und erhielt zwei Verhaltens-Feedback-Profile: Das eine enthielt die Bewertung der „ersten Fünf", das andere die Ergebnisse der anderen Mitarbeiter.

Nützliche Stichproben

Die Erkenntnisse aus dem Experiment waren sehr aufschlussreich: Beide Profile waren nahezu identisch, die Übereinstimmung der Ergebnisse beider Gruppen war sehr hoch, der Korrelationskoeffizient betrug 0,91. Demnach bot eine Stichprobe fast das gleiche Verhaltens-Feedback wie die Erfassung aller Fragebögen. Auf der Grundlage dieses Experiments entschloss

8. Wie Sie mit Kritik an der 360°-Beurteilung umgehen

man sich zu einer interessanten Vorgehensweise: Das Unternehmen wählt bei jedem Durchgang des 360°-Feedback willkürlich acht Mitarbeiter aus. Darüber hinaus kann jeder, der nicht ausgesucht wurde, aber seinem Vorgesetzten dennoch Feedback geben will, freiwillig dem Bewertungsteam beitreten. Alle zwei Jahre geben alle Mitarbeiter ihr Feedback ab.

Unabhängig von allen anderen Argumenten kann ein 360°-Feedback-Projekt nicht bestehen, wenn ein Unternehmen den Zeit- und Verwaltungsaufwand nicht in Grenzen halten kann. Eine Formel für die Antwortzeit hilft bei der Bestimmung des Zeitaufwands für einen Fragebogen:

1. Messen Sie bei typischen Befragten die Zeit, damit Sie abschätzen können, wie lange man für das Ausfüllen des Fragebogens braucht.
2. Multiplizieren Sie die Antwortzeit mit der Zahl der Mitglieder eines durchschnittlichen Bewertungsteams. Dies ergibt die Antwortzeit pro Mitarbeiter.
3. Multiplizieren Sie diese Zahl mit der Anzahl der Mitarbeiter, die bei diesem Projekt ein Feedback erhalten.
4. Konvertieren Sie die Antwortstunden in Arbeitstage, indem sie die Zahl durch acht teilen.

Zeitbedarf ermitteln

Als Ergebnis hat man den kompletten Zeitbedarf. Ein Fragebogen, für den man zum Beispiel 15 Minuten benötigt, erfordert bei einem Bewertungsteam mit 12 Mitgliedern und bei 200 Teilnehmern einen Zeitaufwand von 600 Stunden oder 75 Arbeitstagen.

Mit Hilfe von Abbildung 8-1 kann man rasch den Zeitaufwand für unterschiedlich lange Fragebögen und verschiedene Teilnehmerzahlen abschätzen. Ein 30-minütiger Fragebogen, mit dem 100 Mitarbeiter Feedback erhalten, würde ein Unternehmen etwa 75 Arbeitstage an Antwortzeit kosten. Hier ist die Berechnung:

0,5 Stunden pro Bewerter × 12 Bewerter für jeden Feedback-Rezipienten = 6 Stunden pro Teilnehmer

6 Stunden pro Teilnehmer × 100 Teilnehmer = 600 Stunden

600 Stunden / 8 Stunden pro Arbeitstag = 75 Arbeitstage

Antwortzeit pro Bogen (in Stunden) für einen Befragten	Zahl der Teilnehmer						
	50	100	200	400	800	1600	3200
0,125 (10 Min.)	9,4	18,8	37,5	75	150	300	600
0,25 (15 Min.)	18,8	37,5	75	150	300	600	1200
0,5 (30 Min.)	37,5	75	150	300	600	1200	2400
1 (60 Min.)	75	150	300	600	1200	2400	4800

Anmerkungen:
1. Befragte beantworten normalerweise drei Fragen pro Minute. Für einen Fragebogen mit 90 Fragen benötigt man daher etwa 30 Minuten.
2. Die Hälfte der erforderlichen Zeit bei Bewertungsteams mit 6 Mitgliedern.

Abb. 8-1: Zeitbedarf von Bewertungsteams mit 12 Mitgliedern in Arbeitstagen (8 Stunden)

Schon geringe Veränderungen bei den Parametern haben erhebliche Auswirkungen auf den kompletten Zeitbedarf. Verkleinert man beispielsweise die Bewertungsteams von 12 auf 6 Mitglieder, halbiert sich der Zeitbedarf auf 37,5 Arbeitstage. Wenn dann noch der Fragebogen verkürzt wird, damit sich die Antwortzeit von 30 auf 15 Minuten reduziert, halbiert sich der komplette Zeitbedarf noch einmal und beträgt nur noch 18,8 Arbeitstage.

Kurzer Fragebogen – kleines Bewertungsteam

Diese Zeitbeispiele zeigen, warum es so wichtig ist, die Fragebögen kurz und die Bewertungsteams klein zu halten. Außerdem können bereits geringe Veränderungen bei der Antwortzeit oder der Größe der Bewertungsteams enorme Veränderungen beim Gesamtzeitaufwand für das Unternehmen bewirken.

Wenn ein Unternehmen den folgenden Empfehlungen folgt, kann es die 360°-Beurteilung so einsetzen, dass sich der Zeitaufwand für die Führungskräfte bei gleichem Zeitbedarf für das Unternehmen verringert:

Verringern Sie den Zeitaufwand!

1. Geben Sie die zu bewertenden Verhaltensweisen und Kompetenzen der Mitarbeiter (Fragen) im Vorfeld bekannt. Dadurch verkürzt sich die Zeit, die die Mitarbeiter beim Feedback benötigen.
2. Schulen Sie die Befragten, bevor sie Feedback geben.
3. Formulieren Sie die Anweisungen für die Befragten so, dass sie schnelle Antworten ermöglichen.

8. Wie Sie mit Kritik an der 360°-Beurteilung umgehen

4. Halten Sie die Fragebögen kurz.
5. Verwenden Sie für Aussagen und Fragen kurze Formate. Dadurch kann sich die Antwortgeschwindigkeit verdoppeln. (Bei einem kurzen Format werden bei den Fragen kurze Formulierungen anstelle von ganzen Sätzen verwendet).
6. Verkürzen Sie den Zeitraum, in dem die Befragten die Bögen ausfüllen können. Geben Sie den Befragten bis zur Abgabe lieber zwei Wochen als einen Monat Zeit.
7. Erfassen Sie die Antworten elektronisch mit Hilfe von Disketten, E-Mail oder Intranet.
8. Automatisieren Sie Eingabe, Verwaltung und Auswertung.
9. Messen Sie den Zeitbedarf für die Schulung, die Beantwortung und die Verwaltung; verbessern Sie dann den Ablauf, um den Zeitaufwand so gering wie möglich zu halten.

Fragen Sie die Teilnehmer nach Verbesserungsvorschlägen:

- Wie lange brauchten Sie, um zu einer Person ein Feedback abzugeben?
- Kam Ihnen diese Antwortzeit zu kurz, richtig oder zu lang vor?
- Wie lange sollte die Erstellung eines Feedback Ihrer Meinung nach dauern?
- Haben Sie Vorschläge, wie man den Vorgang verbessern könnte?

Was kann verbessert werden?

Die Frage, wie viel Zeit ein 360°-Feedback-Projekt in Anspruch nimmt, lässt sich nur genau beantworten, wenn man die einzelnen Schritte beim 360°-Feedback misst, darunter auch den Zeitaufwand für die Feedback-Geber und den Verwaltungsaufwand für die Projektbetreuer.

Westinghouse untersucht den Zeitaufwand bei herkömmlichen Bewertungssystemen und Rundum-Beurteilungen

Westinghouse fand heraus, dass eine 360°-Beurteilung weniger Zeit von den Führungskräften erfordert als die herkömmliche Bewertung durch den Vorgesetzten. Allerdings geht diese Ersparnis auf Kosten der Arbeitszeit der Angestellten. Für das Unternehmen bleibt der Zeitaufwand damit insgesamt gleich. Wichtiger ist jedoch, dass das 360°-Feedback hinsichtlich der

Zufriedenheit der Anwender erheblich besser abschnitt, was sich wiederum auf Rückmeldungen, Teamwork und Produktivität auswirkte.

Eine wichtige Rolle spielte bei dieser Untersuchung der Zeitaufwand für die Führungskräfte, da diese zahlreiche Aufgaben haben. 94 Prozent der Führungskräfte unterstützten das Rundum-Beurteilungsverfahren, weil es den Zeitaufwand für Leistungsbeurteilungen erheblich verringerte. Die Schätzungen bei Westinghouse fielen für Führungskräfte folgendermaßen aus:

Zeitaufwand-Vergleich

	herkömmliches Bewertungssystem	*360°-Feedback*
Zeitbedarf, um eine Person zu beurteilen	2 bis 4 Stunden	15 bis 30 Minuten

Die Zeitersparnis seitens der Führungskräfte wird dadurch ermöglicht, dass bei der 360°-Beurteilung auch Mitarbeiter Feedback geben. Angestellte in nicht leitender Position berichteten, dass sie für das 360°-Feedback 10 bis 15 Minuten pro Bogen brauchten. Da jeder Mitarbeiter von vier bis fünf Kollegen und seinem Vorgesetzten ein Feedback erhielt, lag die Antwortzeit bei jedem Teilnehmer unter 90 Minuten. Wenn man diese Zahlen als Grundlage nimmt, kommt man bei der Beurteilung pro Person auf folgenden Zeitbedarf:

	Vorgesetzter	+	Mitarbeiter	=	Gesamtzeit
Bewertung nur durch Vorgesetzten	2 bis 4 Stunden		0		2 bis 4 Stunden
360°-Feedback	30 Minuten		15 Minuten × 5		ca. 2 Stunden

Führungskräfte, die bei der Dokumentation des herkömmlichen Beurteilungsvorgangs gute Arbeit leisten, geben an, sie verwenden auf diese Aufgabe bei jeder Beurteilung zwei oder mehr Stunden. Wenn beim 360°-Feedback ein kurzer Fragebogen und angemessen kleine Bewertungsteams eingesetzt werden, ist der Zeitaufwand für die herkömmliche und die neue Methode gleich.

Wir haben für die 360°-Beurteilung kein Personal zur Verfügung

Die meisten Unternehmen haben Personal abgebaut. Oft ist daher kein Mitarbeiter verfügbar, der die Aufgaben im Zusammenhang mit der Versendung und Verteilung der Fragebögen, mit der Bewertung und Erfassung sowie der Ausgabe der Ergebnisse beim Verhaltens-Feedback übernimmt. Bei der 360°-Beurteilung mit Papierbögen benötigt man bei 1000 Anwendern drei bis vier Leute für diese Aufgaben. Automatisierte Abläufe verringern den Personalbedarf auf eine Person pro 2000 Menschen, die in den sechs bis acht Wochen des formalen Ablaufs arbeitet. Wenn ein Unternehmen nicht in interne Abläufe investieren will, kann es diesen Vorgang auch nach außen vergeben und damit die Bewertungszeit erheblich verkürzen.

Personalknappheit

Bei der 360°-Beurteilung gibt es so viele Informationen, dass die Teilnehmer überfordert sind

Die Unternehmen müssen die Fragebögen kurz, einfach und klar halten. Bei einem Feedback-Vorgang, der zu kompliziert ist, können auf Grund der Ermüdung der Befragten und falsch verstandener Fragen Fehler passieren. Auch die Verhaltensberichte sollten kurz, einfach und klar gehalten sein, damit die Mitarbeiter die Informationen verstehen und ihr Verhalten daran orientieren können.

Fehler durch Ermüdung

Die 360°-Beurteilung ist nur eine vorübergehende Mode

Es stimmt, die 360°-Feedback-Systeme kommen in Mode, weil sie in den Unternehmen verstärkt erprobt werden. Ob diese Mode anhält, hängt vom Einfluss des Feedback ab. Wenn die 360°-Beurteilung tatsächlich die Produktivität verbessert und bessere Beurteilungen für Manager und Mitarbeiter schafft, wird aus der Mode ein Trend oder sogar einmal ein Standard bei der Personalbeurteilung und -entwicklung.

Modeerscheinung?

Die 360°-Beurteilung ist eine Art „Schönheitswettbewerb", bei dem Popularität und soziale Kompetenzen mehr zählen als Leistung

„Schönheitswettbewerb"?

Kein Argument wird häufiger angeführt als die Sorge über den Einfluss der Popularität. Wer dieses Argument vorbringt, scheint jedoch zu vergessen, dass die einfachen Bewertungssysteme wiederholt als politischer Wahlkampf oder Popularitätswettstreit kritisiert wurden.

Bei Disney ging man dem Problem der Popularität mit wissenschaftlichen Methoden auf den Grund. Die Antworten der Teilnehmer wurden mit arbeitsrelevanten Kriterien und der Popularität verglichen. Bei der Untersuchung der 122 Mitarbeiter der Merchandising-Abteilung von Disneys EPCOT wurden arbeitsrelevante Kompetenzen und ein Mechanismus verwendet, der die Popularität bei den Verhaltens-Feedback-Berichten außen vor ließ. Die Wissenschaftler wollten verhindern, dass jemandem in seinem Feedback mitgeteilt wird, dass er unbeliebt ist.

Popularität

Die Studie kam zu dem Schluss, dass Popularität nur in geringem Maße mit der Leistung in Verbindung gebracht wurde, der Korrelationskoeffizient betrug 0,34. Alle anderen arbeitsrelevanten Kriterien (etwa „kommunikative Fähigkeiten") hatten eine mehr als doppelt so hohe Korrelation mit der Gesamtleistung.

Beliebtheit und Leistung

Bei dem Disney-Projekt schnitt einer der beliebtesten Mitarbeiter bei der Leistungsbewertung am schlechtesten ab. Er wurde von seinen Kollegen „Mr. Sport" genannt, weil er jeden Donnerstag und Freitag die Flure entlangging und die Spielergebnisse voraussagte. Jeden Montag und Dienstag informierte er seine Kollegen dann über die Ergebnisse vom Wochenende. Umgekehrt gab es einige Mitarbeiter mit sehr guten Leistungen, die allgemein als nicht sonderlich beliebt beurteilt wurden. Folglich lassen sich die Befragten bei der Bewertung von Leistung oder Verhaltenskompetenzen nur in geringem Maße von der Popularität beeinflussen.

Ein Bewertungsgremium sollte alle Beteiligten auf jedem Gebiet bewerten

Bewertungsgremien mit einem Bewertungsteam für jeden Mitarbeiter werden von einigen Unternehmen meist unter speziellen Bedingungen eingesetzt, beispielsweise bei extrem technischen Berufen, bei denen zur Bewertung der Kompetenzen Fachwissen erforderlich ist. Bewertungsausschüsse sind außerdem in kleinen Gruppen wie etwa in den Abteilungen an Universitäten zu finden.

Bei einer Gremienbewertung geht man davon aus, dass jedes Mitglied ausreichend Kontakt zu jedem Mitarbeiter hat und daher eine fundierte Beurteilung durchführen kann. Leider haben die meisten Beschäftigten nur mit vier bis neun Kollegen ausreichenden Kontakt für ein hochwertiges Verhaltens-Feedback.

Der theoretische Vorteil, der durch ein Standardbewertungsgremium hinsichtlich der Einheitlichkeit der Antworten erzielt wird, wird dadurch wieder zunichte gemacht, dass viele Gremiumsmitglieder nicht ausreichend über die Leistung mancher Mitarbeiter Bescheid wissen. Da ein 360°-Feedback darauf basiert, den Wissensschatz der Mitarbeiter optimal zu nutzen, erbringen verteilte Bewertungsteams, die für jeden zu Bewertenden speziell zusammengesetzt werden, genauere Informationen.

Eine statistische Analyse weist darauf hin, dass verteilte Bewertungsteams einen relativ hohen Deckungsgrad untereinander aufweisen. Diejenigen, die ehrlich antworten, verwenden bei ihren Antworten meist den gleichen Maßstab. Ein einfacher Test für dieses Konzept ist ein Verfahren, bei dem die Mitarbeiter zwei verschiedene Bewertungsteams wählen können. Zweck dieser Tests mit zwei verschiedenen Teams ist, die Verlässlichkeit der 360°-Beurteilung zu untersuchen.

Zwei Bewertungsteams, hohe Übereinstimmung

Untersuchungen bei Gulf Oil, der Arizona State University und bei Westinghouse haben ergeben, dass in neun von zehn Fällen die dualen Bewertungsteams nur um bis zu sieben Prozent voneinander abweichen, wenn man davon ausgeht, dass in jedem Team ein gleiches Maß an Kontakt und ähnliche Perspektiven vertreten sind. Verteilte Bewertungsteams funktionieren demnach und liefern auch zuverlässige Leistungsbeurteilungen.

„Strenge-Index"

Eine nützliche Absicherung bei möglichen Unterschieden zwischen den verteilten Bewertungsteams ist die Einführung eines „Strenge-Index"; dabei wird die durchschnittliche Benutzung der Werteskala bei jedem Befragten für all seine Bewertungen zusammengefasst. Wenn zwei Befragte ein Feedback erstellen und der eine im Durchschnitt 7,9, der andere dagegen 6,2 Punkte auf einer Werteskala von 10 Punkten vergibt, ist der Bewerter mit 6,2 strenger, weil die Punkteverteilung im Durchschnitt niedriger war. Strengere Bewertungen sind härter. Unter Verwendung der durchschnittlichen Bewertungen jedes Befragten lässt sich ein „Strenge-Index" für jedes Bewertungsteam erstellen. Dieser Wert kann mit den Werten der anderen Teams verglichen werden. So wird gezeigt, dass die verteilten Bewertungsteams in ihrem relativen Maß an Strenge konsequent sind.

Die Beteiligten wählen für die Bewertungsteams Freunde aus

Ein weiterer häufiger Kritikpunkt tritt in Zusammenhang mit möglichen freundschaftlichen Tendenzen auf. Obwohl Untersuchungen darauf hinweisen, dass Freundschaft bei vertraulichen Umfragen keinen großen Einfluss hat, wird dies immer wieder in Frage gestellt.

Bevorzugung durch Freunde

Ein anderer Ansatz verbirgt sich hinter der Frage: „Hat jeder die gleichen Möglichkeiten, Freunde auszuwählen?" Die Antwort lautet ja. Aus messtechnischer Sicht hat jeder die gleichen Vorteile, wenn er Freunde in sein Bewertungsteam wählt. Der Einfluss solcher Freundschaften könnte sich in überbewerteten Antworten niederschlagen, die theoretisch die gesamte Wertungsverteilung nach oben verzerren. Doch glücklicherweise kann man überbewertete Antworten und die Verzerrung der Werteskala leicht ausgleichen.

Für diejenigen, die immer noch hartnäckig an einer möglichen Bevorzugung von Freunden festhalten, bietet der Test mit zwei Teams eine gute Lösung. Bei diesem Test wählen die Teilnehmer ein Team aus Freunden und ein Team aus nicht mit ihnen befreundeten Kollegen. In 90 Prozent der Fälle weichen die Beurteilungen um nicht mehr als 7 Prozent voneinander ab.

8. Wie Sie mit Kritik an der 360°-Beurteilung umgehen

Wenn man anonymes Feedback geben kann, sind die meisten Menschen ungeachtet ihrer freundschaftlichen Bindungen ehrlich.

Anonymität fördert Ehrlichkeit

Disneys „Alice" wird von „Schneewittchen" und „Brummbären" gleich bewertet

Die Frage der Zusammensetzung der Teams führte bei Disney schließlich dazu, dass im Jahr 1981 die Einheitlichkeit der Bewertungsteams geprüft wurde. Nach einem ersten Pilotprojekt mit einem Rundum-Beurteilungssystem befürchteten einige Mitarbeiter, dass Freundschaften die Auswahl der Befragten beeinflussen könnten. Die Teilnehmer, die der 360°-Beurteilung skeptisch gegenüberstanden, durften sich zwei verschiedene Bewertungsteams aussuchen. Allerdings sollten deren Mitglieder die gleichen Perspektiven haben: Kollegen, direkt unterstellte Mitarbeiter oder gemischt. Abbildung 8-2 zeigt, dass die Resultate fast identisch waren, selbst wenn „Alice" in ein Team nur „Schneewittchen" wählte und das andere Team nur aus „Brummbären" bestand. Von den 22 Mitarbeitern, die bei diesem Projekt duale Teams wählten, erhielten nur zwei Verhaltensprofile, die um mehr als sieben Prozent von der Gesamtwertung abwichen.

Einige Teilnehmer an der Arizona State University, bei Westinghouse und du Pont wählten sogar drei unterschiedliche Bewertungsteams. Die Wertungen aller drei waren deckungsgleich. Normalerweise sind sich alle Teams über die Form des Profils einig und gleichen sich bei den Urteilen über die am höchsten und am niedrigsten bewerteten Kompetenzen des Feedback-Rezipienten.

Viele der Kritikpunkte, die gegen die 360°-Beurteilung vorgebracht werden, erweisen sich als unbedeutend. Obwohl jedes Unternehmen auf Grund seiner Prioritäten einen eigenen Ansatz verfolgt, ähnelt sich die vorgebrachte Kritik häufig. Wenn ein Unternehmen nicht auf die Bedenken seiner Mitarbeiter in Form von Gesprächsrunden eingeht, erzeugt es bei der Belegschaft erheblichen Widerstand gegen das Feedback, der nur sehr schwer zu brechen ist.

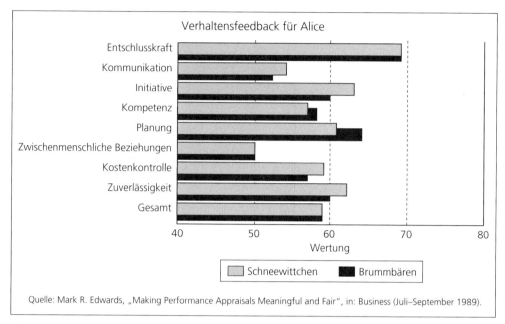

Abb. 8-2: Der Test mit zwei Teams bei Disney: Schneewittchen (Freunde) gegen Brummbären (nicht befreundet)

Bedenken und Ängste

Die Angst vor dem Neuen abbauen

In Abbildung 8-3 werden Bedenken der Mitarbeiter aufgeführt und Möglichkeiten genannt, darauf einzugehen. Erfahrungen aus vielen verschiedenen Betrieben zeigen, dass die meisten Bedenken auf Ängsten beruhen. Das 360°-Feedback verändert sowohl für das Unternehmen als auch für die Mitarbeiter die Regeln. Für viele, die ihre Position im Unternehmen nach den alten Regeln erreicht haben, ist dieser Ansatz revolutionär. Wichtig ist, dass man diese Befürchtungen vorhersieht, versteht, wie sie zu Stande kommen, und dann systematisch auf sie eingeht.

8.1.2 Einspruchsmöglichkeiten

Durch die Schaffung von Einspruchsmöglichkeiten kann ein Unternehmen viele Bedenken aus dem Weg räumen. Die Beschäftigten legen Wert auf Einspruchsmöglichkeiten und wollen wissen, wie diese beim 360°-Feedback funktionieren.

8. Wie Sie mit Kritik an der 360°-Beurteilung umgehen

Einwand	Effektive Reaktion
Angst vor dem ganzen Vorgang	Machen Sie einen Probedurchlauf. Mit Erfahrung lassen sich die meisten Ängste bewältigen.
Schwierigkeiten, den Vorgang zu verstehen	Greifen Sie auf laterales Denken zurück. Setzen Sie Maßstäbe für die besten Übungen, lassen Sie die Mitarbeiter aus den Erfahrungen erfolgreicher Kollegen lernen.
Das Projekt ist zu neu, es ist genau das Gegenteil der bisherigen Praxis	Machen Sie ähnliche Initiativen im Unternehmen ausfindig, beispielsweise Empowerment bei Führungskräften, im Kundendienst, Maßnahmen zur Qualitätssteigerung, Teams und Reengineering-Projekte.
Der Zeitaufwand für die Führungskräfte ist zu hoch	Stellen Sie fest, wie viel Zeit Vorgesetzte für das aktuelle System benötigen. Machen Sie einen Probelauf mit dem 360°-Feedback und stellen Sie den Vorgesetzten die gleiche Frage. Führungskräfte geben oft an, dass das 360°-Feedback die Zeit, die sie mit Beurteilungen verbringen, um 50 Prozent oder mehr verringert, außerdem wird die mühsame Dokumentation automatisiert.
Der Zeitaufwand für die Mitarbeiter ist zu hoch	Fragen Sie die Mitarbeiter, wie viel Zeit sie dafür aufbringen wollen, ein hochwertiges Feedback zu geben, damit sie im Gegenzug selbst ein hochwertiges Feedback erhalten. Gestalten Sie das System entsprechend diesem Zeitrahmen.
Viele Mitarbeiter werden nicht antworten	Machen Sie einen Probelauf. Die Erfahrung nimmt die Angst. Die Zahl der ausbleibenden Antworten sollte weniger als 15 Prozent betragen.
Es kostet zu viel	Berechnen Sie ein geschätztes Budget und „verkaufen" Sie es. Die Berechnungen können mit einmaligen Investitionen pro Person von 100 Euro für Schulungen und 50 Euro für die Technik beginnen.
Die Führungskräfte werden das Projekt nicht unterstützen; die einheitliche Kommandostruktur wird dadurch zerstört	Machen Sie einen Probelauf. Die Erfahrung hat gezeigt, dass Führungskräfte Rundum-Beurteilungen noch schneller als die übrigen Mitarbeiter akzeptieren.

Abb. 8-3: Effektive Reaktionen auf die Bedenken der Mitarbeiter

Einwand	Effektive Reaktion
Die Führungskräfte werden bei der Bewertung aus der Verantwortung genommen	Nehmen Sie in den Fragebogen spezielle Fragen auf, die darauf abzielen, dass die Führungskräfte ehrliches Feedback geben und die Entwicklung der Mitarbeiter unterstützen. Verantwortlichkeit motiviert zu Verhaltensänderungen.
Die Anwender akzeptieren die Anonymität nicht	Fragen Sie die Anwender. Umfragen haben gezeigt, dass 19 von 20 Anwendern die Anonymität bevorzugen.
Rein rechtlich gesehen können wir die Anonymität der Befragten nicht wahren	Wenn Umfragen unter den Anwendern den Wunsch nach Anonymität bestätigen und die Kommunikationswege die Anonymität der Befragten gewährleisten, findet sich nur schwer ein rechtlicher Grund, der derartige Anonymitätsvereinbarungen behindern würde.
Hochrangige Führungskräfte haben keine Zeit zur Beantwortung der Fragen	Verwenden Sie die Lösung für mangelnde Kooperationsbereitschaft bei Führungskräften: Machen Sie die Bewertung durch die Vorgesetzten durch ein „V" in den Berichten kenntlich. Verantwortlichkeit wirkt motivierend.
Die Geschäftsleitung unterstützt das Projekt nicht	Machen Sie einen Probelauf. Die Erfahrung zeigt, dass gerade im Topmanagement die eifrigsten Befürworter zu finden sind, wenn sie zuvor darin geschult wurden.
Die Vorgesetzten (oder andere) werden sich rächen	Reagieren Sie auf diese ernste Bedrohung mit einer dualen Lösung: Verwenden Sie ein Kriterium wie „behandelt andere fair" und sorgen Sie dafür, dass die Anonymität der Befragten garantiert ist.
Wenn die Antworten so schnell erfolgen, können sie nicht genau sein	Stellen Sie folgende Frage: „Was haben die Untersuchungen über Tests gezeigt? Wer verteilt höhere Punktzahlen: Jemand, der schnell antwortet, oder jemand, der sehr lange über jeder Antwort brütet?"
Die Mitarbeiter werden nicht genug gute Bewerter finden	Machen Sie einen Probelauf. Die Erfahrung hat gezeigt, dass fast jeder ein paar andere findet, die hochwertiges Feedback geben können. Wer niemanden findet, kann vielleicht Möglichkeiten auftun, sich mehr mit anderen abzugeben.
Die Anwender wollen ein Feedback mit ausführlichen Kommentaren	Ja. Untersuchungen haben gezeigt, dass erzählende Kommentare für viele das nützlichste Feedback sind. Bedenken Sie, dass ein computergestütztes Feedback die Zahl der ausführlichen Kommentare vervielfacht.

Abb. 8-3: Effektive Reaktionen auf die Bedenken der Mitarbeiter *(Fortsetzung)*

8. Wie Sie mit Kritik an der 360°-Beurteilung umgehen

Einwand	Effektive Reaktion
Einige werden versuchen, das System zu ihren Gunsten auszutricksen	Ja. Daher sind Sicherheitsmechanismen wie die „intelligente" Erfassung und Auswertung notwendig. Wenn man sich nicht um „Falschspieler" kümmert, kann das für den gesamten Vorgang fatal sein, da dann die Glaubwürdigkeit der Bewertungsinformationen zerstört wird.
Betriebsratsmitglieder werden kein Feedback geben	Machen Sie einen Probelauf. Fragen Sie Betriebsratsmitglieder nach einem freiwilligen Feedback. Meist geben die Betriebsratsmitglieder bereitwillig Feedback, vor allem zu Vorgesetzten und anderen Führungskräften.
Die Gewerkschaft wird das Projekt nicht unterstützen	Erlauben Sie allen Gewerkschaftsfunktionären, bei der Projektentwicklung mitzumachen. Geben Sie ihnen Einblick in die Projektevaluation. Oft wollen Gewerkschaftsfunktionäre, die erlebt haben, wie der Vorgang im Betrieb funktioniert, sogar selbst mitmachen und Feedback geben und erhalten.
Freundschaften beeinflussen die Resultate	Informieren Sie sich über empirische Untersuchungen zum Einfluss der Freundschaft. Sie zeigen, dass Freunde im Allgemeinen ein ehrliches Feedback geben. Manchmal sind Freunde sogar strenger als andere, vermutlich weil sie höhere Erwartungen haben.
Konkurrenzdenken beeinflusst die Resultate	Es gibt zwar wenige Untersuchungen zum Konkurrenzdenken, doch unsere Erfahrungen haben gezeigt, dass die meisten Befragten ehrlich sind. Bei Rundum-Beurteilungssystemen ohne Sicherungsmechanismen, die das Konkurrenzdenken ausgleichen, kann es allerdings zu erheblichen Verzerrungen kommen.
Die Befragten können sich gegen andere „verschwören", vor allem gegen Vorgesetzte	Machen Sie einen Probelauf. Die Erfahrung nimmt die Angst. Rundum-Beurteilungssysteme sind sehr robust, wenn Verzerrungsmöglichkeiten beseitigt sind.
Das Konkurrenzdenken wirkt sich negativ auf Teamwork aus	Machen Sie einen Probelauf. Anwender berichten einstimmig, dass solche Projekte Teamwork fördern. Allerdings erkennt man beim Projekt klar, wer das Team nicht unterstützt.

Abb. 8-3: Effektive Reaktionen auf die Bedenken der Mitarbeiter *(Fortsetzung)*

Die Möglichkeit, Einspruch zu erheben, ist ein wichtiger Bestandteil der Prozessvalidität. Dafür wurden verschiedene Vorgehensweisen entwickelt. Die Methode der Arizona State University ist einfach und gerecht und hat seit ihrer Entwicklung im Jahr 1984 schon vielen Unternehmen gedient.

Die Arizona State University entwickelt Einspruchsmöglichkeiten für die 360°-Beurteilung

Das Entwicklungsteam des Projekts schuf für die 360°-Beurteilung eine Methode, Einspruch zu erheben. Jeder, der Einspruch erheben wollte, musste nur ein zweites Bewertungsteam auswählen. Allerdings stellte in all den Jahren, in denen das Projekt an der Universität durchgeführt wird, noch nie jemand seine Ergebnisse beim 360°-Feedback in Frage. Statt dessen beschlossen viele, den Vorgang vorab zu testen. Über 60 Mitglieder des Lehrkörpers und etwa zwei Dutzend Mitarbeiter aus der Verwaltung wählten zwei unterschiedliche Bewertungsteams, um die Glaubwürdigkeit der Resultate zu überprüfen.

Bei Einspruch: zweites Bewertungsteam

Universitäten sind als Betriebe untypisch, da die meisten Abteilungen relativ klein sind und die Mitglieder des Lehrkörpers einander recht gut kennen. Daher konnten viele Lehrkräfte zwei Teams mit fünf bis sieben Mitgliedern zusammenstellen, die sie für eine Bewertung gut genug kannten. Einige Teilnehmer wollten sogar besonders genau sein und wählten ein Team, das aus Freunden, und ein Team, das nicht aus Freunden bestand. Das Ergebnis war bei den meisten dualen Bewertungen sehr ähnlich, bei den Teams aus Freunden und „Neutralen" betrug die Abweichung sieben Prozent.

„Freunde" sind manchmal strenger

Einige Teilnehmer stellten fest, dass die Resultate bei beiden Bewertungen nahezu übereinstimmten, dass aber die „Freunde" strenger bewertet hatten als die „Neutralen". Offenbar stellen Freunde höhere Ansprüche. (Oder wissen manche Leute möglicherweise einfach nicht, wer ihre Freunde sind?)

8.1.3 Verständnis bringt Unterstützung

Die 360°-Beurteilung ist eine nützliche Informationsquelle bei Fragen der Personalentwicklung und -beurteilung. In den Genuss seiner erheblichen Vorzüge kommt man jedoch nur, wenn voraussichtliche Einwände im Vorfeld ausgeräumt werden. Die Projektbetreuer und das Entwicklungsteam sollten mit einem wahren Sturm an Befürchtungen und Kritikpunkten seitens der Mitarbeiter rechnen und darauf vorbereitet sein, entsprechend darauf einzugehen.

9. Das Versprechen der 360°-Beurteilung

Es gibt fast keine schwierige Situation, die sich nicht durch eine gerechtere Machtverteilung verbessern lässt.
Virginia Satir, amerikanische Autorin

Es kann nur zwei Möglichkeiten geben, die Wahrheit zu suchen und zu finden. Die eine entzieht sich den Sinnen und Einzelheiten zu den allgemeinsten Axiomen ... Diese Art ist gerade in Mode. Die andere leitet Axiome von den Sinnen und Einzelheiten ab und erhebt sich durch einen allmählichen, kontinuierlichen Aufstieg, so dass diese Möglichkeit schließlich zum allgemein gültigsten Axiom von allen gelangt. Das ist der wahre Weg, auch wenn er noch nicht gegangen wurde.
Sir Francis Bacon

Die 360°-Beurteilung ist eine viel versprechende Methode zur Personalbeurteilung und kann außergewöhnliche Resultate vorweisen: eine gesteigerte Zufriedenheit der Beschäftigten mit dem Arbeitsklima sowie erhebliche Verhaltensänderungen im Einklang mit Unternehmenswerten und -zielen. Auch die Leistung der Einzelnen und der Teams verbessert sich und überträgt sich über die Mitarbeiter auf die externen Kunden, die Güter und Dienstleistungen kaufen.

Wissenschaft und Wirtschaft am gleichen Strang

Selten hat eine neue Methode Wissenschaft und Wirtschaft gleichermaßen so schnell für sich begeistern können. Die Unternehmen erfahren, was führende Akademiker schon seit vielen Jahren sagen: Ein mitarbeiterübergreifendes Feedback ist sinnvoll und kann die Produktivität steigern.

Nun gilt es, das Versprechen der Rundum-Beurteilungssysteme in die Tat umzusetzen. Der Vorgang soll den Anforderungen entsprechen: gerechte und genaue Leistungsbemessungen schaffen, die die Mitarbeiter motivieren und ihre Entwicklung fördern. Kommt ein Projekt diesen Anforderungen nicht nach, werden

9. Das Versprechen der 360°-Beurteilung

die Anwender das 360°-Feedback schon bald als kurzlebige Mode abtun.

9.1 Die Auswirkungen der 360°-Beurteilung

Ein 360°-Feedback-Projekt hat enorme Auswirkungen auf Mitarbeiter, Führungskräfte, Teams und Unternehmen. Um zu beweisen, dass der Vorgang auch wirklich funktioniert, haben viele Unternehmen im Verbund mit Initiativen aus dem Quality Management Maßstäbe anhand der vorhandenen Daten aus Mitarbeiterbefragungen entwickelt. Auch andere grundlegende Maßstäbe sind möglich, beispielsweise:

- Zufriedenheit der Kunden
- Führung
- Aufsicht
- Arbeit
- Vielfalt
- Leistungs-Feedback
- Produktqualität
- Laufbahnentwicklung
- Leistungsbeurteilung
- Bezahlung
- Beförderung
- Arbeitsaufgaben
- Zufriedenheit der Mitarbeiter
- Moral
- Personalwechsel
- Fehlzeiten
- Sicherheit
- andere Belohnungen

Parameter, mit denen die Auswirkungen gemessen werden

Nach einem 360°-Feedback-Projekt können die Projektbetreuer die Daten, die bei einem herkömmlichen Modell erfasst wurden, mit den Daten aus der Rundum-Beurteilung vergleichen.

9.1.1 Vorlieben bei der Bewertung

Untersuchungen in zahlreichen Unternehmen haben gezeigt, dass die meisten Mitarbeiter lieber von mehreren Personen als nur von ihrem Vorgesetzten bewertet werden. So lauten die Ergebnisse aus einem Pilotprojekt zur Projektevaluation bei Coca-Cola USA Fountain, dass nur 3,9 Prozent der Ansicht sind, Feedback sollte nur vom Vorgesetzten kommen. 94,8 Prozent meinen, das Feedback sollte von Vorgesetzten und Arbeitskollegen gegeben werden. Die Verteilung ist in Abbildung 9-1 dargestellt.

Wer sollte Feedback geben?

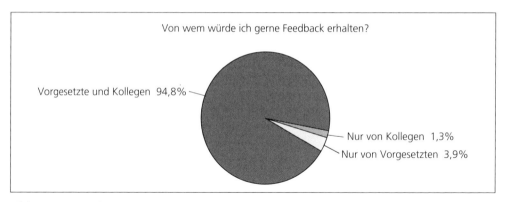

Abb. 9-1: Ergebnisse einer Umfrage bei Mitarbeitern von Coca-Cola USA Fountain, wer Feedback geben sollte

9.1.2 Die Zufriedenheit der Anwender

Der wichtigste Maßstab für die Effektivität des Vorgangs findet sich in Umfragen zur Zufriedenheit der Benutzer im Rahmen der Leistungsbewertung. Die Validität der 360°-Beurteilung lässt sich am besten bestimmen, wenn man die Anwender fragt, ob der Vorgang den Zielsetzungen wie zum Beispiel Fairness, Genauigkeit und Einfachheit entsprach. Umfragen zur Zufriedenheit der Anwender geben Aufschluss darüber, was die verschiedenen Beteiligten von dem Vorgang halten und ob sie seine Fortsetzung unterstützen.

Anwender-befragung

Diese Projektbewertungen bieten klare Aussagen zu wichtigen Erfolgsfaktoren. Die Projektbewertung der Restaurantkette Houlihan, die in Abbildung 9-2 dargestellt ist, zeigt die typischen Antworten nach Abschluss des Projekts. Fast alle Beteiligten hatten den Eindruck, dass das 360°-Feedback nützliche Ergebnisse lieferte. Etwa 95 Prozent hielten die Methode für motivierend und einfach im Gebrauch. Die geringste Zustimmung erhielten die Fragen, ob das 360°-Feedback eine vollständige Beurteilung sei, ob die Bewerteten die Bewertungsteams selbst auswählen sollten und ob die Zeit für die Schulung gut genutzt worden sei. Die Ergebnisse einer Projektevaluation weisen auf Schulungsdefizite und notwendige Veränderungen im Ablauf hin.

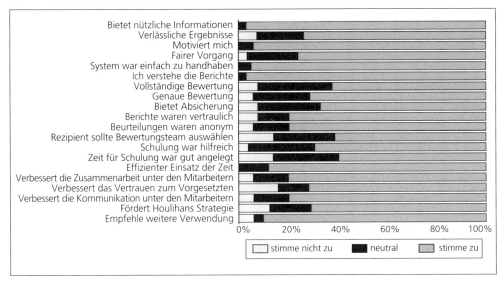

Abb. 9-2: Houlihans Pilotprojekt zur Zufriedenheit der Anwender

Die Unterstützung der Anwender bei wichtigen Bestandteilen des Vorgangs wie zum Beispiel die Wahrung der Anonymität, Gerechtigkeit und Zeitersparnis, sind für die Prozessbewertung wichtig. Kommentare aus den Umfragen bieten ausführliche Anregungen für weitere Verbesserungen. Auch Fokusgruppen, Gespräche und Mitarbeiterversammlungen tragen dazu bei, dass die 360°-Beurteilung bei den verschiedenen Beteiligten Zustimmung findet.

Kontinuierliche Verbesserung durch Befragung der Anwender

9.1.3 Vor- und nachbereitende Beurteilungen

Bei Umfragen zum Projekt sollte auch festgestellt werden, ob die Anwender die neue Rundum-Beurteilung oder die herkömmliche Beurteilung durch den Vorgesetzten bevorzugen. Meist enthüllen die Umfragen eine eindeutige Präferenz für das neue 360°-Feedback-System.

Die Bewertungen können als Maßstab für besondere Reaktionen der Beteiligten auf der Grundlage der Zielsetzungen des Entwicklungsteams dienen.

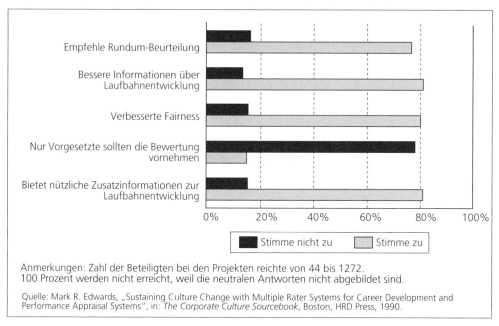

Abb. 9-3: Beurteilung der Fairness des Verfahrens in 16 Organisationen

9.1.4 Wie wird die Fairness beurteilt?

In einer Studie wurde untersucht, wie Anwender in 16 Unternehmen die Fairness beim 360°-Feedback beurteilten. Das Ergebnis lautete, dass etwa 80 Prozent der Befragten den Ablauf für fair hielten (Abbildung 9-3). Die Benutzer stammten alle aus ganz unterschiedlichen Unternehmen und Organisationen: Arizona State University, G. A. Technologies, Arizona Commerce Bank, Westinghouse, Esso Resources, Gulf Oil und Disney. Das Resultat deckt sich mit anderen Informationen. Die Zufriedenheit der Anwender mit herkömmlichen Bewertungssystemen, die in einer von uns in Auftrag gegebenen Umfrage bei 82 Organisationen ermittelt wurde, rangierte zwischen fünf und 35 Prozent, der Durchschnitt betrug 26 Prozent. Die Unzufriedenheit basierte zum größten Teil darauf, dass der Vorgang in den Augen der Bewerteten nicht fair war. In Unternehmen, die das 360°-Feedback einführten, betrug der Unterschied in der Bewertung

Immer wieder wichtig: Fairness

9. Das Versprechen der 360°-Beurteilung

der Fairness gegenüber herkömmlichen Bewertungen über 50 Prozent.

Betrachtet man diese Ergebnisse genauer, erkennt man, dass der Wechsel des Bewertungsmodells von der Hälfte der Belegschaft mit entsprechenden Urteilen zur Fairness quittiert wird. Solche Resultate, die immer wieder ermittelt werden, belegen, dass das 360°-Feedback-Modell Leistungsbewertungen erbringt, die von den Anwendern als fair betrachtet werden.

Einschränkend muss man jedoch hinzufügen, dass nur wenige der aufgeführten Beurteilungen aus Organisationen stammen, die mehr als fünf Jahre Erfahrung mit der 360°-Beurteilung haben. Da sie für die meisten Unternehmen noch relativ neu ist, lassen sich solche positiven Ergebnisse auch teilweise mit dem Hawthorne-Effekt erklären (demzufolge jede Veränderung eine vorübergehende Verbesserung schafft). Allerdings zeigen begrenzte Daten aus Untersuchungen, dass die Bewertung des langfristigen 360°-Feedback durch die Anwender stabil bleibt und das Modell immer noch über 80 Prozent Zustimmung erhält.

Der „Hawthorne-Effekt" oder dauerhafte Verbesserung?

9.1.5 Die Verteilung der Bewertungen

Eine Untersuchung der Werteverteilung bei vor- und nachbereitenden Projektbewertungen zeigt normalerweise erhebliche Unterschiede zwischen einem herkömmlichen und einem Rundum-Beurteilungsverfahren. Die meisten Unternehmen stellen fest, dass sich die Punktzahlen beim herkömmlichen Bewertungsmodell alle am oberen Ende der Skala konzentrieren, wie in Abbildung 9-4 zu sehen ist. Bei einer 360°-Beurteilung mit geschulten Anwendern, Sicherungsmechanismen und einer 10-Punkte-Skala ist die Verteilung dagegen erheblich differenzierter, wie Abbildung 9-5 zeigt. Diese breitere Verteilung wurde bei 35 Rundum-Beurteilungsprojekten mit über 48 000 Teilnehmern festgestellt. Dank der breiteren Verteilung können leistungsorientierte Belohnungen für die Beteiligten gerechter und glaubwürdiger gestaltet werden.

Optimale Differenzierung bei der 360°-Beurteilung

Eine Analyse dieser 35 Projekte deutet darauf hin, dass die Punkteverteilung beim 360°-Feedback um das Vierfache stärker gefächert ist als bei den herkömmlichen Bewertungsmodellen durch

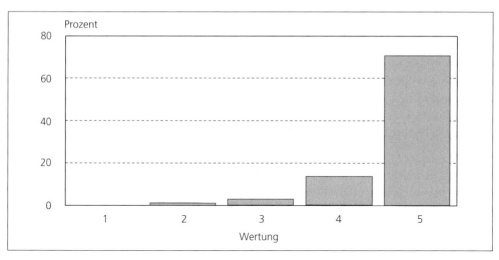

Abb. 9-4: Die Punkteverteilung bei einem herkömmlichen Bewertungsmodell

den Vorgesetzten. Diese breitere Verteilung schreibt man den folgenden Ursachen zu:

Ursachen für die Vorzüge der 360°-Beurteilung

- Arbeitskollegen haben anders als Führungskräfte kein Interesse daran, die Bewertungen zu übertreiben.
- Die meisten Befragten antworten ehrlich und ohne Übertreibungen, wenn ihnen absolute Anonymität garantiert wird (der Feedback-Rezipient wird nie erfahren, wie ihn jemand bewertet hat).
- Die meisten Befragten, die in der Erteilung von Feedback geschult wurden, antworten ehrlich.
- Sicherungsmechanismen wie „intelligente" Bewertungsverfahren entfernen eindeutig ungültige Antworten.
- Bei einer Skala mit zehn Punkten können die Befragten genauer differenzieren als bei einer Skala mit fünf Punkten.

Leistungswertung gegen Anspruchsdenken

Die Auswirkungen einer breiteren Verteilung der Bewertungszahlen sind erheblich. In einer Zeit, in der viele Unternehmen mit einem hohen Anspruchsdenken zu kämpfen haben, erleichtert eine differenzierte und genauere Verteilung der Wertungen die Anerkennung und Beförderung von Mitarbeitern und macht solche Maßnahmen glaubhafter. Fast alle herkömmlichen Mittel zur Anerkennung und Belohnung funktionieren mit einer ge-

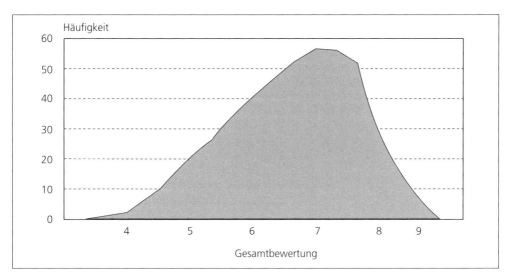

Abb. 9-5: Die Punkteverteilung beim 360°-Feedback-Modell

steigerten Validität der Leistungswertungen besser. Die breitere Punkteverteilung bei der Leistungsbeurteilung schafft empfindlichere Maßstäbe, die auch schon relativ geringe Unterschiede im Verhalten offen legen können.

9.1.6 Maßstäbe für Verhaltensänderungen

Unternehmen suchen nach sinnvollen Methoden, mit denen man die Effektivität von Schulungen bewerten kann. Leider sind die Ergebnisse der Einfachbewertungen meist stark übertrieben, so dass man selten fundierte Informationen erhält, wenn man versucht, die Ergebnisse mit Schulungsprogrammen in Zusammenhang zu bringen. Da fast jeder hohe Wertungen bekommt, erkennt man einen Verhaltenswandel in einer quantitativen Analyse nicht.

Anders die 360°-Beurteilungssysteme. Sie registrieren schon leichte Verhaltensänderungen und können daher eher die Auswirkungen von Schulungen und Entwicklungsprogrammen zeigen. In Abbildung 9-6 werden die Auswirkungen effektiver Schulungen dargestellt. Eine Firma verfolgte die Entwicklung der Mitarbeiter, die in den Bereichen Kundendienst und Team-

Verhaltenswandel auf Grund von Schulungen

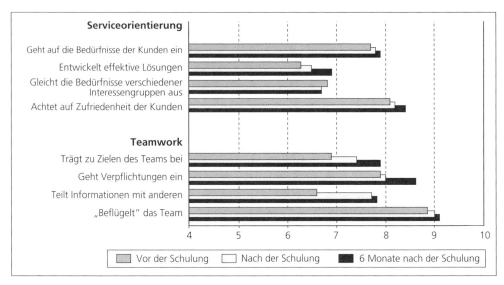

Abb. 9-6: Die Effektivität von Schulungen messen

fähigkeit weitergebildet wurden. Im Lauf der drei Bewertungszeiträume lässt sich eine Verbesserung bei den meisten Verhaltensweisen ablesen. Diese Untersuchung wäre mit einer Kontrollgruppe überzeugender, dennoch zeigen die Resultate einen positiven Verhaltenswandel in Zusammenhang mit gezielten Schulungsmaßnahmen.

9.1.7 Suchtkranke

Wie soll ein Vorgesetzter mit einem suchtkranken Mitarbeiter umgehen?

Ein zufälliger Nebeneffekt der 360°-Beurteilung liegt darin, dass man damit auch suchtkranke Mitarbeiter erkennen kann. Bei herkömmlichen Bewertungsmethoden ist es eher unwahrscheinlich, dass man auf Suchtprobleme stößt, da sich Führungskräfte scheuen, mit Angestellten über persönliche Probleme zu sprechen. Suchtkranke Mitarbeiter spielen mit ihren Vorgesetzten oft Katz und Maus und verbergen vor ihnen die Auswirkungen, die ihre Sucht auf ihr Verhalten hat. Stellen Sie sich vor, wie schwierig es für einen Vorgesetzten ist, einen Mitarbeiter ohne die Unterstützung anderer auf seine Sucht anzusprechen. Kollegen dagegen sind meist bereit und in der Lage, ein sehr aussagekräftiges Feedback zum Verhalten des Suchtkranken zu geben.

9. Das Versprechen der 360°-Beurteilung

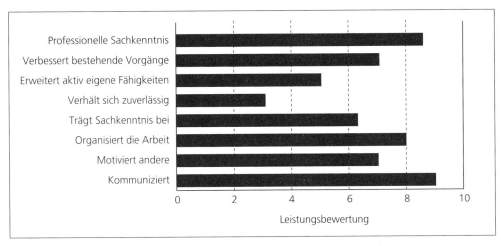

Abb. 9-7: Verhaltensprofil, das auf möglichen Drogenmissbrauch hinweist

Außerdem können sie manchmal Beispiele für unangemessenes oder gefährliches Verhalten nennen.

Bei zahlreichen 360°-Beurteilungsprojekten wurde ein mutmaßlicher Drogenmissbrauch entdeckt, meist anhand einer der drei folgenden Umstände:

1. Das Verhaltensprofil ist zwar generell stark, weist aber einen oder mehrere niedrig bewertete Punkte auf, zum Beispiel beim Faktor Zuverlässigkeit (Abbildung 9-7). Diesen Zustand kann man als „amputiertes Profil" bezeichnen, weil die Wertung bei einer Schlüsselqualifikation (oft in Zusammenhang mit Zuverlässigkeit) wie amputiert wirkt.
2. Ein Verhaltensprofil über einen längeren Zeitraum zeigt bei zwei oder mehreren Beurteilungsvorgängen einen bedeutenden Rückgang bei der Leistungsbeurteilung.
3. Das Verhaltensprofil zeigt zwischen der Beurteilung durch den Vorgesetzten und der Bewertung durch andere eine auffallende Kluft. Oft erkennt der Vorgesetzte das Drogenproblem zuletzt.

Das „amputierte" Verhaltensprofil

Derartige Anzeichen müssen nicht zwangsweise auf Drogenmissbrauch hinweisen, doch sie zeigen eindeutig, dass ein Eingreifen erforderlich ist. Das kann in Zusammenhang mit einer

Schulung geschehen, geeigneter wäre jedoch die Sozialbetreuung. Das frühe Erkennen schwer wiegender Probleme kann nicht nur Karrieren, sondern auch Leben retten.

9.1.8 Die Messung der Produktivität

Schon immer kämpfen Unternehmen mit dem Problem, wie man Produktivität messen kann. Mit Hilfe der 360°-Beurteilungsprojekte gelingt es, die Produktivität im Betrieb zu definieren und zu fördern. Die folgenden direkten oder indirekten Indikatoren für Produktivität können mit 360°-Feedback-Prozessen gekoppelt werden:

Positive Folgen der 360°-Beurteilung

- Steigerung bei der Produktmenge und -qualität
- weniger Fehler, Retouren oder Defekte
- sinkender Verbrauch bei Rohmaterialien, weniger Altpapier, geringere Nebenkosten
- verbesserte Sicherheit, beispielsweise weniger Unfälle

In dem Jahr, in dem das Werk für Dampfturbinengeneratoren von Westinghouse in Orlando in Florida ein 360°-Feedback-Projekt für das Leistungsmanagement durchführte, verkündete Personalchef George Dann für das Werk eine Produktivitätssteigerung von 28 Prozent. Obwohl mehrere Faktoren zusammenkamen, stellte die Veränderung durch den Rundum-Beurteilungsprozess den wichtigsten Eingriff in die Unternehmensentwicklung dar.

Die Produktivität von Professoren

Eine Studie in einer Abteilung der Arizona State University untersuchte eine Form der Produktivitätsmessung bei Universitätsprofessoren. Abbildung 9-8 zeigt die grundlegenden Maßstäbe für die Produktivität in der Forschung in einem Zeitraum von fünf Jahren, in dem die Professoren nur durch den Abteilungsleiter bewertet wurden. In den folgenden vier Jahren wurden die Professoren dann von Kollegen und dem Abteilungsleiter beurteilt. In dieser Zeit stieg die Produktivität in der Forschung erheblich. Während der Verwendung des Rundum-Beurteilungssystems waren Leistungszulagen entweder unbedeutend oder fehlten an der Universität ganz. Daher können finanzielle Anreize diesen Wandel in der Produktivität nicht erklären.

9. Das Versprechen der 360°-Beurteilung

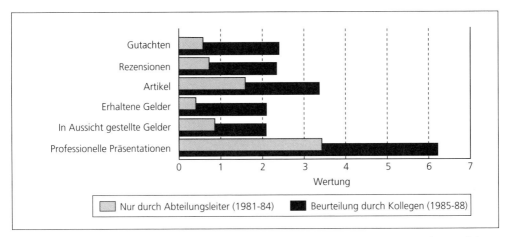

Abb. 9-8: Leistungssteigerungen in der Forschung an einer Universität: Herkömmliches gegen Rundum-Beurteilungssystem

Ein Doktorand legte eine plausible Erklärung für dieses Phänomen vor, die auf seinen Einzel- und Gruppengesprächen mit dem Lehrkörper basierte. Er zitierte ein Mitglied des Lehrkörpers: „Ich sah keinen überzeugenden Grund, warum ich die Ratschläge zum Leistungs-Feedback befolgen sollte, die ich erhielt, als mein Abteilungsleiter meine Tätigkeit bewertete. Ich hatte weder Veröffentlichungen zur Forschung noch Zusagen für irgendwelche Gelder. Als ich jedoch erfuhr, dass auch meine Kollegen meine Leistungen in der Forschung beurteilen sollten, wollte ich mich nicht vor ihnen blamieren. So entstand meine erste Publikation seit 15 Jahren."

Gruppenzwang bewirkt Produktivitätssteigerung

Folglich wirkt der Gruppenzwang als Anreiz für Produktivität, selbst wenn Leistungszulagen nur bescheiden ausfallen oder gar nicht vorhanden sind. Viele entwickeln, weil sie die Wertschätzung ihrer Kollegen gewinnen oder nicht verlieren wollen, eine Aktivität, zu der sie von selbst oder auf Grund einer Aufforderung ihres Vorgesetzten nicht motiviert gewesen wären.

9.1.9 Die Zufriedenheit der Kunden

Anhand der Zufriedenheit der Kunden lassen sich Verhaltensänderungen hervorragend feststellen. Walter Tornow vom Center for Creative Leadership hat Arbeiten veröffentlicht, in denen am Beispiel einer Bank ein Zusammenhang zwischen der hohen Zufriedenheit der Kunden und der Produktivität der Mitarbeiter belegt wird. Wenn sich grundlegende Werte und sukzessive auch die Zufriedenheit der Kunden erhöhen, muss man von einer positiven Entwicklung in einem Unternehmen sprechen.

Kundenzufriedenheit auf Diskette

Bei Chemetals in Baltimore bemüht sich das Verkaufspersonal in besonderer Weise um die Kunden. Am Ende des Kundengesprächs erhält der Kunde eine Diskette. Er füllt den Fragebogen zum 360°-Feedback auf der Diskette aus und mailt die Ergebnisse zur Auswertung an Dritte. Wenn der Kunde keinen Zugang zu einem Computer hat, überlässt ihm der Verkäufer für ein paar Minuten ein Laptop und die Diskette mit der Umfrage. Die Angaben zur Kundenzufriedenheit in Abbildung 9-9 sind das Ergebnis regelmäßiger Umfragen unter Kunden von Chemetals im Juli 1993, Dezember 1993 und Juli 1994. Die meisten Angaben zur Zufriedenheit der Kunden verbesserten sich in diesem Zeitraum von durchschnittlich 7 auf 8,6 Punkte.

Die Zufriedenheit steigt

Die Ergebnisse zeigen, dass die deutlichste Veränderung auf den Gebieten Kommunikation und der von den Kunden wahrgenommenen Fachkenntnis des Personals auftrat. In den Bereichen Aufmerksamkeit und Auslieferung wurden Verbesserungen verzeichnet und auch die Zufriedenheit der Kunden mit der Produktqualität insgesamt, der Gesamtleistung und der Beständigkeit der Produkte war gewachsen. Dagegen sahen die Kunden in diesem Zeitraum grundsätzlich keinen Unterschied bei den Preisen/Geschäftsbedingungen oder der Kostenentwicklung. Die Zufriedenheit der Kunden steigerte sich also, obwohl Chemetals nicht die Preise gesenkt hatte.

Natürlich basierte die neue Zufriedenheit der Kunden nicht ausschließlich auf dem 360°-Feedback-Projekt. Allerdings gab es in dieser Zeit keine sonstigen Schulungen oder andere Maßnahmen. Da die Teilnehmer die 360°-Beurteilung als ein Mittel zur Verbesserung der Kommunikation und des Eingehens auf den

9. Das Versprechen der 360°-Beurteilung

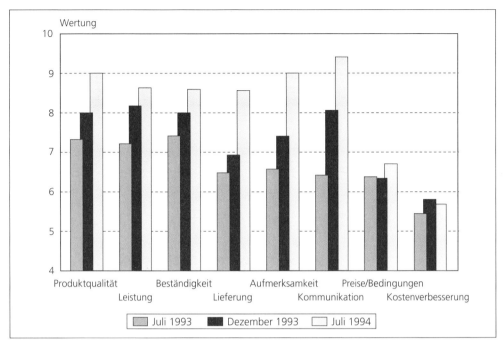

Abb. 9-9: Bewertung des Kundendienstes bei Chemetals

Kunden betrachten, decken sich die Ergebnisse mit den Erfahrungen beim Projekt.

Unternehmen verwenden oft spezielle Indikatoren, um die Effektivität einer Einrichtung zu messen. Abbildung 9-10 zeigt beispielsweise die grundlegenden Indikatoren für den Kundendienst bei einem großen Telekommunikationsunternehmen, bei denen die Kunden auf einer Zählkarte die Bewertungen A, B, C, D, E oder F vergeben konnten. Ein Jahr nach der Einführung des 360°-Feedback verbesserten sich die Werte für den Kundendienst erheblich: Die Zufriedenheit der Kunden insgesamt steigerte sich um 100 Prozent, die Zufriedenheit der mit A wertenden kleinen Kunden um 340 Prozent und die Zufriedenheit der mit A wertenden Großkunden um 33 Prozent. Die 360°-Beurteilung war die einzige bedeutende organisatorische Veränderung, die in diesem Zeitraum in der Firma stattfand.

Kundenbewertung für ein Telekommunikationsunternehmen

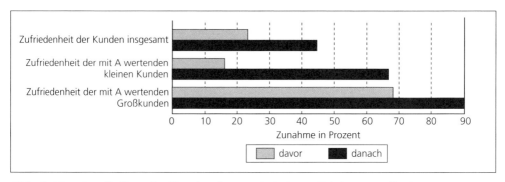

Abb. 9-10: Der Einfluss des Kundendienstes bei einem Telekommunikationsunternehmen

9.2 Die 360°-Beurteilung und das Problem der Diskriminierung

Leistungsbeurteilungen sind die treibende Kraft für alle Formen der Personalentwicklung wie zum Beispiel Selektion, Belohnung, Motivation, Schulung und Weiterbildung. Daher hat das Modell, das für die Leistungsbewertung verwendet wird, einen außergewöhnlichen Einfluss auf die Karrieren der Beschäftigten. Wenn bei der Bewertung eine bestimmte Gruppe diskriminiert wird, werden ihre Mitglieder die Karriereleiter nach oben vielleicht nicht gerade unbezwingbar finden, aber dennoch merken, dass die Stufen ganz schön glitschig sein können. Manager sollten die Methoden solcher Bewertungen sorgfältig abwägen und versuchen, die gerechteste und genaueste Auswahlmethode zu verwenden.

Gerechtigkeit für alle Gruppen

Fairness zählt zu den wichtigsten Kennzeichen der 360°-Beurteilungssysteme. Allerdings genügt es nicht, wenn die Anwender das System nur für fair halten. Das könnte zum Beispiel bedeuten, dass die Anwender dem 360°-Feedback den Vorzug geben, selbst wenn es unfair ist – weil es „weniger tendenziös" oder „fairer" ist als herkömmliche Bewertungsmethoden. Bei der Minderheitenfairness wird untersucht, ob die Angehörigen von Minderheiten ähnliche Leistungsbewertungen wie die Mehrheit bekommen. Natürlich sollte ein gerechtes Bewertungssystem alle Teilnehmer gleich behandeln.

Das Toleranz-Management geht das Problem an, Entscheidungen zur Auswahl, Anerkennung und Belohnung gerecht zu treffen und sich nicht von Alter, Geschlecht, Herkunft oder anderen Faktoren beeinflussen zu lassen. Die Veröffentlichungen und die Forschung zum Toleranz-Management haben sich hauptsächlich auf die Bereiche Ausbildung, Schulung und Personalentwicklung konzentriert. Abgesehen von Untersuchungen zu den negativen Auswirkungen auf Minderheiten wurde in diesem Zusammenhang nur sehr wenig über die Leistungsbeurteilung berichtet.

Toleranz-Management

Bewertungen durch die Vorgesetzten sind mehr eine Aufgabe des Bewerters als des Bewerteten. Egoismus, Stereotypen und Voreingenommenheit gegenüber Fremdem kann man einem Vorgesetzten fast nicht abgewöhnen, wenn er allein urteilt und die Genauigkeit seiner Angaben nicht überprüft werden kann. Vorurteile bei der Einzelbewertung führen beispielsweise oft zu niedrigeren Ergebnissen für Frauen, wenn es sich bei den Vorgesetzten um Männer handelt. Wechselt man dagegen das Bewertungssystem und verwendet statt der Beurteilung durch den Vorgesetzten ein Rundum-Beurteilungsmodell, ändern sich auch die Beurteilungen, sie sind nicht mehr negativ gefärbt, sondern neutral.

Die Aufgabe, das Verhalten der Mitarbeiter ständig zu verbessern, erfordert eine hochwertige Leistungsbeurteilung und ein besonderes Feedback, unabhängig davon, ob das Feedback nun an die Beurteilung oder die Bezahlung geknüpft ist. Ein Bewertungsvorgang, der Resultate mit unangemessen negativen Auswirkungen auf die Angehörigen besonderer demographischer Gruppen hervorbringt, kann falsche Erwartungen wecken und falsche Informationen zur Personalentwicklung geben.

9.2.1 Fairness gegenüber Minderheiten in drei Unternehmen

Eine empirische Analyse zur Gerechtigkeit bei Leistungsbewertungen untersucht die Fakten: die Ergebnisse bei der Bewertung. Eine Untersuchung bei drei Unternehmen zeigte, dass bei herkömmlichen Bewertungssystemen durch einen Vorgesetzten ältere Mitarbeiter, Frauen und andere Minderheiten niedrigere Bewertungen erhielten. Diese Erkenntnis war nicht überra-

Ältere Mitarbeiter und Frauen werden häufig benachteiligt

schend, da sie sich mit den Ergebnissen aus anderen Untersuchungen deckten.

Die Untersuchung erfasste auch die Ergebnisse beim 360°-Feedback aus den drei Unternehmen, um zu überprüfen, ob sich die Wertungen für Angehörige besonderer demographischer Gruppen von den Wertungen anderer unterschieden. Die Daten umfassten die Angaben von Kollegen und/oder direkt unterstellten Mitarbeitern. Bei den beteiligten Unternehmen handelte es sich um ein Dienstleistungsunternehmen (über 16 000 Beschäftigte), einen Flugzeughersteller (über 5000 Beschäftigte) und ein Hightech-Kommunikationsunternehmen (über 1300 Beschäftigte). Die Untersuchungseinheiten waren so groß, dass selbst sehr geringe Unterschiede bei der Leistungsbeurteilung zu einer statistisch bedeutenden Differenz führten. Daher sollten die Ergebnisse unter praktischen Gesichtspunkten anhand der Frage betrachtet werden: „Welches System ist angesichts der Richtung der Veränderung fairer, das herkömmliche oder das Rundum-Beurteilungssystem?" Die Erkenntnisse zeigen bei allen drei Unternehmen neutrale oder positive Resultate gegenüber Minderheiten. Diese Ergebnisse stehen in direktem Kontrast zu den Beurteilungen, die nur durch Vorgesetzte erstellt wurden.

9.2.2 Alter

Das Alter: positiv oder negativ?

Die Ergebnisse der 360°-Beurteilung zeigten, dass Alter und Leistung bei dem Dienstleistungsunternehmen positiv miteinander verbunden waren (Abbildung 9-11). Auch bei den beiden anderen Unternehmen wurde der Faktor Alter in geringem Maße mit Leistung assoziiert. Eine positive Korrelation bedeutet, dass die Leistungsbewertungen mit dem Alter leicht zunahmen. Die Daten zeigen, dass die Wertung bis zum Alter von 45 Jahren langsam stieg und dann gleich blieb. In den untersuchten Unternehmen wurde nach dem Wechsel von der herkömmlichen Bewertung zur Rundum-Beurteilung aus dem Faktor Alter ein Vorteil.

Welches System ist gerechter? Für Mitarbeiter über 40 Jahre ist sicher ein 360°-Feedback vorzuziehen.

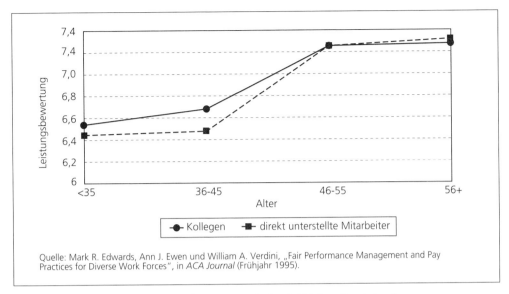

Abb. 9-11: Alter und Leistungsbewertung beim 360°-Feedback in einem Dienstleistungsunternehmen

9.2.3 Geschlecht

Bei allen drei Unternehmen ergaben die Resultate der 360°-Beurteilung, dass Frauen etwas höhere Wertungen erhielten als Männer. Die Durchschnittsbewertungen für Frauen und Männer in verschiedenen Positionen durch Kollegen und direkt unterstellte Mitarbeiter in dem Dienstleistungsunternehmen sind in Abbildung 9-12 abgebildet. Bei diesem Unternehmen fiel der Vergleich in allen 35 Kriterien zum Führungsverhalten zu Gunsten der Frauen aus. Bei dem Hightech-Kommunikationsunternehmen fielen die Bewertungen bei 82 Prozent der Kriterien leicht positiv zu Gunsten der Frauen aus. Beim Flugzeughersteller erhielten Frauen bei 28 von 35 Kriterien höhere Bewertungen. Allerdings sind diese geschlechtsbedingten Unterschiede bei allen drei Organisationen so gering, dass sie als neutral betrachtet werden sollten.

Warum stießen Frauen bisher immer auf Grenzen, die ihr weiteres Vorankommen auf der Karriereleiter behinderten? Ein Grund dafür könnte in der Bewertung durch Vorgesetzte liegen. Auf

Frauen und Karriere

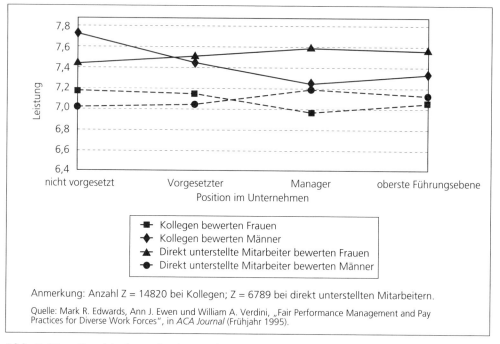

Abb. 9-12: Geschlecht und Leistungsbewertung mit der 360°-Beurteilung bei einem Dienstleistungsunternehmen

Grundlage dieser Erkenntnisse kann ein wichtiges Karrierehemmnis, die niedrigere Leistungsbeurteilung für Frauen, beseitigt werden. Man muss nur das Bewertungssystem ändern und die 360°-Beurteilung einführen.

Gerechtere Bewertung von Frauen beim 360°-Feedback

American Airlines gewann vor kurzem den Catalyst Award für den effektiven Einsatz von Frauen im Betrieb und im Management. Die Auszeichnung basierte zumindest teilweise auf Untersuchungen, die eine gerechtere Bewertung der Frauen beim 360°-Feedback als bei der Beurteilung nur durch Vorgesetzte ergaben. Die Verwendung der 360°-Beurteilung brachte außerdem zusätzliche Maßnahmen mit sich, etwa die Schaffung eines Auswahlvorgangs, der auf multiplen Bewertungen durch Gleichgestellte basierte und als Anregung für Entscheidungen über Stellenbesetzungen und Beförderungen diente.

9.3 Das Urteil über die 360°-Beurteilung

Zu den Auswirkungen der 360°-Beurteilung auf die Bewertungen aller Mitarbeiter muss noch viel geforscht werden. Ermutigend ist allerdings die Erkenntnis, die kürzlich eine Studie bei einem der teilnehmenden drei Unternehmen erbrachte. Sie zeigte, dass über einen Zeitraum von drei Jahren das Alter positiv und die Faktoren Geschlecht und Herkunft neutral bewertet wurden. Darüber hinaus kehrt die 360°-Beurteilung negative Bewertungen für Angehörige besonderer demographischer Gruppen offenbar um oder neutralisiert sie zumindest. Dieses Ergebnis bestätigt die empirischen und noch nicht veröffentlichten Resultate aus vielen anderen 360°-Feedback-Projekten, die bei Unternehmen und Organisationen wie Intel, Hewlett-Packard, dem amerikanischen Energieministerium, IBM, General Electric, General Motors, NCR, Motorola u. a. durchgeführt wurden.

Zukunftsweisend: Fairness und Gerechtigkeit

Ein endgültiges Urteil über die 360°-Beurteilung muss erst noch getroffen werden. Unternehmen und Wissenschaftler werden weiterhin die Auswirkungen dieser Methode untersuchen. Die Erkenntnisse, die in diesem Kapitel dargestellt wurden, deuten darauf hin, dass das 360°-Feedback die Fairness bei der Leistungsbeurteilung messbar beeinflusst und ein gerechtes und nützliches Entwicklungs- und Bewertungssystem für alle Angehörigen eines Unternehmens darstellt.

10. Die Zukunft der 360°-Beurteilung

Eine neue Strategie, die Hoffnung auf bessere wirtschaftliche Ergebnisse, auf eine bessere Kontrolle der Technologie und außerdem auf Achtung und Motivation für die Mitarbeiter bietet, besteht darin, dass „man jeden dazu bringt, ganze Systeme zu verbessern".

Marvin R. Weisbord, Direktor
Weisbord, Block & Petrellar

Unsicherheit wird stets durch Informationen gelöst. Macht erwächst jedem, der mit Informationen umgehen kann.

R. Buckminster Fuller

Produktivitätssteigerung

Unternehmen und Organisationen werden sich in zunehmendem Maße darauf konzentrieren, die Produktivität zu verbessern. Die 360°-Beurteilungssysteme fungieren als Katalysator zur Produktivitätssteigerung, da das Feedback von anderen Personen besonders motivierend für einen Verhaltenswandel ist. Innovationen beim 360°-Feedback-Prozess und im Softwarebereich werden gerechtere, genauere und validere Systeme schaffen.

Intelligente Systeme

Intelligente Systeme, die den Anwender auf Anfrage oder sogar automatisch mit Informationen versorgen, werden die Entscheidungsfindung im Personalwesen revolutionieren. Denn diese Systeme verfügen über Expertenwissen, das den Anwendern dient. Die 360°-Beurteilung bildet einen wertvollen Beitrag für die intelligenten Systeme, weil es sowohl als Instrument zur Sammlung von Informationen dient als auch ein Mittel darstellt, sie anzuwenden. Mit Hilfe der künstlichen Intelligenz wird das 360°-Feedback noch schneller, einfacher und besser werden. So werden diese Systeme später einmal nicht nur grundlegende Informationen über die Leistung der Mitarbeiter liefern, sondern auch gleich Verbesserungsvorschläge machen.

Leistungsbeurteilung mit Verbesserungsvorschlägen

10. Die Zukunft der 360°-Beurteilung

10.1 Integrierte Human-Resources-Systeme

Da Unternehmen immer nach Möglichkeiten suchen, mit weniger mehr zu erreichen, wird die Leistungsbeurteilung schon bald als Schlüssel zur menschlichen Produktivität erkannt werden. Eine genaue Bewertung der Erfolgsfaktoren eines Unternehmens hilft bei der Einstellung neuer Mitarbeiter, die bereits über die vom Unternehmen gewünschten Schlüsselkompetenzen verfügen. Genaue Leistungsbeurteilungen lenken Schulungen und Anforderungen in der Personalentwicklung in die richtige Richtung und bieten einen Maßstab für die Effektivität der Fortbildungsmaßnahmen.

Anerkennung und Belohnungen werden stärker motivieren, da die Mitarbeiter erkennen, dass Leistung zählt. Eine genaue Messung der Erfolgsfaktoren trägt dazu bei, dass die Beschäftigten die Kompetenzen stärker entwickeln, die ihren Erfolg im Beruf steigern und die Produktivität des Unternehmens erhöhen. Und vermutlich der wichtigste Punkt: Eine gerechte und genaue Bewertung bedeutet, dass Gehaltserhöhungen und Beförderungen denen zukommen, die sie am meisten verdienen.

Gerechtigkeit bei Beförderung und Gehaltserhöhung

Da weitere Untersuchungen die Genauigkeit, Fairness und Validität des 360°-Feedback bestätigen, werden immer mehr Unternehmen dieses System übernehmen, damit sie akkurate Leistungsbeurteilungen bekommen. Sie können die 360°-Beurteilung jederzeit benutzen, um das Verhalten der Mitarbeiter auf die Unternehmensleitbilder abzustimmen. Ebenso kann man damit das lebenslange Lernen von Einzelnen, Teams und des Unternehmens verbessern.

Neue Technologien ermöglichen es den Unternehmen bereits, computergestützte 360°-Feedback-Systeme online einzusetzen. Dank des technischen Fortschritts können Forschungsergebnisse wie beispielsweise Untersuchungen zur Validität fast unmittelbar eingesetzt werden, da die Forschungsrichtlinien in die Software einprogrammiert sind. Nehmen wir als Beispiel die Studie bei drei Unternehmen, die Sie bereits in Kapitel 9 kennen gelernt haben. Die Untersuchungsmethoden für die Analyse der Auswirkungen auf Minderheiten bei 23 000 Feedback-Rezipienten erforderten über 600 Arbeitsstunden. Heute gibt es Software, mit

Analysen – schnell erstellt

der man eine umfassendere Analyse fast sofort erstellen kann. Unternehmen und Organisationen wie OXY USA, Intel, Tenneco und das Samaritan Health System können die Auswirkungen auf Minderheiten oder andere demographische oder berufliche Variablen in Minuten untersuchen, gleichzeitig werden die 360°-Feedback-Berichte verfasst.

Zu den viel versprechenden Eigenschaften der 360°-Beurteilung zählt die Möglichkeit, sie mit anderen Maßnahmen der Personalentwicklung zu verbinden (Abbildung 10-1). Das 360°-Feedback dient als Grundlage für gerechtere und genauere personalpolitische und organisatorische Entscheidungen. Ein grundlegender Wandel der Unternehmenskultur basiert auf bestimmten Kompetenzen, die durch die Rundum-Beurteilung vermittelt und beurteilt werden. Die Schlüsselkompetenzen oder Erfolgsfaktoren für eine zukünftige Führung spiegeln sich in den Fragebögen des 360°-Feedback wider und fördern die Entwicklung und das ständige Wachstum der Mitarbeiter und Führungskräfte.

Wenn die Anwender mit dem Verhaltens-Feedback für eine Umstrukturierung Erfahrungen aus erster Hand gesammelt haben, wollen sie die Methode auch in den Bereichen Führung, Weiterbildung und Personalentwicklung anwenden. Dem Kundenservice wird bei den Schlüsselkompetenzen mehr Beachtung geschenkt, da die Anwender ihren Kreis für das Feedback erweitern, um auch externe Kunden zu erfassen. Auch Teams werden durch hochwertige Informationen aus Beurteilungen seitens der Kunden gefördert. Teammitglieder erhalten von anderen Teammitgliedern Feedback, wann immer es gebraucht wird.

360°-Beurteilung als Instrument für Auswahl-, Stellenbesetzungs- und Nachfolgeentscheidungen

Es ist ganz natürlich, dass die Anwender ein neues Bewertungsverfahren auch für die Leistungsbeurteilung und für Gehaltsentscheidungen verwenden wollen, wenn die Methode genauer und gerechter ist. Wenn Manager erkennen, dass die 360°-Bewertungen verlässliche Informationen bieten, werden sie die Ergebnisse auch bei Entscheidungen zur Auswahl, Stellenbesetzung und Nachfolgeplanung benutzen wollen. Das 360°-Feedback integriert andere Entscheidungsprozesse im Bereich Human Resources, weil eine bessere Bewertungsmethode natürlich ein minderwertigeres System verdrängt.

10. Die Zukunft der 360°-Beurteilung

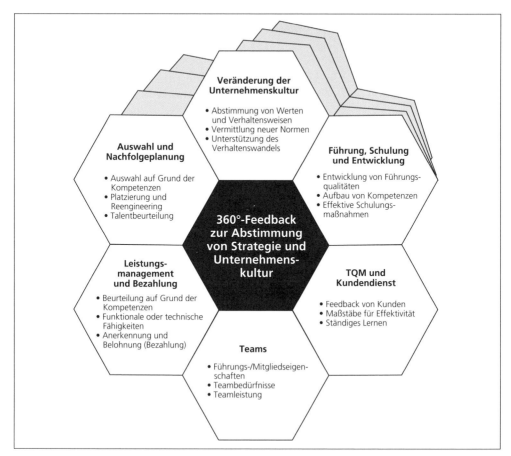

Abb. 10-1: Die Integration strategischer Entscheidungen in der Personalentwicklung

Ein wichtiger Bestandteil der viel versprechenden Möglichkeiten von 360°-Feedback-Systemen liegt in der künftigen Generation intelligenter Systeme. Mit den Grundlagen dieser intelligenten Systeme werden in einigen Unternehmen bereits erste Feldversuche gemacht.

10.2 Intelligente Systeme

Die Möglichkeiten von intelligenten Systemen

Herkömmliche Bewertungssysteme sind passiv, da sie nur Daten sammeln und die Informationen in standardisierten Berichten wiedergeben. Intelligente Bewertungssysteme kann man dagegen als aktiv bezeichnen, denn sie sind interaktiv; sie geben nicht nur Feedback, sondern stellen auch Fragen, entwerfen Szenarien oder reagieren sogar auf Fallbeispiele. Ein intelligentes System leitet die Befragten an, wie sie die Gerechtigkeit und Genauigkeit ihrer Angaben verbessern können, indem es Antworten in Frage stellt, die vielleicht ungültig sind, weil sie nicht den wissenschaftlichen Anforderungen entsprechen und sich nicht mit den anderen Bewertungen decken. Mit Hilfe der künstlichen Intelligenz können bei einem solchen System auch wichtige Informationen wiedergegeben und weitergeleitet werden, etwa welche Kompetenzen den größten Erfolg bei angestrebten Aufgaben oder Positionen versprechen.

Intelligente Systeme, die auch als „lernende Systeme" bezeichnet werden, lernen aus Erfahrung und sortieren die gesammelten Informationen nach dem Grundsatz der Leistungseffektivität. Wenn ein lernendes System zum Beispiel erkennt, dass die Effektivität der Mitarbeiter zum größten Teil auf bestimmten Faktoren beruht, werden diese Kompetenzen bei der Beurteilung und Entwicklung betont. Die lernenden Systeme konzentrieren sich auf die relevanten Eigenschaften und nicht auf ein breites Spektrum an Standardkompetenzen.

Intelligente Entscheidungssysteme bieten zahlreiche Möglichkeiten. Die 360°-Beurteilung wird zu einem zentralen Bestandteil für intelligente Systeme werden, denn sie dient als

Die Rolle der 360°-Beurteilung in intelligenten Systemen

- Instrument zur Ermittlung der erforderlichen Informationen. Ein 360°-Feedback-System, das angestrebte Kompetenzen bewertet, kann zum Beispiel auch dafür verwendet werden, automatisch die Auswirkungen von Weiterbildungs- und Entwicklungsmaßnahmen zu erfassen;
- Modell, das den Kontext jeder Situation intelligent bewertet. Ein 360°-Feedback-System kann beispielsweise auch Empfehlungen für Schulungen und Personalentwicklungsmaßnahmen für die Teilnehmer aussprechen.

10. Die Zukunft der 360°-Beurteilung

Künstliche Intelligenz, Expertensysteme und Entscheidungshilfen können die menschliche Produktivität verbessern. Die folgenden Beispiele bieten einen kleinen Ausblick auf die intelligenten Entscheidungssysteme der Zukunft.

10.2.1 Laufbahngestaltung

Glaxo entwickelte ein weit reichendes System zur unterstützenden Laufbahnentwicklung, das Mitarbeiter zusammen mit dem 360°-Feedback bei der Karrieregestaltung und -planung unterstützen soll. Das Verfahren umfasst Analysen zur Laufbahnentwicklung und Förderungssysteme im Betrieb, die die Mitarbeiter über eine erforderliche Weiterentwicklung zum Aufbau einer erfolgreichen Karriere informieren.

Karriereplanung

Public Service Electric and Gas in New Jersey teilt den 360°-Feedback-Vorgang je nach Berufseinheit in fünf Bereiche, die an den besonderen Anforderungen für jede Gruppe ausgerichtet sind. Die Materialien zur Karriereentwicklung werden für die Führungskräfte gesammelt und dem jeweiligen Zielpublikum präsentiert. Der Fragebogen für die Mitarbeiter zur Bewertung der Kompetenzen spiegelt zwar ebenfalls die Unternehmensleitbilder und -werte wider, verwendet aber eine andere Terminologie als der Fragebogen der Führungskräfte.

Die nächsten Systemgenerationen werden mehr leisten, als nur ein individuell aufgemachtes 360°-Feedback auf Grundlage der Kompetenzen zu erstellen; sie werden auch Handlungsempfehlungen geben. Ein Fragebogen der 360°-Beurteilung könnte auch individuell gestaltet werden und Verhaltensweisen hervorheben, die besonders lohnenswert sind.

10.2.2 Entwicklung der Führungskräfte und Mitarbeiter

Die meisten Unternehmen beabsichtigen mit einem 360°-Feedback eine Stärkung der Führung und der Personalentwicklung. American Airlines, die University of Minnesota, Intel, das amerikanische Energieministerium, GMAC, Motorola und andere Anwender haben in ihre Systeme zur Entwicklung der Führungskräfte verschiedene Grade an Intelligenz eingebaut. Diese Innovationen umfassen:

- *Individuelle Intelligenz:* Jeder Mitarbeiter erhält ein Verhaltens-Feedback, das das Verständnis verbessert und den Mitarbeiter ermutigt, Maßnahmen zur Steigerung seiner Leistung zu ergreifen.
- *Mitarbeiterintelligenz:* Jeder Mitarbeiter wird ermuntert, das Feedback mit Kollegen zu besprechen, die ihm vielleicht Erkenntnisse vermitteln, die formal nicht weitergegeben werden können. Diese Gespräche können die Frage nach den Gründen für die Bewertung klären und Aufschluss darüber geben, wie die eigene Leistung nach Meinung der anderen verbessert werden könnte.
- *Unternehmensintelligenz:* Die Fortbildungsmaßnahmen des Unternehmens für Führungskräfte, zu denen spezielle Schulungen und Maßnahmen zur Entwicklungsförderung, gezielte Gespräche, interaktives Lernen und andere Entwicklungsmöglichkeiten gehören können, stehen zur Verfügung und fördern eine gezielte Entwicklung der Führungskräfte.

10.2.3 Handlungsempfehlungen

Einige Unternehmen bieten ihren Mitarbeitern Empfehlungen zur Karrieregestaltung, zur Entwicklung von Führungsqualitäten und andere Maßnahmen zur Leistungsverbesserung. Diese Richtlinien, deren Entwicklung noch in den Kinderschuhen steckt, lesen sich meist wie Auszüge aus einem Lehrbuch für Führungskräfte. Andere Unternehmen erstellen Entwicklungspläne mit Materialien, die entwicklungsfördernde Maßnahmen für eine große Bandbreite an Verhaltensweisen spezifizieren. Unternehmen wie Hallmark Cards, AT&T und Consumers Gas in Toronto haben Kompetenzenlexika entwickelt, die zahlreiche Kompetenzen beschreiben und Vorschläge für deren Entwicklung enthalten.

Zukünftige Bewertungssysteme werden ganz spezifische Empfehlungen für jeden Beschäftigten bieten. Diese Empfehlungen orientieren sich an der vom Mitarbeiter gewünschten beruflichen Laufbahn und legen die erforderlichen Kompetenzen unter Berücksichtigung seiner vorhandenen Fähigkeiten fest. Dadurch

10. Die Zukunft der 360°-Beurteilung

könnten die Bewertungen den Mitarbeitern auch die Diskrepanz zwischen ihrem tatsächlichen Standort und dem angestrebten Ziel aufzeigen.

Ein anderer Ansatz wird Maßnahmen empfehlen, die sich am Lernen aus Erfahrung und an der Vermeidung eines Karriereknicks orientieren. Bei diesem Ansatz wird den Beschäftigten nicht mitgeteilt, wie sie beruflich vorankommen können; stattdessen erfahren sie, wie sie einen Karriereknick vermeiden können. Meistens konzentriert man sich dabei auf spezifische Verhaltensweisen, die von einem intelligenten System empfohlen werden.

Den Karriereknick vermeiden

Die 360°-Beurteilung bietet ein Verfahren, gezielt Informationen zu sammeln und wiederzugeben. Eine automatisierte Methode zur Laufbahnentwicklung beispielsweise erfordert die Schaffung praktischer Karrierewege. Bei verschiedenen Karrierewegen führen unterschiedliche Kompetenzen zum Erfolg. Das 360°-Feedback kann die Maßstäbe für die hochgradigen Leistungen und Fähigkeiten schaffen, die man für die Differenzierung dieser Karriereprofile benötigt. Ein Rundum-Beurteilungssystem kann zur Erfassung und Vermittlung verschiedener Informationen an zahlreiche Betriebsangehörige verwendet werden:

- die relative Bedeutung von Verhaltensweisen und Fähigkeiten, die in jedem Beruf und jeder Berufsgruppe benötigt werden
- die Kompetenzen, die für den Erfolg in verschiedenen Funktionsbereichen entscheidend sind
- in Zusammenhang mit der Entwicklung ausgewählter Verhaltensweisen und Fähigkeiten die Maßnahmen mit dem größten Einfluss
- Ansatzpunkte, an denen gezielte Maßnahmen das Verhaltens-Feedback in verschiedenen Bereichen verbessern können
- praktische Entwicklungspläne, um Entwicklungschancen anzugehen
- komplementäre Verhaltensweisen, Fähigkeiten, Führungsstile oder Persönlichkeitsfaktoren für Auswahlentscheidungen bei Einzelpersonen und Teams

10.2.4 Auswahl- und Beförderungssysteme

Einige Organisationen, darunter IBM, Nestlé und Xerox, haben Auswahlsysteme auf Grundlage der Informationen aus Rundum-Beurteilungen geschaffen. Da eine 360°-Beurteilung wie ein Assessment-Center vor Ort funktioniert, bieten Leistungsbewertungen aussagekräftige Informationen über die Mitarbeiter. Wenn eine Stelle frei wird und die Kandidaten vorgeschlagen werden, umfasst ein Teil des Auswahlprozesses die Entwicklung eines Standards oder eines spezifischen 360°-Feedback-Profils, damit ein geeigneter Kandidat ausgesucht werden kann. Das heißt nicht, dass der letztlich erfolgreiche Kandidat derjenige mit der höchsten Gesamtbewertung sein muss. Oft ist die Form des Kompetenzprofils – die spezifischen Stärken, die eine Person für eine besondere Aufgabe mitbringt – ausschlaggebend.

Assessment-Center: ein oder zwei Mal

360°-Beurteilung: kontinuierlich

Bei einem Assessment-Center wird die Zahl der Teilnehmer allein schon wegen der Kosten auf eine kleine Gruppe von Kandidaten beschränkt. Anders beim 360°-Feedback, denn da sind alle Mitarbeiter beteiligt. Ein weiterer Unterschied zum Assessment-Center besteht darin, dass ein Mitarbeiter in seiner ganzen Laufbahn nur ein- oder zweimal daran teilnimmt, die 360°-Beurteilung dagegen auf lange Zeit ausgelegt ist und Informationen bietet, die auf ein bis zwei Kompetenzbeurteilungen pro Jahr basieren. Im Lauf der Zeit erhält man so ein sehr aussagekräftiges Bild von der Entwicklung des Mitarbeiters und kann ihn auf dieser Grundlage in den Nachfolgeplänen entsprechend platzieren.

Kandidatenauswahl

Einige Unternehmen führen mit Bewerbern Gesprächsrunden durch, die sich an Verhaltensweisen und Kompetenzen orientieren. So entwickeln beispielsweise American Express und America West Airlines Anforderungsprofile für neue Stellen. Die Mitarbeiter unterhalten sich mit den Kandidaten und verwenden dabei strukturierte Fragen, die Informationen über die entscheidenden Kompetenzen für die Stelle erbringen sollen. Einige Unternehmen verwenden die kombinierten Erkenntnisse der verschiedenen Interviewer, um ergiebigere Informationen über die Bewerber zu erhalten. Dann erstellt das 360°-Feedback-System eine dokumentierte und systematische Methode für die Auswahl der Kandidaten. In Zukunft werden intelligente Systeme die Gesprächspartner einweisen und ihnen helfen, auf Grundlage der

10. Die Zukunft der 360°-Beurteilung

Kompetenzen die besten Bewerber auszuwählen. Natürlich bietet sich mit den intelligenten Systemen auch die Möglichkeit, dass die Fragen nicht mehr von einem Menschen, sondern von einem Computer gestellt werden.

10.2.5 Reengineering und Einsatz an einem anderen Arbeitsplatz

Reengineering definiert die Strukturen und Methoden eines Unternehmens neu, indem es bisherige Verfahrensweisen und Organisationsmethoden in Frage stellt. Die Veränderungen, die eine Umstrukturierung der Arbeitsabläufe mit sich bringt, führen oft dazu, dass Mitarbeiter an andere Arbeitsplätze versetzt werden müssen.

Vor einer Umstrukturierung betrachteten die Angestellten bei ITT-Courier verschiedene Strukturmöglichkeiten in anderen Unternehmen und unterrichteten die Unternehmensleitung über ihre Urteile. Zusätzlich entwickelten sie eine Reihe von Schlüsselkompetenzen, die für das Unternehmen wichtig waren. Dann erstellten sie für die vorhandenen Tätigkeiten ein Profil. Bei der Umstrukturierung des Unternehmens wurde auch für die neuen Tätigkeiten auf Grundlage der wichtigen Kompetenzen ein Profil erstellt. Vor und nach dem Stellenabbau wurden die Beschäftigten anhand dieser Kompetenzen bewertet. Die 360°-Beurteilung brachte wichtige Informationen darüber, für welche neue Rolle sich die Mitarbeiter am besten eigneten. Anhand der Kompetenzen, die sie gezeigt hatten, wurden ihnen Tätigkeiten zugeteilt, die zu ihrer Kompetenzkombination passten. Obwohl die Profilabstimmung bei ITT-Courier nicht automatisiert war, ist dies ein hervorragendes Beispiel für die Anwendung intelligenter Systeme.

Abstimmung des Kompetenzprofils auf das Tätigkeitsprofil

10.2.6 Bewertungssysteme

Bewertungssysteme, die ein 360°-Feedback verwenden, können über eine intelligente Struktur verfügen, mit der kritische Variablen, wie zum Beispiel Herkunft, Alter und Geschlecht, besonders beachtet und Möglichkeiten zur Diskriminierung weitgehend ausgeschlossen werden. Eventuell erfordert die Unternehmenspolitik, dass bei allen Auswahlentscheidungen Richtlinien für ein gerechtes Verfahren gelten, zum Beispiel bei der Entscheidung über Fortbildungsmöglichkeiten, über die Mitarbeit in Sonderprojekten, bei befristeten Verpflichtungen und bei offensichtlicheren Punkten wie Bezahlung und Beförderung.

Die derzeitigen 360°-Feedback-Methoden sind passiv und ermöglichen den Befragten, Urteile auf Grund ihrer eigenen Beobachtungen zu treffen. Die Bewertung kann Teil eines Antwortsystems sein, vor allem bei elektronischen Antworten, die in ein Netzwerk eingebunden sind. In solchen Fällen können die Befragten alle Kriterien auf dem Computerbildschirm sehen, außerdem werden die Kriterien durch Beispiele erläutert. Befragte mit bestimmten Bedürfnissen, zum Beispiel Befragte, deren Muttersprache nicht Deutsch ist, müssen nur eine Taste drücken und haben dann den Fragebogen in ihrer Muttersprache vor sich.

Ein intelligentes Fragesystem reagiert

Zu den zukünftigen Veränderungen gehört, die Fragesysteme mit „intelligenten" Bestandteilen zu versehen, die die Befragten sofort informieren, wenn ihre Urteile

- von Freundschaft, Rivalität oder anderen offensichtlichen Voreingenommenheiten geprägt sind,
- sich bei den jeweiligen Fragen nicht voneinander unterscheiden,
- bei bestimmten Personen oder bestimmten Gruppen systematisch hoch oder niedrig ausfallen,
- erheblich von den Urteilen anderer Bewerter abweichen.

Zusätzliche Informationen können die Befragten auf Fehler hinweisen, etwa wenn sie versehentlich einen anderen Teil der Werteskala verwenden als die anderen Feedback-Geber. Dadurch wird zum Beispiel verhindert, dass jemand die Skala umgekehrt benutzt. Obwohl Untersuchungen gezeigt haben, dass stark abweichende Antwortraster selten vorkommen, genügen schon wenige unzuverlässige Befragte, um das Ergebnis zu verzerren. Ohne Korrektur kann die Zahl dieser unzuverlässigen Feedback-Geber steigen und die Glaubwürdigkeit des gesamten Bewertungssystems in Frage gestellt werden.

10.2.7 Messgenauigkeit

Bei du Pont, am British Columbia Institute of Technology und an der University of Minnesota werden Leistungsbewertungssysteme mit intelligenter Technologie getestet. Mit dieser Technologie kann man beispielsweise die Unzuverlässigkeit bei Messungen feststellen. Dies ist von entscheidender Bedeutung, wenn die Informationen aus der Bewertung zusammen mit herkömmlichen Informationen für Auswahlprozesse verwendet werden.

Eine ähnliche intelligente Technologie wurde bei Current Inc., vom Pima County und der Chase Bank zur Erkennung von Abweichungen oder anderen Fehlerquellen eingesetzt, zum Beispiel extrem hohen oder niedrigen Werten bei bestimmten Bewertungskriterien. Dadurch wurden mögliche Zweifel der Beschäftigten an der Zuverlässigkeit der Leistungsbewertung ausgeräumt. Die Messung der Informationsqualität erhöht das Vertrauen in den Bewertungsprozess.

10.2.8 Kompetenzprofile für Bewerber

Seit 1983 erstellen Studenten der Arizona State University Profile als Ergänzung zum Lebenslauf für Bewerbungsgespräche. Kommilitonen und wenn möglich Assistenten bewerten die Studenten nach Kompetenzen und Fähigkeiten, die wichtig für den zukünftigen Arbeitgeber sind. Diese Profile weisen zwar im Vergleich zu 360°-Feedback-Bewertungen im Beruf meist zu hohe Werte auf, zeigen aber dennoch die relativen Stärken und möglichen Entwicklungsbereiche eines jeden Kandidaten. Außerdem bieten sie reichlich Gesprächsstoff für ein Bewerbungsgespräch.

Kompetenzprofil für eine Bewerbung

In Zukunft werden Unternehmen bei den Profilen für Bewerber auf ihre eigenen Schlüsselkompetenzen oder Erfolgsfaktoren zurückgreifen. Bewerber könnten beispielsweise aufgefordert werden, die Namen und Adressen von sechs Personen anzugeben, die ihr Arbeitsverhalten kennen. Wie bei einer automatischen Überprüfung der Referenzen würden die Fragebögen zum Verhalten zusammen mit Informationen über das 360°-Feedback und einer Versicherung, die Anonymität der Befragten als Gegenleistung für ihre Kooperation zu wahren, zum Bewertungsteam des Bewerbers geschickt werden. Das Unternehmen

Referenzen

könnte so grundlegende Informationen über die Bewerber erhalten.

Kompetenzprofil: auf Eis gelegt oder im Internet

Intelligente Systeme bieten die Möglichkeit, eine breite Auswahl an Kandidaten zu überprüfen und nach Fähigkeiten zu suchen, die zu den Anforderungsprofilen bestimmter Berufe passen. Derartige Systeme verfügen über eine ungeheure Kapazität und man kann mit ihnen viel weiter gehen als bei der bisherigen Suche nach einem einzelnen Bewerber oder Arbeitsplatz, die bislang so arbeits- und zeitaufwendig war. Außerdem erhält man dank der automatischen Dokumentation und dem vom Computer erstellten Kompetenzprofil nützliche und langlebige Informationen. Ein Unternehmen könnte sich daher Monate später wieder bei einem Bewerber melden, wenn eine andere Stelle frei ist. Die Bewertung mit dem 360°-Feedback und die Anforderungsprofile könnten zusammen mit dem jeweiligen Lebenslauf im Internet veröffentlicht oder durch andere elektronische Kommunikationsdienste vermittelt werden.

10.2.9 Teamaufbau

Arbeitsstile und Kompetenzen, die wichtig für die Arbeit in Gruppen oder Teams sind, können mit der 360°-Beurteilung entwickelt werden. Aus Untersuchungen und Erfahrung weiß man, welche Arbeitsstile oder Kompetenzkombinationen am besten in einem bestimmten Team funktionieren, und kann so die Teamzusammensetzung optimieren. Intelligente 360°-Beurteilungssysteme vermitteln gezielte Informationen zur Bewertung und Entwicklung, die die Leitung und die Mitglieder des Teams in ihrer Arbeit unterstützen.

10.2.10 Nachfolgeplanung

Die interne Nachfolge im Management hängt davon ab, dass man über zuverlässige Maßstäbe für Talent und Beförderungsbefähigung verfügt. Zukünftige Nachfolgesysteme werden automatisch Listen mit Kandidaten erstellen, die sich auf Grund ihrer Kompetenzprofile für bestimmte Aufgaben eignen. Automatisierte intelligente Systeme können vielleicht eines Tages unter Verwendung der gesammelten Erfahrungen und Informationen Aussagen über

10. Die Zukunft der 360°-Beurteilung

die Erfolgsaussichten bei verschiedenen Selektions- oder Platzierungsalternativen machen. Die Vorhersage des Erfolgs wird von Verbesserungen bei den gemessenen Erfolgsfaktoren abgeleitet, die für die neue Aufgabe erforderlich sind, dem Maß an Übereinstimmung zwischen den beruflichen Anforderungen und den Eigenschaften der Mitarbeiter und von den Schätzungen über die erforderliche Lernzeit. Solche Systeme könnten auch einen am Berufsmarkt orientierten Lohn für die jeweilige Kombination der Kompetenzen empfehlen, die der Bewerber für die Aufgabe mitbringt. Wenn die Analyse verbessert wird, könnte das System sogar alternative Szenarien für Besetzungsentscheidungen entwerfen, indem es die Anforderungen für die Aufgabe verändern oder die Mitarbeiter an die geignetste Stelle oder in die passende Position versetzen würde.

10.2.11 Die Erprobung der Glaubwürdigkeit

Mitte der siebziger Jahre verwendete eine große Bank von der amerikanischen Westküste ein Rundum-Beurteilungssystem für die Besetzung von Führungsposten. Die Ergebnisse fielen überraschend aus, denn der gesetzliche Erbe wurde von seinem Chef sehr hoch, von seinen Kollegen dagegen sehr niedrig bewertet, vor allem was seine Zuverlässigkeit betraf. Der Bankpräsident war empört und nahm an, das 360°-Feedback-Verfahren sei fehlerhaft, weil sich die Resultate so stark von seinen Erwartungen unterschieden. Er ordnete die vollständige Untersuchung des Vorgangs an, einschließlich einer Überprüfung aller entsprechenden Bewertungsbögen. Die Untersuchung bestätigte jedoch die Glaubwürdigkeit des 360°-Feedback.

Der Erbe und der „Pate"

Einige Wochen später machte der Mitarbeiter, der die niedrigen Wertungen erhalten hatte, Schlagzeilen: Angeblich hatte er über eine Million Dollar bei der Bank unterschlagen und sich nach Mexiko abgesetzt, wo er sofort verschwand. Eine Fokusgruppe aus Mitarbeitern der Bank, die den Vorfall untersuchte, erklärte, dass niemand von der geplanten Unterschlagung gewusst hatte. Der Vorgesetzte des unehrlichen Bankangestellten hatte keine auffälligen Eigenschaften bemerkt. Seine Kollegen, die ihn bewertet hatten, hatten jedoch offensichtlich Verhaltensweisen beobachtet, die auf mögliche Probleme hindeuteten, und hatten ihm demzufolge schlechte Noten beim Verhalten und vor allem bei der Zuverlässigkeit gegeben.

Man kann intelligente Systeme entwerfen, die aus Erfahrung lernen. Bei einem Problem mit der Ehrlichkeit beispielsweise kann das Kompetenzprofil der betroffenen Person gespeichert und mit anderen Profilen verglichen werden. Da ein Unternehmen Wissen aufbaut, das auf effektiven Kompetenzen basiert, kann es auch Wissen darüber sammeln, welche Kompetenzen auf Ehrlichkeit und Unehrlichkeit empfindlich reagieren. Solche Systeme sind im öffentlichen Dienst oder bei Berufen von großem Nutzen, die mit der öffentlichen Sicherheit zu tun haben, beispielsweise bei Piloten, Busfahrern oder Menschen, die mit Gefahrstoffen umgehen. Die gleiche Methode bietet auch bei Fragen der Sicherheit und der Vermeidung von Unfällen Lösungen.

10.3 Versprechen für die Zukunft

Derzeit werden intelligente Systeme entwickelt, die die Karriereentwicklung, die Bewertung der Effektivität von Weiterbildungsmaßnahmen und das Erkennen von Problemen bei den Mitarbeitern (wenn beispielsweise jemand Sozialbetreuung benötigt) erheblich verbessern. Ähnliche intelligente Systeme bieten andere Weiterentwicklungen, etwa ein Feedback über die Sicherheit.

Die selbst bestimmte Belegschaft

Zukünftige Leistungsbewertungen werden eine stärker selbst bestimmte Belegschaft ermöglichen. Die Beschäftigten werden eine hochwertige und fast ständige Leistungsbewertung erhalten, ähnlich der Marktforschung oder Verkaufsberichten, die den Unternehmen sagen, wie sie auf dem Markt abschneiden. Die Mitarbeiter werden Informationen von ihren internen und externen Kunden erhalten – den Kollegen, mit denen sie zusammenarbeiten und von denen sie abhängen, weil nur dann das Unternehmen und ihre eigene Karriere Fortschritte machen und sie nur so Erfolg haben werden.

Gewinn auf allen Seiten

Die 360°-Feedback-Leistungsbewertung der Zukunft ist ein Gewinn für alle. Die Mitarbeiter gewinnen, weil die Informationen, die sie über sich erhalten, fair, genau und glaubhaft sind. Die Ma-

10. Die Zukunft der 360°-Beurteilung

nager gewinnen, weil sie weniger Beurteilungen verfassen müssen und sie die Leistung ihrer Angestellten besser fördern können. Das Unternehmen gewinnt, weil die Entscheidungen bei Führungsfragen eine höhere Gültigkeit besitzen und besser zu vertreten sind. Außerdem bieten intelligente Bewertungssysteme zahlreiche bessere Anerkennungsmöglichkeiten, da die Vergütung direkt mit der Leistung zusammenhängt, wodurch Motivation und Produktivität gesteigert werden.

Die positiven Erfahrungen der Anwender und die veröffentlichten Untersuchungen werden die Verbreitung dieses neuen Modells beschleunigen. Das Versprechen der 360°-Beurteilung liegt vor uns. Mit ihm werden mehr Menschen die Erkenntnis des schottischen Dichters Robert Burns verstehen, der 1785 erklärte: *Oh, welch herrliche Gabe wäre uns vergönnt, wenn wir uns nur selbst so sehen könnten, wie uns die anderen sehen.*

Sich selbst und andere klarer einschätzen

Anhang

Beispiele für die Kompetenzbewertung bei der 360°-Beurteilung

Administrative und organisatorische Fähigkeiten

Verwaltung und Schreibarbeit: Erledigt die tägliche Verwaltungsarbeit pünktlich und genau. Führt ordentlich Buch; wendet Richtlinien angemessen an.

Erfassung und Interpretation von Informationen: Interpretiert Zahlen und andere wichtige Informationen zur Lösung von Problemen; erleichtert damit korrekte Schlussfolgerungen; organisiert Daten effektiv und kann so Probleme lösen und Entscheidungen treffen.

Effektive Kommunikation: Kommuniziert mündlich und schriftlich. Verschafft sich Informationen und leitet sie an geeignete Personen weiter.

Koordination und Kontrolle von Ressourcen: Setzt Personal und andere Ressourcen richtig ein, koordiniert sie und erhöht so die Effizienz der Abteilung und des Unternehmens. Kontrolliert und überwacht die Kosten und Humanressourcen und behält den Überblick.

Höflichkeit/Kundenservice: Zeigt beim Umgang mit Kunden Rücksicht, die Bereitschaft zur Zusammenarbeit und Großzügigkeit. Ist einfühlsam und ergreift Maßnahmen, um internen und externen Kunden effektiv zu dienen.

Kreativität und Innovationsvermögen: Zeigt Bereitschaft, neue Ideen und Problemlösungen umzusetzen. Bestärkt andere in ihren Ideen. Sucht ständig nach neuen Möglichkeiten, etwas besser zu machen.

Führung und Motivation: Zeigt Eigeninitiative und Führungsbewusstsein durch Anerkennung, Ermutigung, konstruktive Kritik und anderes Feedback. Setzt sich selbst und den unterstellten Mitarbeitern Leistungsziele.

Krisen- und Stressbewältigung: Erkennt unerwartete Situationen und reagiert angemessen; ist in Krisen- und Stresssituationen ruhig und handelt effektiv; reagiert auf enge Termine; verhält sich in Konfliktsituationen angemessen.

Soziales Verhalten: Entwickelt und fördert angenehme Arbeitsverhältnisse zu Vorgesetzten und Kollegen; zeigt persönliches Interesse an anderen, fördert die Zusammenarbeit zwischen unterstellten Mitarbeitern.

Führung: Leitet und führt Einzelne und Gruppen, was sich positiv auf deren Handeln und Leistung auswirkt; motiviert; initiiert den Dialog mit Unterstellten.

Verbundenheit mit Unternehmen: Arbeitet effektiv im Rahmen der vom Unternehmen vorgegebenen Struktur, Vorgehensweise, Regeln und Ziele; führt Anordnungen und Direktiven aus; unterstützt Leitbilder des Unternehmens.

Zielstrebigkeit: Setzt sich sehr dafür ein, einmal gesteckte Ziele zu erreichen; überwindet dabei auch Hindernisse.

Planung und Organisation: Formuliert kurz- und langfristige Ziele; erkennt mögliche Probleme im Voraus und entwickelt dafür Strategien; organisiert die Arbeit und setzt Prioritäten; Zeit-Management.

Problemanalyse/Entscheidungsfindung: Trifft vernünftige und zeitlich passende Entscheidungen; berücksichtigt bei der Entscheidungsfindung alle relevanten Informationen; entwickelt für organisatorische Probleme effektive Lösungen.

Berufliche und technische Kenntnisse: Hält sich technisch auf dem Laufenden; besitzt ausreichende fachliche Kenntnisse, um auf ihrem/seinem Spezialgebiet effektiv zu arbeiten; bietet anderen im Unternehmen fachliche Ratschläge.

Karriereentwicklung

Führung und Motivation: Führt, leitet und motiviert Untergebene.

Fachliche Kenntnisse: Hält sich fachlich auf dem Laufenden und löst fachliche Probleme im Unternehmen.

Beispiele für die Kompetenzbewertung bei der 360°-Beurteilung

Verwaltung und Schreibarbeit: Erledigt die Anforderungen bei der Verwaltungs- und Schreibarbeit effektiv und pünktlich.

Stress- und Krisenbewältigung: Erkennt unerwartete Situationen und reagiert entsprechend.

Verpflichtungen nachkommen: Setzt entsprechend Prioritäten und schließt geplante Projekte rechtzeitig ab.

Teambeitrag: Arbeitet gut im Team; ermutigt und unterstützt andere systematisch.

Arbeitsperspektive: Verfügt über positive Einstellung gegenüber den Aufgaben und Zielen ihres/seines Berufs.

Arbeitsqualität: Stellt sich Herausforderungen und überwindet Widrigkeiten, hält gleichzeitig einen hohen Qualitätsstandard.

Entscheidungsfindung: Trägt Fakten zusammen, berücksichtigt Alternativen und wägt widersprüchliche Vorschläge gegeneinander ab, bevor sie/er fundierte Entscheidungen trifft.

Innovation/Problemlösung: Versteht begründete Bedürfnisse und diagnostiziert Probleme.

Organisation und Planung: Sieht Hindernisse und Eventualitäten voraus, setzt Ressourcen entsprechend den wechselnden Anforderungen ein.

Kommunikationsfähigkeit: Zeigt im Einzelgespräch und in der Gruppe effektive verbale und schriftliche Fähigkeiten.

Aufstiegspotenzial: Zeigt die Bereitschaft und die Fähigkeit zu lernen und sich persönlich und beruflich weiterzuentwickeln.

Berufliche Verantwortung: Sehr professionell; Kunden und Kollegen können sich auf ihre/seine Leistung verlassen.

Eigenständiges Denken: Erkennt gute Ideen und unterstützt sie, stellt das System in Frage, damit neue Ideen akzeptiert werden.

Betriebsklima

Ermutigung: In welchem Maße werden Sie ermutigt, neue Ideen für Ihre Arbeit umzusetzen?

Entscheidungsverhalten: In welchem Maße können Sie Entscheidungen treffen, die Ihre Arbeit verbessern?

Zusätzliche Leistungen: Sind Sie bereit, zusätzliche Leistungen zu erbringen und so Ihren Beitrag zu steigern?

Problemlösung: Lösen Sie und Ihre Kollegen Probleme effektiv miteinander?

Kreativität: In welchem Maße werden die Mitarbeiter ermutigt, bei der Arbeit kreativ zu sein?

Anerkennung: In welchem Maße werden die Leistungen und Beiträge Einzelner anerkannt?

Schwache Leistungen: Wie wird mit schwachen Leistungen umgegangen? Sind die Maßnahmen effektiv?

Informationen: Sind Sie zufrieden mit der Menge der Informationen, die Sie erhalten?

Geschäftliche Entscheidungen: Werden Sie angemessen über die Gründe für geschäftliche Entscheidungen informiert?

Vorschläge: Haben Sie Gelegenheit, Vorschläge zu Ihrer Abteilung und den Arbeitsabläufen zu machen?

Betriebliche Abläufe: Sind Sie ausreichend über die Geschehnisse im Betrieb informiert, die sich auf Ihre Arbeitsweise auswirken könnten?

Entscheidungsebenen: Werden Entscheidungen von Mitarbeitern auf geeigneter Ebene getroffen?

Unabhängigkeit: Können Mitarbeiter in ihrer Position unabhängige Entscheidungen treffen, die notwendig sind, um ihren Aufgaben gerecht zu werden?

Veränderung insgesamt: In welchem Maß entwickeln wir uns zum Besseren?

Kommunikationsfähigkeit

Hört zu: Hört aufmerksam zu, wenn andere etwas sagen.

Unterbricht nicht: Unterbricht nicht, wenn andere sprechen.

Augenkontakt: Blickt ihren/seinen Gesprächspartner an, hält Augenkontakt.

Stellt Fragen: Stellt Fragen, wenn sie/er die Aussagen anderer nicht versteht.

Spricht deutlich: Spricht mit klarer Stimme.

Stellt klärende Fragen: Stellt anderen Fragen, um sicherzustellen, dass sie/er das Gesagte verstanden hat.

Verständlichkeit: Verwendet verständliche Worte und Begriffe.

Einfühlungsvermögen: Kann sich in die Lage anderer versetzen und versteht die Gefühle und Beweggründe anderer.

Schriftliche Kommunikation: Kann sich schriftlich und mündlich effektiv äußern.

Geschwindigkeit: Spricht in vernünftigem Tempo.

Stimme: Verfügt über angenehmen Klang und gute Artikulation.

Öffentliches Auftreten: Führt effektive Präsentationen vor Publikum durch.

Wirkung in der Gruppe

Rolle der Mitglieder: Sorgt dafür, dass die besonderen Fähigkeiten der Mitglieder erkannt werden und dass jeder sinnvolle Beiträge erbringt.

Angemessene Struktur: Ergreift die Initiative und organisiert die Gruppe entsprechend ihrer Aufgabe.

Methodenbewusstsein: Beobachtet das Funktionieren der Gruppe, damit Unklarheiten oder Probleme rechtzeitig erkannt und besprochen werden.

Fungiert als Filter: Bringt Ideen in die richtige Reihenfolge, achtet darauf, dass die Gruppe beim Thema bleibt und erstellt einen Zeitplan, damit die Aufgaben geordnet erledigt werden.

Klärt Beiträge: Überprüft, ob Beiträge verstanden werden, und sorgt dafür, dass Unklarheiten beseitigt werden.

Fragt nach Ideen/Reaktionen: Ermutigt andere, ihre Ansichten, Vorschläge und Reaktionen zu äußern – vor allem solche Mitarbeiter, die zurückhaltend wirken.

Gibt Redezeit: Greift entschlossen ein, damit jeder seinen Standpunkt vertreten kann.

Hält Disziplin: Lenkt die Aufmerksamkeit auf Verhaltensweisen, die die effektive Arbeit der Gruppe behindern.

Einsatz von Ressourcen: Macht auf vorhandene Ressourcen aufmerksam und hilft bei ihrer Einführung.

Klare Ziele: Schafft klare Ziele und formuliert Aufgaben präzise. Beurteilt die Beiträge regelmäßig.

Unterstützung: Unterstützt und fördert die Gruppe mit offenen Gesprächen und Materialien. Sorgt für eine betriebsweite Akzeptanz der Gruppe.

Koordiniertes Handeln: Koordiniert die Handlungen Einzelner, fördert so Eigeninitiative, die dennoch in Einklang mit dem Ziel der Gruppe steht.

Ermutigung: Hebt die Stimmung in der Gruppe bei Schwierigkeiten und Rückschlägen, damit die Gruppe bei Problemen nicht demoralisiert wird und ihre Energie einbüßt.

Effektive Kommunikation: Vermittelt die notwendigen Informationen, ohne eine Datenflut zu produzieren. Erkennt Schlüsselthemen und greift sie auf.

Überblick: Richtlinien werden aktualisiert, wenn neue Informationen bekannt werden; Aufgaben werden an Veränderungen (Art, Umfang) angepasst.

Kundenservice

Anwendung: Wendet Problemlösungen an.

Bereitschaft: Steht bereit und tut das Erforderliche, um Probleme zu lösen.

Kommunikation: Effektive Gesprächsführung, hört zu.

Firmenkenntnis: Kennt das Unternehmen und die Produkte des Kunden.

Ständige Verbesserung: Arbeitet an sich selbst und ihrer/seiner Weiterentwicklung.

Kontakt: Weiß, bei wem, wann und wo man Unterstützung finden kann.

Vorausschauendes Handeln: Sieht Probleme voraus und handelt entsprechend.

Stressbewältigung: Kann effektiv mit Druck und den Gefühlen anderer umgehen.

Informationsweitergabe: Hält andere über aktuelle Themen auf dem Laufenden.

Sachkenntnis: Fähig und kenntnisreich auf ihrem/seinem Gebiet.

Geduld: Toleriert das Dilemma in der Service-Position.

Teamaufbau: Beteiligt andere.

Versteht Bedürfnisse: Versteht die Bedürfnisse und Erwartungen der Kunden.

Versteht Persönlichkeiten: Versteht die Persönlichkeit der Kunden und Unternehmen.

Up to date: Hält sich über die Konkurrenz auf dem neuesten Stand.

Effektives Coaching

Zugänglich: Leicht zugänglich, gesprächsbereit.

Gerecht: Behandelt Teammitglieder gerecht.

Ehrlich: Ehrlich gegenüber Teammitgliedern.

Zuverlässig: Hält Versprechungen.

Respekt: Freundlich zu Teammitgliedern, behandelt jeden mit Respekt.

Loyal: Loyal gegenüber anderen – spricht nicht über jemanden hinter dessen Rücken.

Entschuldigt sich: Entschuldigt sich bei den Teammitgliedern, wenn es angebracht ist.

Akzeptiert Erwartungen: Akzeptiert die Erwartungen anderer; weiß, dass wir die Dinge nicht alle gleich sehen.

Beteiligt Teammitglieder: Beteiligt Teammitglieder bei der Festsetzung von Leistungszielen und Richtlinien.

Bietet Informationen: Vermittelt die Informationen, die das Team für die Erreichung seiner Ziele benötigt.

Bietet Ressourcen: Bietet die Ressourcen, die das Team für die Erreichung seiner Ziele benötigt.

Bietet Leistungs-Feedback: Gibt den Teammitgliedern regelmäßig Feedback zu ihren Leistungen.

Bietet genaues Feedback: Gibt den Teammitgliedern genaues Feedback.

Lobt Teammitglieder: Lobt Teammitglieder regelmäßig für gute Leistungen/richtiges Verhalten.

Anerkennung und Belohnung: Bestärkt die Teammitglieder bei guten Leistungen durch entsprechende Belohnungen.

Effektive Teamarbeit

Qualität und Verantwortlichkeit: Die Arbeit der Gruppe ist von hoher Qualität, die Gruppe übernimmt die Verantwortung für ihr Produkt und Handeln.

Geht auf Anwender ein: Erkundigt sich bei den Anwendern der Projekte, um den Fortschritt der Gruppe zu kanalisieren und progressiver zu gestalten.

Innovationsgeist: Zeigt die Fähigkeit, neue oder verbesserte Methoden zu entwickeln, die bei der Fertigstellung der Aufgabe helfen.

Abteilungsübergreifende Kommunikation: Versorgt die entsprechenden Abteilungen mit klaren und präzisen Informationen über den derzeitigen Fortschritt/Stand.

Handlungsorientiert: Motiviert die Gruppe, Ziele rechtzeitig zu erreichen. Gesunde Ungeduld; bringt die Gruppe voran.

Mitbestimmung: Beschlüsse werden gemeinsam gefasst; verwendet alle Ressourcen und Beiträge der Gruppe.

Gerechte Belohnungen: Zeigt, dass das Ergebnis den Zeitaufwand lohnt.

Ermutigt zu Teamwork: Fördert die Beteiligung der Gruppe und die Erreichung eines gemeinsamen Ziels. Zeigt konstruktive, unterstützende Interaktion und sorgt für die kontinuierliche Entwicklung des Gruppenzusammenhalts.

Entwickelt Mitarbeiter weiter: Zeigt, dass eine Beteiligung in der Gruppe die persönliche Leistung verbessert.

Stimmt Fähigkeiten/Aufgaben ab: Setzt die Gruppenmitglieder in den Bereichen ein, in denen sie die beste Leistung erbringen können. Aufgaben entsprechen den Fähigkeiten.

Coaching und Unterstützung: Zeigt mit verbalen und nonverbalen Mitteln Aufmerksamkeit und Interesse.

Kundendienst: Schafft, verbessert und hält die Ergebnisse beim Kundendienst. Widmet sich dem Kunden.

Vertrauen/gemeinsame Absicht: Zeigt ein definiertes gemeinsames Ziel, alle Mitglieder zeigen Engagement bei der Erreichung dieser Absicht/dieses Ziels.

Enthusiasmus und Stolz: Zeigt kontinuierliches Interesse am Ziel der Gruppe, zeigt Enthusiasmus.

Objektivität: Diskutiert und beurteilt Probleme, ohne eigene Emotionen mit einzubeziehen. Hat realistische Vorstellungen, was der Gruppe insgesamt dient.

Führung

Benchmarks: Kontrolliert die Fortschritte der Abteilung durch wettbewerbsfördernde Benchmarks. Vergleicht die Abteilung mit ähnlichen internen/externen Projekten, um sicherzustellen, dass sie das Bestmögliche leistet.

Zeigt Initiative: Sucht stets nach einer besseren Möglichkeit, Aufgaben zu erledigen, und ist bereit, Neues auszuprobieren.

Visionär: Sieht den Gesamtzusammenhang; weiß, wie ihre/seine Arbeit und die der Abteilung sich auf das Unternehmen auswirken. Sieht nicht alles aus einer lokalen Perspektive.

Beteiligt andere: Bezieht Teammitglieder aus der Abteilung und wenn erforderlich auch von außerhalb ein, wenn entschieden werden muss, wie man einer Aufgabe am besten nachkommt. Kann gut Probleme lösen.

Kommuniziert: Ist ein guter, aktiver Zuhörer und stellt Fragen, um alles zu verstehen. Unterbricht nicht ständig. Zeigt keine „Ich weiß, was richtig ist"-Haltung.

Unterstützt die Teamarbeit: Ermutigt andere, als Team zusammenzuarbeiten und gemeinsam Probleme zu lösen. Inspiriert; schafft Begeisterung, so dass die Teammitglieder härter arbeiten und bessere Leistungen bringen. Fördert Teamwork zwischen den Abteilungen.

Sieht Probleme voraus: Blickt stets nach vorn und erkennt Probleme, bevor sie auftreten. Ergreift geeignete Maßnahmen zur Minderung/Lösung der Probleme, solange sie noch klein sind.

Wird aktiv: Arbeitet daran, Hindernisse, die die Effizienz einschränken, zu orten und zu beseitigen.

Setzt sich für Führung ein: Der Führungsstil behandelt dieses Commitment als ein grundlegendes Business-Prinzip.

Delegiert effektiv: Ermutigt und unterstützt andere, zusätzliche Verpflichtungen, Autorität und Verantwortung zu übernehmen.

Unterstützt andere: Ermutigt andere, ihre Bemühungen selbst zu kontrollieren. Ermöglicht anderen, ihr volles Potenzial zu entfalten, fungiert dabei als Stütze und Coach.

Klärt Erwartungen: Teilt anderen mit, was von ihnen erwartet wird. Steckt klare Erwartungshorizonte, die auf gegenseitig vereinbarten Zielen basieren.

Vorbildfunktion: Führt durch eigenes Beispiel; gutes Vorbild für das Team. Sagt nicht das eine und macht dann etwas ganz anderes.

Erkennt Leistung: Erkennt, wenn andere ihre Sache gut machen.

Organisationstalent: Überprüft regelmäßig Fortschritte und Ziele. Setzt entsprechend Prioritäten, um geplante Projekte pünktlich fertig zu stellen.

Verhandlungsgeschick

Legt gewünschtes Ergebnis fest: Legt das von ihr/ihm gewünschte Ergebnis vor Verhandlungsbeginn fest.

Ist vorbereitet: Hat sich mit den relevanten Informationen auf die Verhandlungen vorbereitet.

Sucht Verständnis: Versucht vor und während einer Verhandlung, die Situation eindeutig zu verstehen.

Sucht einvernehmliche Lösungen: Arbeitet auf Ergebnisse hin, bei denen alle gewinnen; alle Parteien bekommen, was sie wollen.

Versteht andere: Bemüht sich, andere zu verstehen, bevor sie/er verstanden werden will.

Sucht die beste Lösung: Bemüht sich ungeachtet persönlicher Wünsche um die bestmögliche Lösung.

Spitzenleistung

Angeborenes Talent: Zeigt eine angeborene Veranlagung für bestimmte Talente.

Informationsbeschaffung: Verfügt über zahlreiche Fähigkeiten und eine gute Allgemeinbildung, kann alles entsprechend einsetzen.

Unruhe: Zeigt eine gewisse innere Unruhe, das eigene Talent und Wissen unter Beweis zu stellen.

Leidenschaften und Vorzüge: Zeigt ein intensives Commitment gegenüber eigenen Aufgaben und Aktivitäten.

Missionseifer: Entwirft Bilder des erstrebten Zustandes, die zum Handeln verleiten; bestimmt Verhalten und hebt die Motivation.

Ergebnisse: Erreicht Resultate und messbare Ziele innerhalb selbst gesteckter Zeitvorgaben. Zeigt keine Versagensängste.

Entwickelt notwendige Fähigkeiten: Erwirbt neue Fähigkeiten, die seinen Zielen dienen. Beschafft sich stets neue Informationen. Legt Wert auf persönliche Weiterentwicklung.

Effektivität: Trennt Handlungen, die nützliche Resultate bringen, von purer Aktivität oder geschäftiger Arbeit. Arbeitet klug.

Mitarbeiter: Gewinnt dank ihrer/seiner positiven Ausstrahlung andere und deren Arbeitskraft für Projekte des Unternehmens/der Abteilung. Schafft Teams.

Beispiele für die Kompetenzbewertung bei der 360°-Beurteilung

Selbst-Manager: Betrachtet sich selbst als Urheber aller Ereignisse im eigenen Leben. Ereignisse sind Gelegenheiten, selbst tätig zu werden.

Selbstbeherrschung: Orchestriert und entwickelt persönliche und emotionale Stärken. Zeigt Selbstvertrauen. Sieht sowohl den Standpunkt des Unternehmens als auch den der eigenen Abteilung.

Team Building/Team Playing: Nimmt Einfluss durch Empowerment, steigert Produktivität. Erweitert die Fähigkeiten anderer. Ermutigt zum begründeten Risiko.

Kurskorrektur: Lässt sich nicht vom Ziel abbringen. Verfügt über mentale Agilität und Konzentrationsfähigkeit; lernt aus Fehlern.

Veränderungsmanagement: Betrachtet Veränderungen als Gelegenheit und nicht als etwas, dem man sich widersetzt. Kalkuliert im Voraus und passt sich an.

Sicherheitsverhalten

Handelt praktisch: Handelt vernünftig, erledigt Dinge auf praktische Art.

Bewusstsein für Umgebung: Zeigt Einfühlungsvermögen für verschiedene Situationen und gegenüber der gesamten Umgebung.

Hält sich an die Regeln: Versucht nicht, sichere Abläufe abzukürzen.

Kennt persönliche Fähigkeiten: Kann eigene Stärken und Schwächen genau einschätzen.

Setzt persönliche Fähigkeiten ein: Wendet persönliche Fähigkeiten effektiv an.

Vermittelt Sicherheit: Gibt anderen das Gefühl, dass ihr Tun wichtig für den Erfolg des Unternehmens ist und Bedeutung für sichere Arbeitsbedingungen hat.

Persönliche Verantwortung: Auf das, was sie/er sagt, ist Verlass.

Stress- und Krisenbewältigung: Reagiert effektiv auf Herausforderungen und bei Termindruck. Überlegtes Handeln in Notfällen.

Energie: Verfügt über Ausstrahlung, die andere anzieht. Gibt anderen die Energie, gemeinsam für sichere Arbeitsbedingungen zu arbeiten.

Erledigt Aufgaben gut: Arbeitet effizient, aber nicht so schnell, dass die Sicherheit gefährdet ist.

Erledigt die richtigen Aufgaben: Konzentriert sich auf das, was am meisten zählt.

Vermeidet Probleme: Sieht Probleme voraus und vermeidet sie. Muss nicht ständig Brände löschen, weil Krisen vermieden werden.

Emotional stabil: Zeigt ein konstantes persönliches Verhalten.

Zeigt Kreativität und Innovationsgeist: Zeigt die Bereitschaft, neue Ideen und Problemlösungen umzusetzen. Verfügt über eine offene und bestärkende Haltung gegenüber anderen Ideen. Sucht ständig nach Verbesserungen.

Stellt Annahmen in Frage: Zeigt Bereitschaft, Regeln zu hinterfragen, wenn sie überflüssig, gefährlich oder in bestimmten Fällen ungeeignet sind.

Stichwortverzeichnis

10-Punkte-Skala 117
360°-Beurteilung 71
– Entwicklung der 38
– Hinführung zur 183
– Methoden der 31
– positive Folgen der 226
– Unsicherheiten der 34
– Vorteile der 21, 34
– Vorzüge der 36
– Wurzeln 39
360°-Feedback
– automatisches 138
– Bereitschaft für das 91
5-Punkte-Skala 116

A

Absicherung 69
– mangelnde 178
Abstufungen
– unausgeglichene 113
Aktionspläne 87, 147
– Erstellung 148
Akzeptanz 178
Akzeptanztest 94
Alter 232
Anfangsphase 121
Anonymität 77, 130, 146, 187 f., 209
Antwortabweichung 139, 155
Antwortquote 152
Antwortverhalten 118
Anwenderbefragung 218
Anwendervorbehalte 152
Arbeitsabläufe 27
Arizona State University 214
Assessment-Center 42
Ausreißer 134
Auswertung
– externe 135
– formelle 131
– informelle 130
– interne 135
– Sicherungsmechanismen bei der 132
Autokratie 182

B

BARS → Behaviorally Anchored Rating Scales
Bedenken 170
Bedeutungsskala 110
Beförderungssysteme 244
Befragte 158
Befragtenvalidität 160
Behaviorally Anchored Rating Scales (BARS) 113
Beliebtheit 206
Belohnung
– kompetenzorientierte 28
– teambezogene 28
Benutzerumfrage 164
Bereichskoordinatoren 180
Berichtformate 140
Beurteilungsbericht 140
Beschäftigte 21 f.
Betriebsklima 258
Beurteilungen
– vor- und nachbereitende 219
Beurteilungsbericht 140
Beurteilungsvorgang 197
Bewerterabweichung 155
Bewertertypen 158
Bewertung 151
Bewertungsbogen
– kompetenzorientierte 102
Bewertungsfehler 178
Bewertungsgremium 207
Bewertungsinstrument 157
Bewertungsmethoden 18

Bewertungssysteme 245
– herkömmliche 176, 222
Bewertungsteam 87, 122, 156, 207
– Auswahlaspekte des 123
– kleines 202
– zweites 214
Budget 46

C

Coaching 61, 186
– effektives 262
– Leistungs- 62
Computererfassung
– Vorteile der 126

D

Datenerfassung 125, 130
– Methoden der 127
Delegieren 115
Diskriminierung 82, 230
Disney 206
Disziplin 192
Drogenmissbrauch 225
Drückeberger 184
du Pont 169

E

Effektivität 156
– von Schulungen 224
Ehrlichkeit 162, 209
Einspruchsmöglichkeiten 210, 214
Empowerment 27
Entgelt 66
Entlassung 192
Entlohnung 61
– leistungsbezogene 66
Entscheidungssysteme
– intelligente 61, 66
Entwicklungsempfehlungen 147
Entwicklungsmöglichkeiten 149
Entwicklungsteam 89, 151
Ergebnismeldungen 138
Ergebnisse 60

F

Fairness 82, 220, 230
Faktorenbericht 143
Falschaussagen 81
Familienbande 184
Feedback
– 1°- 52
– 180°- 56
– 90°- 55
– 360°- 20
– Abwärts- 56
– Aufwärts- 56
– Entwicklungs- 60
– für die Befragten 160
– herkömmliches 20
– in der Personalentwicklung 40
– Kunden- 92
– Leistungs- 64, 187
– Motivation durch 197
– nach oben 40
– offenes 48
– Verhaltens- 60, 63, 187
Feedback-Bericht 159
Feedback-Geber 158
Feedback-Querschnitt 163
Fehlerquelle 35
Fehlverhalten 40
Forschung 47
Fragebogen
– Entwurf des 118
– Gestaltung des 110
– individueller 108
– kurzer 202
– Länge des 119
– Sicherung des 157
– standardisierter 108
Fragen 195
Fragesystem
– intelligentes 246
Frauen 233
Führung 264
Führung 20/20 102
Führungskräfte 22 f.
– Vorbildfunktion 90

Stichwortverzeichnis

Führungsqualitäten 115
Führungsstil
– autokratischer 182

G

Gehaltsentscheidung 24, 77, 167, 238
Gerechtigkeit 30
Geschlecht 233
Glättung 134
Glaubwürdigkeit 156, 157, 249
Gruppenzwang 227
Gulf-Oil 207
Günstlingswirtschaft 183

H

Hawthorne-Effekt 221
Human-Resources-Systeme 237
Hustle-Faktor 195

I

Implementierung 87
Informationserfassung 178
Informationsquellen 54, 57
Intel 169
Intelligenz
– individuelle 242
interne Trainer 197

K

Karriereentwicklung 256
Karriereplanung 241
Kernkompetenzen 88
Kommentarbericht 145
Kommunikation 97, 115
Kommunikationsfähigkeit 259
Kompetenz 110, 149
Kompetenzbewertung 72, 255
Kompetenzprofil 245
– für Bewerber 247
Kompetenz-Verhaltensskala 113
Kosten 46
kreative Champions 197
Kritik 195
Kulturschock 181

Kunden 21 f.
– externe 57
– interne 57
Kundenbewertung 229
Kunden-Feedback → Feedback
Kundenservice 27, 62, 261
Kundenzufriedenheit 228

L

Laufbahnentwicklung 29, 61
Laufbahngestaltung 185
Lean Management 191
Leistung 206
– Korrelation mit Verhalten 196
Leistungsbeurteilung 24, 41, 45, 59, 61, 66 f., 73, 236, 238
– Probleme der 19
Leistungsbewertung 65, 222
– aussagekräftige 30
– exakte 30
Leistungsbild 20
Leistungs-Coaching → Coaching
Leistungsentwicklung 62
Leistungs-Feedback → Feedback
Leistungsmanagement 24, 64, 65, 75
Leistungsmaßstäbe 79
Leistungsmessung 198
Leistungssteigerung 227
Leistungsträger 114

M

Machtposition 181
Management
– partizipatives 115
Management by Objectives (MBO) 41
Manager 23
Manipulation 69, 162
Matrix- und Projektmanagement 25
MBO → Management by Objectives
McDonnell-Douglas 200
Mehrfachbeurteilung → Systeme
Mehrfachbewertung 61
Meridian Oil 167
Messgenauigkeit 247

Minderheiten 231
Mitarbeiter 21
– Bedenken der 211
– stille 197
– unpolitische 197
– unproduktive 184
Mitarbeiterbefragung 39
Mitarbeiterintelligenz 242
Mitarbeiterkompetenzen 72
Mitspracherecht 26
Motivation
– durch Feedback 197
Multi-Rater-Verfahren 178
Müßiggänger 184

N
Nachfolgeplanung 238, 248
Normen 190

O
Objektivität 30
Online-Fragebögen 129
Opportunitätskosten 198

P
Personalentwicklung 23, 29, 59, 67, 239
Perspektivenbericht 144
Popularität 206
Probedurchlauf 211
Produktivität 195
– Messung der 226
Produktivitätssteigerung 227, 236
Profil
– amputiertes 225
Profilbericht 142
Projektankündigung 95
Projektbetreuer 151, 180
Projektbewertung 164, 166
– Instrumente der 165
Projektevaluation 166
Projektunterstützung 180
Projektverantwortlicher 180

Prozessevaluation 87
Prozessvalidierung 138
Punkteverteilung 77, 79, 222

Q
Qualitätsfokus 27

R
Rechtssicherheit 31
Reengineering 27, 245
Roll-up-Reports 63, 163
Rücklaufquote 79
Rundum-Beurteilung 67
– formalisierte 33
– Methoden der 47
Rundum-Beurteilungssysteme 48

S
Schulung 83, 146, 187, 223
– Möglichkeiten der 149
Schulungskosten 197
Schulungsprogramme 223
Seilschaften 183
Selbstbewertung 52, 170
Sicherheitsverhalten 155, 267
Sicherungsberichte 152
Sicherungsmechanismen 38, 83, 151
– Leitlinien für 153
Skalierung 116, 118
Soft Skills 72
Software 137
Spitzenleistung 266
Stellenabbau 192
Stellenbesetzung 238
Stichproben 200
SUCCESS-Modell 120
Suchtkranke 224
Systeme
– der Mehrfachbeurteilung 50 f.
– formelle 33
– herkömmliche 177
– informelle 32
– intelligente 236, 240

Stichwortverzeichnis

T
Tabellenkalkulationsprogramme 49
Talentbewertung 45
Teamarbeit
– effektive 263
Teamaufbau 248
Teammitglieder 21, 57
Teams 2, 26
TEAMS-Modell 71
Technik 47
Toleranz-Management 231
Topmamagement 89
Total Quality Management (TQM) 40, 61 f.
TQM → Total Quality Management
Trägheit 46

U
Umfrageinstrument
– kompetenzorientiertes 99
Untergebene 56
Unternehmen 22 f.
Unternehmensintelligenz 242
Unternehmenskultur 26, 46, 63, 181
Unternehmensumfragen 39
Unternehmensziele 63
Unterstellte
– der dritten Ebene 56
– der zweiten Ebene 56
Unterstützung
– administrative 180
Untersuchungseinheit 177

V
Validität 78, 81
Validitätsgrundsatz 156
Variablen
– demographische 164
Veränderungen
– am Arbeitsplatz 41
– strukturelle 24
Verantwortungsbereiche
– erweiterte 25

Verbesserung
– kontinuierliche 219
Verbesserungsvorschläge 236
Verfahren
– konkurrenzorientierte 188
Verfahrensentwicklung 87
Vergleiche
– genormte 191
Verhaltensänderungen 223
Verhaltensprofil 225
Verhaltenswandel 223
Verhaltenswertung 196
Verhandlungsgeschick 265
Vertrauensmissbrauch 185
Vertraulichkeit 60, 187
Verwaltungskosten 80
Vetorecht 123
Vetternwirtschaft 92, 184
Voreingenommenheit 30
Vorgesetzte 22, 23, 54
– nächsthöhere 54
– Untätigkeit der 186
Vorwürfe 195

W
Werbeplan 94
Werteverteilung 221
Westinghouse 203
Wirkung
– in der Gruppe 259

Z
Zeitaufwand 80, 202
Zeitbedarf 201, 202
Zeitpunkt 119
Zeitraum 119
Ziele
– selektive 191
Zielkompetenzen 63
Zielsetzungen 92
Zufriedenheit
– der Anwender 218

Bei allen Personalfragen auf Ihrer Seite

Von der Anbahnung eines Arbeitsverhältnisses über die Durchführung von Veränderungen bis zur Beendigung und einem möglichen arbeitsgerichtlichen Prozess mit seinen Kosten: Dieses Werk bietet für die praktische Personalarbeit in Unternehmen **klar verständliche, rechtssichere und sofort anwendbare Hilfen.** Die Auswirkungen von Personalmaßnahmen im Arbeitsrecht, in der Sozialversicherung, bei der Lohnsteuer und auf organisatorische Belange werden jeweils **zusammenhängend bei der konkreten Fragestellung erläutert.**

Jahres-Handbuch Personal 2000
Recht und Praxis für den Personal-Profi

2000. LVIII, 1319 Seiten.
Gebunden mit CD-ROM DM 188,–
Subskriptionspreis bis 15. 08. 2000 DM 148,–.
Sie sparen DM 40,–!
ISBN 3-406-46208-1

Aus dem Inhalt:
→ Anbahnung des Arbeitsverhältnisses
  • Personalplanung
  • Stellenanzeigen
  • Vorstellungsgespräch
→ Der Vertragsabschluss
  • Pflichten der Parteien
  • Einzelne Vertragsklauseln
  • Mängel des Vertragsschlusses (Nichtigkeitsgründe, Anfechtungsgründe etc.)
→ Das Arbeitsverhältnis
  • Arbeitszeit
  • Vergütung
  • Urlaub
  • Folgen von Pflichtverletzungen
→ Personalverwaltung
  • Personalakte/Datenschutz
  • Personalinformationssysteme
  • Leistungsbeurteilung
→ Beendigung des Arbeitsverhältnisses
  • Die Kündigung
  • Die Aufhebungsvereinbarung
  • Die Zeugniserteilung
→ Zusammenarbeit mit dem Betriebsrat
  • Die Beteiligungsrechte des Betriebsrats

→ **Praxisgerecht aufgebaut** nach den Phasen eines Arbeitsverhältnisses.
→ **Sofort in der täglichen Arbeit umsetzbare Muster und Formulare.**
→ **Klar, verständlich und topaktuell** auf dem Rechtsstand 01. 03. 2000.
→ **Alle Checklisten, Musterformulare, Verträge etc. auch auf CD-ROM.**
→ **Ideal für Personalleiter, Mitarbeiter in Personalabteilungen, Inhaber kleiner und mittlerer Firmen, Geschäftsführer, Abteilungsleiter und Führungskräfte.**

Bitte bestellen Sie
bei Ihrer Buchhandlung oder bei:

C.H.Beck Wirtschafts Verlag

80791 München
Telefax: (089) 3 81 89-4 02
Internet: www.beck-wirtschaftsverlag.de
E-Mail: bestellung@beck.de

Erfolgreiche Konzepte aus der Unternehmenspraxis

C.H.Beck Wirtschafts Verlag

Nutzen Sie die Möglichkeiten »kundenorientierter Personalentwicklung«!

Was ist »kundenorientierte Personalentwicklung«? Wie setzen Sie ihre Instrumente richtig ein? Bauen Sie auf in der Praxis erprobte Strategien: Die in diesem Buch vorgestellten Methoden werden im Unternehmen der Autoren erfolgreich umgesetzt.

Olesch/Paulus
Innovative Personal-Entwicklung in der Praxis
Mitarbeiter-Kompetenz prozessorientiert aufbauen

2000. Rund 260 Seiten.
Gebunden mit CD-ROM
DM 98,–
ISBN 3-406-46209-X
Erscheint im Juni 2000

→ Alle beschriebenen Strategien in der Praxis erfolgreich erprobt.
→ Inklusive CD-ROM mit Fragebögen, Berechnungsprogrammen und Checklisten für die effektive Verbesserung der Personalentwicklungsarbeit.
→ Konkrete Anweisungen zur Implementierung in die eigene Praxis.

Bitte bestellen Sie
bei Ihrer Buchhandlung oder bei:
C.H.Beck Wirtschafts Verlag
80791 München
Telefax: (089) 3 81 89-4 02
Internet: www.beck-wirtschaftsverlag.de
E-Mail: bestellung@beck.de